Kansankielestä
De vulgari eloquentia

Dante Alighieri

Kansankielestä

De vulgari eloquentia

Suomennos ja selitykset
Päivi Mehtonen ja Jaana Vaahtera

FAROS

Turku 2021

Alkuteksti noudattaa Mirko Tavonin vuoden 2011 editiota (Mondadori) ja julkaistaan tässä uudestaan tekijän luvalla.

ISBN 978-952-5710-88-5

Painopaikka: BoD – Books on Demand, Norderstedt, Saksa.

Faros-kustannus Oy
www.faroskustannus.fi

Sisällys

Johdanto

Vuosina 1304–1305 kirjoitettu *Kansankielestä (De vulgari eloquentia)* on maanpaossa vaeltaneen poliittisen pakolaisen pieni mutta painava kirja. Vuonna 1302 Dante eli virallisemmin Durante di Alighiero degli Alighieri sai kuolemantuomion ja hänet karkotettiin Firenzestä, jossa hän oli syntynyt vuonna 1265. Hän oli vanhempiensa Bellan ja Alighieron ainoa lapsi, joka sai velipuolen ja kaksi sisarpuolta isänsä toisesta avioliitosta. Dante ei koskaan palannut Firenzeen, Pohjois-Italian kaupunkivaltioon, jota riepoivat puolueriidat. Paavia kannattaneet guelfit sekä keisarimieliset ghibelliinit kamppailivat vallasta keskenään ja puolueiden sisällä. Dante oli 1280-luvulta lähtien sotinut ja toiminut politiikassa guelfien riveissä. Levottomassa Firenzessä Dante ja Gemma Donati perustivat perheen, johon syntyi useita lapsia. Kun vuoden 1300 tienoilla guelfipuolue hajaantui Valkoisiin ja Mustiin, ja jälkimmäiset valtasivat Firenzen, Dante ja muut valkoiset guelfit ajettiin maanpakoon. Sen jälkeen kirjailija

asui useissa paikoissa ja kuoli Ravennassa vuonna 1321.

Italian kielellinen ja poliittinen murros heijastui Danten tuotantoon pakolaisuuden vuosina. Samalla hänen tarmonsa kohdistui myös päivänpolitiikan ylittäviin aikeisiin. Yksi niistä oli pyrkimys kohottaa italian kieli muiden romaanisten kielten ja latinan rinnalle, vieläpä niiden ohi runouden kielenä. Muotoutuvan Euroopan kohtalot, kielten vaiheet ja Danten ajatus "maailmasta isänmaana" ovat aiheina ajankohtaisia. Nyt suomennetusta tutkielmasta on ilmestynyt 2000-luvulla useita uusia alkukielisiä laitoksia ja käännöksiä. Suomennoksen myötä teos on vihdoin saavuttanut myös kaikki Pohjoismaat niiden kielillä.[1]

De vulgari eloquentia on teos kielestä ja runoudesta. Yksioikoinen käännös sen nimelle olisi *Kansankielisestä kaunopuheisuudesta*, mutta hylkäsimme tämän vaihtoehdon kahdestakin syystä. Ensinnäkin jokseenkin vanhentunut sana "kaunopuheisuus" vie ajatukset ensisijaisesti kauniiseen puheenparteen. Antiikin ja keskiajan puhetaidossa oli kyse paljon muustakin. Toiseksi, kaunopuheisuus yhdistetään usein proosaan: puheen tai tekstin laadintaan, proosan rakenteisiin, kielikuvastoon ja lauserytmeihin. Danten intohimona on lyriikka, vaikka kirjoitettu sana yleisemminkin saa teoksessa osansa. Päädyimme nimen osalta seuraamaan Werner Söderhjelmin vanhaa Dante-elämäkertaa (1916), joka

[1] Cheneval 2007; Tavoni 2011; Rosier-Catach 2011; Fenzi 2012. Pohjoismaiset käännökset ovat Grønlie 2006; Roer & Høgel 2008; Árnason 2009; ja Cullhed & Sjöberg 2012.

esitteli lyhyesti teoksen nimellä *Kansankielestä*. Ratkaisu on osuva, sillä Danten kirjasen alkupuoli tosiaan tarkastelee kieltä yleensä, ja jälkipuoli on omanlaisensa runousoppi kansankielisestä lyriikasta. Annetaan Söderhjelmin kiteyttää omaan kaunopuheiseen tyyliinsä:

> [Teoksen *Kansankielestä*] pääasiallisesta niin sanoakseni ihanteellisesta merkityksestä on jo alussa ollut puhe. Se on samalla kertaa ensimmäinen tieteellinen tutkimus italiankielestä. Tehtyään selkoa kaikista romaanisista kielistä ja Italian murteista, pohtii Dante aivan uudenaikuista kielitieteellistä kysymystä: murteiden suhdetta kirjakieleen. Hän tehostaa erittäin pontevasti juuri sellaisen kielen tarpeellisuutta, joka on yläpuolella murteita, joka on kaikille yhteistä, mutta ei minkään kaltaista.[1]

Dantelle oli päivänselvää, että runoilijat ovat sellaisen kielen edelläkävijöitä.

Latinaksi kirjoittanutta tutkija-Dantea tunnetaan Suomessa paljon huonommin kuin italiaksi säkeitä laatinutta runoilija-Dantea. Tämän käännöksen ja tutkielman painopiste on latinankielisessä *Kansankielestä*-traktaatissa sekä sen asemassa niin osana Danten tuotantoa kuin keskiajan (latinankielisen) tietämyksen perinnettä.

[1] Söderhjelm 1916, 41. Söderhjelmin merkityksestä "Danten suomalaisen vastaanoton hyväksi" ks. Mälkki 2009, 64–67.

Kirjailijuus

Kansankielestä kuuluu Danten niin kutsuttuihin pienempiin teoksiin, *opere minori*, samoin kuin teemoiltaan osin rinnakkainen *Convivio* ("Pidot", 1304–1307).[1] Molemmat pienteokset jäivät kesken. Niiden tekijä ei ollut vielä se *Jumalaisen näytelmän* (*Divina Commedia*) ylistetty luoja, jonka perusteella Danten runoilijanlaatua on sittemmin määritelty. 1300-luvun alun näkökulmasta hänen aiempia vaiheitaan voi jakaa seuraaviin kausiin:

(1) Varhainen toscanalaisesta runoudesta vaikutteita ottanut lyriikka.
(2) Kokeiluvaihe eri tyyleillä ja muodoilla (muun muassa Sisilian koulukunta).
(3) Teos *Uusi elämä* (*Vita nuova* 1293–1295; suom. Tyyni Haapanen-Tallgren 1920) ja tyylilaji *dolce stil nuovo*, "suloinen uusi tyyli".

Kolmannessa vaiheessa Danten tyyli ja sanasto tiivistyivät ja niukentuivat. Vuoden 1295 jälkeen oikeaoppisin *dolce stil nuovo* -vaihe alkoi hellittää.

Parhaiten Dante tunnetaan pääteoksestaan *Jumalainen näytelmä*, jonka juoni etenee kolmiosaisena vaelluksena Helvetin lieskoista Kiirastulen kautta Paratiisiin. Suomessa siitä on julkaistu useita käännöksiä: kaksi runoilijan laatimaa suomennosta, Eino Leinon vuosilta 1912–1914 ja Elina Vaaran 1960-luvun alusta, sekä Aline Pippingin ruotsinnos

[1] Danten pienteosten keskinäisistä suhteista Minnis & Scott 1991, 380–382; Grønlie 2008, 148–149; Tavoni 2014 & Tavoni 2015, 25–30.

vuodelta 1924.[1] Dante aloitti suureepoksensa kirjoitustyön ilmeisesti vuoden 1306 seutuvilla, eli pian sen jälkeen kun *Kansankielestä* oli jäänyt kesken. Juuri uusi kirjoitustyö saattoi olla syy ja selitys keskeneräisyyteen. Nimittäin *Jumalaista näytelmää* ei ole kirjoitettu sillä "loistavalla runouden kielellä", jota nyt käsillä oleva *Kansankielestä*-teos hahmottelee. Sellainen kieli ilmaisisi vain suuria aiheita (*magnalia*) ja traagista tyyliä. Sen sijaan *Jumalainen näytelmä* on vaikuttava tyylilajien sekoitelma, aina arkisesta komiikasta ylevään paatokseen. Alkukielikin on sekoitelma, vaikka suosii firenzeläistä eli Danten omaa kansankieltä.[2] On helppo yhtyä nykytulkintoihin, joiden mukaan Dante päätyi kielen teoreetikkona pisteeseen, josta hän ei runoilijana voinut enää jatkaa. Dante oli ensimmäinen, joka kirjoitti teorian siitä, miten kieli muuttuu, mutta ei lopulta

[1] Danten *DVE*:n suomalaisesta tutkimuksesta ks. Mehtonen & Vaahtera 2015; Mehtonen 2006b; Mehtonen 2008; Vaahtera 2014; Vaahtera 2019. Danten teosten *Jumalainen näytelmä* ja *Ihana elämä* vastaanotosta ja tutkimuksesta Suomessa ks. muun muassa Chydenius 1958; Ploom 2000; Janna Kantolan, Sari Kivistön, H. K. Riikosen ja Elina Suomela-Härmän artikkelit teoksessa Riikonen, Kovala *et al.* 2007 (osa I), 213, 226–228, 235, 596–597 & 2007 (osa II), 119–123, 469–471; Kuusisto 2007; Mälkki 2009; Garavelli 2016; Suomela-Härmä 2016.

[2] Auerbach 1992, 205–208; Rosier-Catach 2011, Présentation 60. Danten suosimien tyylien ja lajien asemasta keskiajan kirjallisuudessa myös Curtius 1984, luvut 2, 12 ja 17. Toscanalaisella kansankielellä Dante luonnollisesti kirjoitti myös proosateoksensa *Convivion.*

ollut tyytyväinen aikaansaannokseensa.[1] Hän kuitenkin siirtyi ajatuksista tekoihin, teoriasta käytännön runotyöhön – ja tuli näin paljolti määritelleeksi sen, millainen on italia paikalliset rajat ylittävänä kielenä.

Kansankielestä on tekstinä lyhyt, mutta ei lyhyesti kuvailtavissa. Teos tutkii kiel(t)en syntyä, olemusta, leviämistä ja käyttöä Euroopassa. Se on kuitenkin myös omintakeinen oppikirja säkeiden laadinnasta ja samalla kirjallisuuskritiikkiä, joka ruotii hyvää ja huonoa. Oppinut tutkielma vannoo järjen nimeen ja pönkittää samalla tekijänsä kirjailijamainetta, kun esimerkiksi runoilijoista loistavimpina mainitaan "Cino da Pistoia ja hänen ystävänsä".[2] Arvaamme, kuka on tämä ystävä, joka mielellään siteeraa omaa tuotantoaan esimerkkinä parhaasta kansankielisestä runoudesta. Danten teoksen aloitus "… kukaan ei tietääkseni ole ennen minua käsitellyt kansankielisen kaunopuheisuuden teoriaa" on komea, vaikka vain osittain tosi. Kukaan ei tiettävästi ollut ennen Dantea kirjoittanut *latinaksi* näin kattavasti kansankielisestä runoudesta. Tutkielmaa onkin kutsuttu modernien eurooppalaisten kielten itsenäisyyden julistukseksi.[3] Toki moni kansankieli oli jo ennen Dantea saanut runousoppinsa. Pohjoismaisista edeltäjistä mainittakoon Islannissa laaditut muinaisnorjan poetiikat *Hattalykil* ("Runo-

[1] Trabantin mukaan (2010, 26) Danten kamppailu kielen variaatiota vastaan oli "aivan erityisen hysteeristä".

[2] *DVE* 1,10,2; 1,17,3; 2,2,8; 2,5,4; 2,6,6.

[3] Botterill 1996, xviii.

taidon avain", n. 1145) ja tietenkin Snorri Sturluso-
nin (1179–1241) *Edda*. Osin samoihin aikoihin
Danten tutkielman kanssa laati Raimon Vidal var-
haisimman oksitaanirunouden esityksen *Razos de
trobar* ("Runonlaadinnan perusteista", n. 1190–
1213). Se tunnettiin myös Italiassa.[1] Danten *Kansan-
kielestä* kuitenkin synnytti erityisen lajin, joka sai
myös suomalaisen edustajansa 1700-luvun lopulla:
latinaksi laadittu kansankielen tutkielma.[2]

Tutkielman esipuheessa Dante myöntää am-
mentavansa tietoa muilta kirjoittajilta mutta hylkää
pian kaiken vaatimattomuuden ja ryhtyy pätemään
niin yleisenä (kansan)kielen asiantuntijana kuin
runouden armottomana tuomarina. Kirjallinen
rempseys ei ollut Danten luomus, vaan vakiintunut
kirjallinen keino. Itsevarma minä-hahmo oli jalos-
tunut jo 1100–1200-lukujen eteläranskalaisessa
trubaduurilyriikassa. Dante kuitenkin venyttää ver-
tailevan tutkimuksensa äärimmäisyyksiin, kun kan-
sankielten "piikkipensaikkoa" ja "akanoita" karsi-
taan kovalla kädellä. Rooman murre on "surkein"
ja "rumin" kaikista Italian puheenparsista, istrialai-
set taas "röyhtäilevät hirveällä nuotillaan".[3] Ylistä-
essään tietynlaisen italian kielen etevyyttä Dante ei
kiistä latinan valta-asemaa oppineisuuden ja kor-

---

[1] Keskiajan kansankielisistä runousopeista Kelly 1991; Gallo
1995, 39–46; Mehtonen 2003, 137–148; Gaunt & Marshall
2005, 472, 482–495.

[2] Henrik Gabriel Porthanin *Suomalaisesta runoudesta* (*De poësi
Fennica* 1766–1778; suom. Iiro Kajanto). *DVE*:n ja Porthanin
tutkielman suhteista Mehtonen 2006b.

[3] *DVE* 1,11,2–6.

keakulttuurin kielenä. Latinaa ei keskiajalla opittu kotona ensimmäisenä kielenä, vaan se oli hallinnon, kirkon, koululaitoksen sekä oppineiston tieteen ja taiteen kieli. Dante ei kuitenkaan tyydy perinteiseen asetelmaan latinan ja kansankielten välillä, vaan nyt vertaillaan kansankieliä keskenään.

Tehtävää ei helpottanut se, että Danten aikana ei ollut olemassa yhtenäistä italiaa kirjallisuuden kielenä sen paremmin kuin Italiaa valtiona. Niemimaalla puhuttiin lukuisia alueellisia kieliä; Danten mukaan yksin Italiassa oli ”ainakin” neljätoista eri kansankieltä, lukemattomine sisäisine muunnoksineen. Ansiona voi pitää jo sitä, että tässä tilanteessa Dante kykeni kuvaamaan italialaisen kielialueen.[1]

Puhutut kansankielet olivat 700–800-luvuilta lähtien alkaneet nousta myös kirjoitetun kirjallisuuden kieliksi. Italia, antiikin latinankielisen kirjallisuuden kehto, ei keskiajalla ollut kehityksen kärjessä. Ranskaksi ja oksitaaniksi laadittu kirjallisuus alkoi kukoistaa toisen vuosituhannen alussa. Kataarisotien myötä oksitaanin kielen ydinalue oli 1200-luvun alkuun mennessä liitetty Ranskaan ja monet trubaduurit pakenivat Italiaan levittäen näin runoutensa mainetta entisestään. Ranskalaiset *trouvères* ja oksitaaniksi runoilleet *trobadors* saavat syystäkin äänensä kuuluville Danten tutkielmassa, vaikka

[1] *DVE* 1,10,7; ks. myös Barański 2005, 571; Bruni 2012, 250. Brunin mukaan Danten ajan italialainen runous koostui jo vaienneesta sisilialaisesta runoudesta (jota Dante luki toscanisoidussa muodossa) sekä Danten omasta, Cino da Pistoian ja muutaman muun lyriikasta. Lisäksi Italian alueella luettiin muiden romaanisten kielten kirjallisuutta.

Danten valikoima on avoimen subjektiivinen ja lukuisia tärkeitä edeltäjiä jää maininnoitta. Danten oli jo 1300-luvun alussa mahdollista hahmotella runousoppi, jossa ylimpänä kukoistaa italia, luonnollinen ja elävä äidinkieli. Se oli Danten mukaan myös lähempänä latinaa kuin muut kilpailevat (romaaniset) kansankielet.[1]

Danten ratkaisu laatia *Kansankielestä*-teos latinaksi tuki pyrkimystä vakuuttaa asiasta myös oppineisto, joka oli tottunut latinan käyttöön. Siksi oli rakennettava suhde latinankieliseen *ars poeticaan* ja filosofiaan mutta samalla korostettava kansankielen loistavuutta ja suhdetta "oppineen" Danten omaan runouteen. Parhaat kansankieliset runoilijat ovatkin *doctores*.[2] Tämä oli huolella painotettu statuskysymys. *Jumalaisessa näytelmässä* "dottore" on erityisesti päähenkilö-Danten vaellusoppaana toimiva suuri Vergilius. Kohtalon ivana voi pitää sitä, että ensimmäinen painettu laitos Danten teoksesta *Kansankielestä* oli italiankielinen käännös (Vicenza 1529). Oli täysin dantelainen projekti, että kääntäjä Gian Giorgio Trissino (1478–1550) oli kansankielen oikeinkirjoituksesta ja kieliopista kiinnostunut humanisti, joka käytti Danten teosta valikoiden, omien ajatustensa vahvistamiseen. Trissino arveli, että

---

[1] *DVE* 1,10,1. Kansankielten ja latinan suhteista Viljamaa 1984, 39.

[2] *DVE* 1,17,3; 1,9 selitykset; 1,9,2–3; 1,10,2; 1,12,2; 1,15,6; 1,19,1; 2,5,4 *doctores illustres*. Myös aiemmassa oksitaaninkielisessä perinteessä käytettiin ilmaisua *doctor de trobar* (Rosier-Catach 2011, Glossaire s.v. *doctor*). Danten ja latiniteetin suhteista myös Barański 2013, 47–50.

aikalaiset eivät enää osaisi tai malttaisi lukea Danten latinaa.[1] Latinankielinen *De vulgari eloquentia* painettiin vasta vuonna 1577 Pariisissa.

Pantterin jäljitys ja utopia kielellis-valtiollisesta eheydestä

Teoksen *Kansankielestä* minäkertoja vaeltaa pakolaisena seudulta toiselle. Hän havainnoi kielen ja maan yleistä hajaannuksen tilaa aikana, jolloin nykyisen Italian alue oli vielä joukko keskenään sotivia pikkuvaltioita. Dante tuskin olisi osannut kuvitella, kuinka monta vuosisataa vielä vierähtäisi ennen kuin hänen haaveensa yhtenäisyydestä toteutuisi. Italian kielikysymys, *questione della lingua*, pysyi ajankohtaisena paljon kauemmin kuin Ranskassa, Espanjassa tai Englannissa. Monen muun maan poliittinen ja taloudellinen yhtenäisyys mahdollisti myös yhtenäisen kansankielen tai standardikielen ulottumisen eri kansanryhmiin 1600-luvulta alkaen.

Poliittisille vastustajille menetetty Firenze nousee Dantella ihmisluonnon ja kielen tunteelliseksi vertauskuvaksi. Yksi ihmisten ”nurinkurinen” tapa on pitää aina omaa synnyinsijaansa ja äidinkieltään muita arvokkaampana. Dantelle itselleen ”maailma

[1] Ks. Montuori 2012 (Trissino), Nota introduttiva, 443–445 *et passim*. Teoksen autenttisuus Danten tuotantona kiistettiin heti. Vastaanotto poikkesi suuresti Danten *Jumalaisen näytelmän* suosiosta. Siihen jo keskiajalla laadituista kommentaareista esim. Minnis & Scott 1991, 439–519.

on isänmaa".[1] Vastakohtana ovat tuon ajan tosiasialliset *patriat* eli isänmaat, Danten kohdalla Firenze. Nämä kaupunkivaltiot ovat nykyään suurempia tai pienempiä pisteitä Italian kartalla, mutta ne olivat Danten aikana todellisia kotimaita.[2] Globaali *patria* sekä järkiperäisen maailmankuvan puolto liittyvät Danten ajatukseen kansalaisuudesta, joka on yksilön onnen tae. Tässä yhteiskuntamallissa rauhan ja kansan yhtenäisyyden voi taata vain suvereeni, paavista riippumaton mutta tätä kunnioittava hallitsija. Danten ihanneyhteisössä suvereenin alaisuuteen kuuluvat päälliköt, jotka ponnistelevat yhteisten päämäärien eteen. Päällikköjen ja hallitsijan yläpuolella ei olisi auktoriteettiin perustuva uskonto, vaan luonnon lakeja noudatteleva rationaalinen arvostelukyky. Tällainen yhteiskunta ei Danten mukaan toteudu pelkästään yhdessä ajassa, kaupungissa tai yksilössä. Tarvitaan kollektiivisia päämääriä ja maailmanrauha, jotka edellyttävät yhtenäistä hallintoa.[3]

Runouden nykytilanne ja kielen piirteet eivät siis Dantella ole erotettavissa politiikan, etiikan ja

---

[1] *DVE* 1,6,2–3.

[2] Tästä syystä myös suomennoksessa *patria* on käännetty "isänmaaksi" (1,6,2 ja 3; 2,6,4). Ainoa poikkeus on jakso 1,7,2, jossa puhutaan koko ihmissuvun ensimmäisestä *patriasta*. Myös siinä yhteydessä kyseessä on karkotus, koko teosta läpäisevä teema.

[3] Ks. esim. *Convivio* 4,4: yksinvallan välttämättömyys; 4,9; *Monarchia* 1,3,3–8: ymmärrykseen perustuva valta tai voima; 1,4: maailmanrauha; 1,8: ihminen muistuttaa eniten Jumalaa ollessaan yhden hallitsijan alaisuudessa.

metafysiikan kysymyksistä. Ajatukseen hajanaisen Italian eheytymisestä rinnastuu loistava ja arvokas kansankieli. Dante liittää sekä valtioajatukseen että kieleen vielä toistaiseksi toteutumattoman utopian: *jos* Italiassa olisi yhtenäinen hovi, oikeuslaitos ja hallinto, niiden kieli *olisi* Danten teoksessaan jäljittämä ja hänen itsensäkin edustama loistava kansankieli.[4]

Juuri kilpailu kielten paremmuudesta rakentaa juonen jännitteitä teoksessa *Kansankielestä*, eikä kisaa voita ennakkosuosikki. Niin paljon kuin Dante kotikaupunkiaan ylistikin, hän ei silti katsonut voivansa pitää Firenzen ja sen maakunnan Toscanan kieliä arvokkaimpana runouden kansankielistä.[5] On tietenkin Danten näkökulmasta selvä peli, että kolmesta merkittävästä *vulgaresta* – ranska, oksitaani, italia – mestaruuden vie italia. Mutta mikä italian murteista nousee muiden edelle?

Danten kielenkäyttö on ilmeikästä. Kuvauksia ihannekielen etsinnästä värittävät metaforat metsissä vaeltelusta ja metsästyksestä.[6] Italian murteiden metsissä ja "ryteiköissä" vaeltava kertoja jäljittää hienoa pantteria, joka on vertauskuva kansankielistä parhaimmalle. Samoin kuin piilossa pysyttelevän kissapedon hieno tuoksu tuntuu kaikkialla, myös notkean runokielen aistii missä tahansa Italian kaupungissa. Silti runokieli ei pysähdy asumaan niistä

[4] *DVE* 1,18.

[5] *DVE* 1,13,5.

[6] Ks. 1,6,1; 1,11,1; 1,14,1; 1,15,7; 1,16,1 ja 4; 2,6,3 ja 5. Metsästys rationaalisen tutkimisen metaforana kuului skolastiseen traditioon (D'Urso 2006).

yhdessäkään.[1] Mikään yksittäinen murre ei täytä jalon kansankielen ehtoja. Kielistä ylin on *parhaimpien kirjailijoiden* Italiassa käyttämää runouden kieltä. Tällainen mallikieli ei ole muuttumaton normi vaan luonnollinen ja siksi alati muuttuva.[2]

Dante, runot ja runoilijat

Dante yhdistää kuvailevaa ja normittavaa poetiikkaa: hän kartoittaa Italian runoutta sellaisena kuin se oli, mutta julistaa samalla, millaista kunnon runouden pitäisi olla. Tämä kiertyy takaisin siihen mitä jo oli, nimittäin Danten omaan runouteen. Kuten Umberto Eco on kiteyttänyt, *Kansankielestä* on ennen muuta itsekommentaari. Dante analysoi omia ratkaisujaan, joista hän samalla tekee kaiken runouden mitan.[3]

Käytännössä Dante kirjoitti italialaisen runouden historian uusiksi. Hanke muodostui henkilökohtaiseksi hyökkäykseksi ja kirjalliseksi isänmurhaksi, kun kohteena on eri yhteyksissä Guittone d'Arezzo (n. 1239–1294). Guittonen merkitys Dan-

---

[1] *DVE* 1,16,1; 1,16,4. Italiaksi laatimassaan *Convivio*-teoksessa Dante viittaa italiaan mm. ilmaisuilla *volgare di sì* ja *italica loquela* (1,10,12; 1,10,14).

[2] Mazzocco 1993, 119 alkaen ja erit. 138 alkaen. Muuttuvuudesta myös Rosier-Catach 2011, Présentation 60–64.

[3] Eco 1999, 30. Myös Fenzi kuvaa, miten Dante rakentaa *Kansankielestä*-teoksen edetessä itsestään kiistattoman mestarin canzonen alalla, osin "eliminoimalla" mahdolliset kilpailijat ympäriltään (Fenzi 2012, Introduzione XLIII).

ten runoudelle oli suuri, mutta uudelle kirjallisuushistorialle oli nyt eduksi mitätöidä aiempi sisilialais-toscanalainen vaihe, joka henkilöityi johtohahmoonsa Guittoneen. Näin Dante pyrki luomaan suoran jatkumon sisilialaisen ja itse edustamansa modernin toscanalaisen lyriikan välille.[1]

Yhtä peittelemättömästi kirjallisuushistoriaa rakennettiin ystävyydelle. Danten nuoruudenteoksessa *Uusi elämä* parhaana ystävänä esitetään mestarirunoilija Guido Cavalcanti (n. 1250–1300). Vaikka hän saa ansaitsemaansa arvostusta myös *Kansankielestä*-teoksessa, nyt ystävistä ylimpänä mainitaan toinen *dolce stil nuovon* edustaja, Cino da Pistoia (n. 1270–1336). Cavalcanti kuoli jo vuonna 1300, ja Dante tarvitsi eläviä kollegoita vertailukohdiksi, joihin nähden kirjoittaa myös omasta runoudestaan osana aikalaiskuvaa.[2]

Kieltensekoitus ja kirjallisuudesta kirjoittaminen

Koulutettu mies hallitsi 1300-luvulla erilaisia kirjoittamisen ja lukemisen taitoja. Ne olivat perusta myös Danten tavoille valita sanansa, argumentoida ja tyylitellä. Hän oli oppinut maallikko, jolla oli yläluokan vesana ilman muodollista yliopistokoulu-

---

[1] Guittonen kritisointi 1,13,1 ja 2,6,8. Ks. Fenzi 2012, Introduzione L–LII. Myös Guido Cavalcanti kritisoi Guittone d'Arezzon runoutta (Cavalcanti, *Rime* 47). Dante arvostelee Guittonea myös *Uudessa elämässä* ja *Kiirastulessa* (24,55–57 sekä 26,124–126).

[2] Ks. Fenzi 2012, Introduzione LIII—LVI.

tustakin pääsy kirjastoihin, oppineisiin piireihin ja tieteisiin. Ei ole täyttä varmuutta siitä, oliko yksi Danten opettajista Brunetto Latini (n. 1220–n. 1294), kuten Dante itse mainitsee. Myös sana "opettaja" on moniselitteinen tällaisessa yhteydessä.[1] Firenzen poliittiseen ylimystöön lukeutunut Brunetto Latini vietti Danten tapaan vuosia maanpaossa. Hän oli aikansa retoriikan, filosofian ja yleistiedon mestari, jonka suosittuun ranskankieliseen teokseen *Li livres dou tresor* (1260–1266/7; "Aarre") sisältyi muun muassa katkelmia Galfridus de Vinosalvon latinankielisestä runousopista. Galfriduksen teos oli alan bestseller vuosisatojen ajan ja vaikutti suoraan tai epäsuorasti myös Danten tuotannossa.[2] Koska Brunetto Latini oli maallinen oppinut, Dante sijoitti hänet Helvettiin sodomiittien joukkoon pääteoksessaan *Jumalainen näytelmä*. Sen sijaan *Kansankielestä* mainitsee Brunetton yhtenä niistä maineikkaista miehistä, jotka pitävät Toscanan kansankieltä parhaana.[3]

[1] Esim. Panetta (2006, 27 alkaen) tarkastelee sitä, miten Dante esittää mestari Brunetton, ei sitä, oliko tämä todellisuudessa Danten grammatiikan tai retoriikan opettaja.

[2] Ranskalaisen Galfridus de Vinosalvon "uutta" runousoppia *Poetria nova*, joka on peräisin 1200-luvun alusta, käytettiin sekä latinankielisenä että kansankieliin käännettynä etenkin Italian ja Keski-Euroopan kouluissa. Sana "uusi" runousopin nimessä viittaa Horatiuksen (65–8 eaa.) suosittuun "vanhaan" runousoppiin, *Ars poetica* (*Runotaide*). Ks. Camargon esipuhe teoksessa Galfridus de Vinosalvo 2010, 14–16.

[3] *Helvetti* 15, 30; *DVE* 1,13,1. *Helvetin* säkeissä 82–87 Brunetto mainitaan isällisenä hahmona ja opettajana. Brunetto Latinin *Li livres dou tresor* -teoksesta ks. Kelly 1991, 176–177.

Dante antaa itsestään kuvan ahkerana lukijana. Ei tiedetä tarkkaan, mitä kirjoja hänellä oli käytössään ja mistä hän ammensi vaikutteita.[1] *Kansankielestä* ja *Convivio* paljastavat kuitenkin paljon Danten filosofisista ja kirjallisista lähtökohdista.

Jo mainittu 1100–1200-lukujen latinankielinen runousoppi näkyi Danten kirjoituksissa. Se kukoisti Englannin, Pohjois-Ranskan (Tours, Chartres, Orléans, Pariisi) ja Saksan katedraalikouluissa ja yliopistoissa ennen Italiaa. Erityisesti Horatiuksen (65–8 eaa.) ja Ciceron (106–43 eaa.) teosten kommentaarien pohjalta nousi uusi kiinnostus kirjallisuuden ja kielen vaikutuskeinoihin sekä opetukseen. Kyse ei ollut varsinaisesta taidekoulutuksesta, vaan panostus kielitaitoihin palveli yhteiskunnan kasvavaa hallintovirkamiesten tarvetta. Osin juuri käytännön syistä runousopin ja retoriikan painopiste siirtyi 1200-luvulla runoudesta proosaan, myös asiakieleen. Varsinkin Italiassa kehittyi pitkälle kirjeenkirjoittamisen taito, *ars dictaminis*, jota alettiin varhain opettaa myös kansankielellä (Bene da Firenze, Guido Fava, Boncompagno da Signa).[2]

Ratkaiseva vaikutus Danteen oli Aristoteleella (384–322 eaa.) tai oikeammin keskiajan aristoteelisella filosofialla, jonka kultakausi alkoi 1200-lu-

---

[1] Danten kirjastosta ks. Gargan 2009.

[2] Keskiajan latinankielisistä runousopeista ja retoriikasta Kemal 2003; Mehtonen 1996 & 2003; Mehtonen 2006a; Camargon esipuhe teoksessa Galfridus de Vinosalvo 2010; Woods 2010. Kaunokirjallisen retoriikan ja poetiikan lyömätön hakuteos on Lausberg 1990. Sydänkeskiajan runoudesta myös Lehtonen 2000, 81–101.

vulla.[1] Kreikkaa taitamattomana Dante turvautui aikalaistensa tavoin Aristoteleen teosten latinankielisiin käännöksiin ja kommentaareihin. Aristoteleen teosta *Runousoppi* ei ilmeisesti käännetty kreikasta latinaan antiikin Rooman kaudella. Se ei ollut tarpeen, sillä siitä kiinnostuneet lukijat hallitsivat kreikan kielen. Vasta Dantea edeltäneen sukupolven aikana 1200-luvun puolivälistä alkaen tuli käyttöön Aristoteleen kirjallisuusteorian latinannoksia. Laajan kiinnostuksen Aristoteleeseen herätti arabifilosofia, joka vaikutti suuresti eurooppalaiseen filosofiaan ja skolastiikkaan. Laajalti tunnettuja kommentaareja myös Aristoteleen *Runousoppiin* laativat Avicenna (Abu 'Ali Ibn Sina, 980–1037) ja Averroës (Abu al-Walid Muhammad Ibn Rushd, 1126–1198).

Tässä perinteessä runousoppi oli osa filosofista järjestelmää, liittyihän poeettinen kieli Aristoteleen keskeisiin käsitteisiin kuten totuus, kauneus, hyvyys ja arvokkuus (myös vastakohtineen). Arabifilosofiaan juontavassa keskiajan skolastiikassa runousoppi ja retoriikka olivat osa Aristoteleen teosten kokonaisuutta eli *organonia*.[2] Sen vaikutusta Danteen voi

---

[1] Danten Aristoteles-tietouden syvyyttä on epäillyt esimerkiksi Barański 2000, 22–27.

[2] *Organon* jäsentyi kahdeksanosaiseksi myöhäisessä kreikkalaisessa Aristoteles-kommentaarien perinteessä (esim. 500-luvulla elänyt Aleksandrian uusplatonisen koulun johtaja Ammonios) ja siihen perustuvissa syyrian- ja arabiankielisissä käännöksissä Aristoteleen teoksista. *Organonin* osat olivat *Kategoriat, Tulkinnasta, Analytiikat, Topiikka, Sofistiset kumoamiset, Retoriikka* ja *Runousoppi* (esim. Kemal 2003, 5 *et passim*; Black 1990, 1–17). Tuomas Akvinolainen (1225–1274) ja

nähdä erityisesti *Kansankielestä*-teoksen filosofisessa alkuosassa, jossa käsitellään kielen yleistä olemusta ja kielen synnyn universaalihistoriaa. Tutkielman toinen osa puolestaan valaisee kirjallisuuden aihepiirejä, runomittoja ja musiikillisia piirteitä. Keskiajan aristoteelisessa runousopissa nämä liittyivät sanataideteoksen kielenkäyttöön (*locutio*), toimivien henkilöhahmojen luonteisiin (*mores*) ja musiikillisuuteen eli melopoeiaan (*melodie factio*).[1]

Näistä aikansa kieleen liittyvistä opeista ja näkemyksistä Dante yhdisteli myös kieliopin ja kielifilosofian perinteitä.[2] Sivumääräisesti pieni *Kansankielestä* tulvii käsitteellisiä ja ideologisia knoppeja. Vaikka antiikin Kreikka, Rooma, sydänkeskiajan Eurooppa ja arabifilosofia tuntuvat olevan ajallisesti ja kulttuurisesti etäällä toisistaan, niiden vuoro-

Albertus Magnus (n. 1200–1280) ymmärsivät *Organonin* tässä merkityksessä. Tästä filosofisesta perinteestä juontuu Hermannus Alemannuksen *Poetria* (1256), joka on käännös Averroësin arabiankielisestä *Runousopin* kommentaarista. Averroësin aristoteelisen poetiikan erityispiirteistä ja vaikutuksesta ks. Butterworthin laaja johdanto teoksessa Averroës 1986. Aristoteleen *Runousopista* keskiajan latinankielisessä vastaanotossa ks. Mehtonen 2003, 39–42.

[1] Latinankieliset termit ovat Aristoteleen *Runousopin* käännöksestä vuodelta 1278: 1450a, käänt. Guillelmus de Moerbeke. Latinankielinen käännös on tehty suoraan kreikasta, mutta Guillelmuksen versiota tunnettiin keskiajalla huonommin kuin Hermannus Alemannuksen arabivälitteistä tulkintaa Aristoteleen runousopista.

[2] Ruedi Imbach ja Irène Rosier-Catach pohtivat johdannossaan *DVE*:n saksankieliseen laitokseen filosofian kieltä, kielifilosofiaa ja Dantea filosofina (Cheneval 2007, vii–xix). Vaikeuksista lokeroida *DVE* keskiajan kielitieteiden kenttään ks. Mazzocco 1993, 6.

vaikutuksesta tislautui kirjallisuuskäsitys, johon myös Dante nojasi itsestään selvänä lähtökohtana. Niin Aristoteles, Horatius, Cicero kuin Averroës pitivät lähtökohtina seuraavia seikkoja:

Runous on eettistä toimintaa. Myös runotaiteen kielelliset hyveet ja paheet solmiutuvat vallitseviin soveliaisuuden tai arvokkuuden käsitteisiin.

Poetiikka ja retoriikka ovat läheisiä sisartieteitä.

Danten *Kansankielestä* ei edes kaikessa itsejulistetussa ainutlaatuisuudessaan kyseenalaista näitä lähtökohtia. Päinvastoin: nyt Dante haluaa tuoda myös kansankielen näiden arvojen piiriin.

Latinankielinen kirjallisuus oli jo syrjäytymässä. Sisällöiltään Danten traktaatti edustaa siirtymää siihen *poesia romanzescaan*, joka oli eri romaanisissa kielissä kypsynyt latinan pohjalta. Oksitaanin- ja ranskankielisten trubaduurien sekä italialaisten uudistajien (Guido Guinizelli, Guido Cavalcanti, varhainen Dante) otollisinta yleisöä eivät olleet enää katedraalikoulujen ja yliopistojen opiskelijat, maisterit ja tulevat virkamiehet. Kielellinen vallankumous kytkeytyi sosiaalisiin mullistuksiin, joissa kirjallisuuden toimijoiksi nousivat myös maallisten ylhäisöhovien edustajat ja kasvavien kaupunkien porvaristo. Kansankielisen runouden tavoitteena oli usein julkinen esitys, ei akateeminen taidonnäyte tai melko suljetun kuulijakunnan suosio. Tässä kehityksessä Danten seuraan liittyivät jo seuraavaa sukupolvea edustaneet Petrarca (1304–1374) ja etenkin Boccaccio (1313–1375), proosan mestari ja *Decameronen* kirjoittaja, joka luennoi ihailemastaan

Dantesta Firenzen yliopistossa ja laati tämän ensimmäisen elämäkerran.[1]

Teologian alalla Dante oli Tuomas Akvinolaisen ohella perehtynyt Albertus Magnuksen ajatteluun. Albertuksen perintöä oli rohkeus käsitellä filosofiaa ja teologiaa toisistaan erillisinä.[2] Tämä näkyy myös Danten kirkkoteologiasta poikkeavissa tulkinnoissa Raamatun luomiskertomuksesta ja siitä, miten kieli sai alkunsa. Nykylukijalle muodostuu osin hämmentävä kuva toisaalta hyvin uskonnollisesta, toisaalta uskonoppeja varsin tarkoitushakuisesti käyttävästä kirjoittajasta.

Monen nykykirjoittajan tapaan Dantella oli intohimo sanoihin, niiden muunnelmiin ja etymologioihin. Etymologinen sananselitys ei tarkoittanut sanan alkuperän selvittämistä kuten nykyään. Sen sijaan etymologian ajateltiin paljastavan sanan todellisen merkityksen: sananselitykseksi annettiin usein toinen sana, sanapari tai jopa lause, joka tuntui käsitteellisesti sopivalta ja muistutti äänneasultaan selitettävää sanaa. Etymologinen tehokeino ei selitä itseään eikä ole asiaa tuntemattomalle ilmeinen. Danten tutkielman oppinut aikalaislukija kuitenkin huomasi tekstiin ujutetun etymologisen parin esimerkiksi lukiessaan Romagnan alueen puhekielestä, jonka ”pehmeys”, *mollities*, saa sen

---

[1] Ks. Boccaccio 2002. Danten varhaisrunoudesta esim. Auerbach 2001 (luku II); Barolini 2007.

[2] Wetherbee & Jason 2018.

kuulostamaan "naiselliselta", *muliebre*.[1] Dante nojasi aikansa vahvaan sanakirjaperinteeseen ja ensyklopedismiin. Etenkin Hugutio de Pisan *Derivationes* (n. 1190, "Sanojen johtamisesta") on usein toiminut lähteenä joko suoraan tai välillisesti, ja se on ainoa ajan sanakirjoista, jonka Dante mainitsee.[2] Olemmekin päätyneet viittaamaan Hugutioon, kun on aihetta taustoittaa sanojen merkitystä tai käyttöä Dantella. Muita Danten ulottuvilla todennäköisesti olleita sanakirjoja ovat ainakin Papiaan *Elementarium Doctrinae Rudimentum* (1040-luvulta, "Alkeisjohdatus oppineisuuteen") ja Johannes Balbuksen *Catholicon* (1286, latinan yleiskäsikirja). Joitakin sanastoa koskevia tietoja Dante on saattanut ottaa suoraan antiikin lähteistä, mutta on vaikea arvioida, missä määrin nämä olivat hänelle tuttuja.

---

[1] Ks. *DVE* 1,14,2. Sanat *mulier* ja *mollities* yhdistävä etymologia esiintyy mm. kirkkoisä Isidorus Sevillalaisen (570–636) ensyklopedisessa aarreaitassa *Etymologiae* 11,2,18. Vrt. myös Hugutio de Pisa M 129, 13 *mulier*: "Samoin sanasta *mollis* tulee *mulier*, melkein kuin *mollier*, koska nainen on pehmeä ja heikko suhteessa mieheen".

[2] Dante mainitsee Hugution sanan *autore* yhteydessä (*Convivio* 4,6,5). Danten velasta Hugutiolle ks. Toynbee 1902; vrt. Giola 2011, 194. Vasta vuonna 2004 ilmestyi Hugution teoksesta hieno Enzo Cecchinin (*et al.*) toimittama *editio princeps* johdantoineen (Hugutio de Pisa 2004). Lisäksi Dante tunsi etymologian klassikko Isidorus Sevillalaista Brunetto Latinin *Li livres dou tresor* -teoksen välityksellä, mahdollisesti suoraankin. Ks. Ordiway 2010, 520.

Runous ja proosa

Danten tutkielman lukijalle käy viimeistään toisen kirjan alussa selväksi, että runous on ylivoimaista proosaan nähden. Runous on proosaa vanhempaa ja arvokkaampaa, Danten mukaan runous vieläpä toimii proosan esikuvana. Jo antiikin kreikkalaisille ja roomalaisille Homeroksen runous oli kirjallisuuden lähtökohta, jonka rinnalle toki nousi myös muita teoksia, kuten roomalaisessa maailmassa Vergiliuksen *Aeneis*-eepos. Kirjallisuuden kouluopetus alkoi runoudesta, ja proosan vuoro oli vasta, kun Homerosta tai Vergiliusta oli opeteltu ulkoa säekaupalla.

Tästä keskiajallekin periytyvästä arvojärjestyksestä huolimatta Dante soveltaa runouteen lauserakenteen ja sanajärjestyksen normeja, jotka perustuivat proosan retoriseen analyysiin.[1] Tämäkin on oikeastaan antiikkinen lähestymistapa: runouden ensisijaisuudesta huolimatta runousoppi ei ollut itsenäinen koulutuksen osa, vaan jo hellenistisenä aikana muodostuneen koulutusstandardin työkalu oli retoriikka, joka ohjeisti kaikenlaisen tekstin analyysiin ja kirjoittamiseen. Toisaalta runouden keinot, kuten runomitta, soveltuivat myös proosan keinoiksi.[2]

[1] Ks. Scaglione (1978, 254–255), jonka mukaan Dante toi ennennäkemättömällä tavalla yhteen *grammatican, rhetorican* ja *poetican* eli *poetrian.*

[2] Ks. Vaahtera 2010, 102; kuvaava on jo Augustuksen ajan Roomassa vaikuttaneen Dionysios Halikarnassolaisen (syntyi n. 60 eaa.) kirjallisuuskritiikki, joka analysoi niin runoutta kuin proosaa paljolti samoin keinoin.

Niin lyriikkaa kuin käsittelikin, Danten *Kansankielestä* on näyte hänen omasta retoriikastaan ja latinankielisestä proosastaan. Siinä Dante käyttää vaihtelevasti hyväkseen proosarytmiä (*cursus*). Erityisesti lauseiden loppuihin on sommiteltu erilaisia rytmisiä kuvioita, jotka perustuvat sanapainoon.

Dante oli uranuurtajia nimenomaan italiankielisen runouden käsittelyssä. Hän avasi näyttämön etevimmille ranskalaisille trubaduureille ja italialaisen 1200-luvulla kehittyneen *dolce stil nuovon* eli "suloisen uuden tyylin" parhaalle runoudelle. Sille oli luonteenomaista oppineisuus ja runokeinojen mutkikkuus, joista sai rahvaanomaisuus pysyä kaukana. Stilnovistien aiheissa yhdistyivät uudella tavalla rakkaus henkisenä käsitteenä, ajan kosmologia, tieteet ja mystiikan sieluoppi. Danten siteeraamista kirjailijoista suurin osa lukeutuu edelleen maailmankirjallisuuden mestariluokkaan. Trubaduureista mukana ovat muun muassa Peire d'Alvernhe (toimi n. 1149–1180), Guiraut de Bornelh (toimi 1162–1200), Arnaut Daniel (toimi n. 1180–1210) ja Bertran de Born (n. 1140–1215). Vielä näidenkin yli Dantella nousevat *dolce stil nuovon* perustaja Guido Guinizelli (tai Guinizzelli, n. 1230–1276) sekä sen firenzeläinen ydinryhmä Guido Cavalcanti, Cino da Pistoia ja Danten runsaimmin siteeraama Dante Alighieri.

Koska uudet kirjallisuuden kielet olivat latinan rinnalla altavastaajia, Dante käyttää teoksessaan paljon sanoja kansankielen arvokkuuden perusteluun. Hän soveltaa aiempaa keskiaikaista runousoppia, jonka tyylinteoriassa eroteltiin muun muassa korkea, keskityyli ja matala tyyli. Ne ovat

sisällöllisiä kategorioita, jotka korostavat myös esitettyjen asioiden ja henkilöhahmojen arvokkuutta tai arvottomuutta. Kuhunkin tyyliin sopivia aiheita ja symboliikkaa opetettiin Dantenkin suuresti kunnioittaman Vergiliuksen inspiroimana, sellaisena kuin häntä keskiajalla luettiin ja tulkittiin.[1]

GRAVIS STILUS eli KORKEA TYYLI
Henkilögalleria: aristokraattinen tai korkea-feodaalinen,
kuten sotilaat, ritarit, hallitsijat.
Miljöö: kaupunki, linnoitus.
Soveliaat aiheet ja symbolit: valtion asiat, miekka, hevonen.
(Vrt. Vergilius, *Aeneis*)

MEDIOCRIS STILUS eli KESKITYYLI
Henkilögalleria: alempia säätyjä ja maaseudun väkeä.
Miljöö: maaseutu, maatyöt, pelto.
Soveliaat aiheet ja symbolit: aura, härkä.
(Vrt. Vergilius, *Georgica*)

HUMILIS STILUS eli MATALA TYYLI
Henkilögalleria: mm. paimenet.
Miljöö: niityt ja laitumet.
Soveliaat aiheet ja symbolit: paimensauva, lammas.
(Vrt. Vergilius, *Bucolica*)

Dante muovaa perinnettä omintakeisesti. Hänen kuvailemansa *vulgare illustre* sijoittuu tietenkin runouden eliittiin ja korkeaan tyyliin. Sen henkilögallerioissa ja miljöissä säilyvät *gravis stilukselle* tyypilliset ylhäiset rouvat, hovit, oikeussalit ja linnanaulat.

---

[1] Tiivistelmän perustana on Johannes de Garlandian *Parisiana Poetria* ("Pariisin runousoppi"), 2,116–123 ja kuvat ss. 40–41; vrt. Mehtonen 2003, 106–111; *DVE* 2,4,5–2,4,6. Keskiajan tyylinteoria erkaantui vähitellen tärkeistä lähteistään kuten anonyymi *Rhetorica ad Herennium* ("Retoriikka Herenniukselle"; kirjoitettu ehkä 88–85 eaa.) 4,8,11 ja Quintilianus, *Puhujan kasvatus* 12,10,58–59. Herenniukselle omistettua retoriikkaa pidettiin keskiajalla Ciceron teoksena.

Aiheista arvokkaimpien joukkoon nousee rakkaus.[1] Matalampia tyylejä *Kansankielestä* ei varsinaisesti käsittele. Teos oli ilmeisesti suunniteltu neliosaiseksi, mutta vain kaksi osaa toteutui. Näistäkin toinen, ylevää ja traagista kansankielistä runoutta käsittelevä, jäi osin kesken. Kolmas osa olisi käsitellyt proosakirjallisuutta, jälkipuoli myös "matalampia" tyylejä. Kuten Aristoteleen *Runousopin* kohtaloissa, tässäkin tapauksessa komediaa käsittelevä osa on jäänyt historian hämärään. On osuvaa ja koomista, että Danten myöhempi eeppinen suurteos sai jälkipolvilta nimen Jumalainen *komedia*.

Kansankielestä: *vulgaris locutio*

Kansankieli on myös naisten ja lasten kieli, ei yksin miesten. Danten ylistämää elävää kansankieltä, *vulgaris locutio*, ei opita koulussa vaan lapsena jäljittelemällä. Kansankielet ovat siis tässä mielessä "säännöttömiä". Niiden olemuksen ja levittäytymisen tarkasteluun on omistettu lähes koko tutkielman ensimmäinen kirja. Lukija johdatetaan Raamatun alkukielestä ja Baabelin kieltensekoituksesta Euroopan kartalle ja kielimaantieteeseen. Ajallisesti kehittyvä ja alueellisesti liikkuva kansankieli on kaikkien kieli, eikä "kaikki" nyt tarkoita vain kaikkia miehiä ainakaan Danten esipuheen perusteella, kuten antiikin ja keskiajan kirjallisuudessa yleisesti oli tapana.

Dante mainitsee naiset kansankielen yhteydes-

---

[1] Ks. 2,2,7 Danten *magnalia: salus, venus, virtus*. Runomuodoista etusijan saa *cantio* eli canzone (2,3,3).

sä myös nuoruudenteoksessaan *Uusi elämä*, jonka hän laati vielä Firenzessä asuessaan:

> Eikä ole vielä suuri määrä vuosia kulunut siitä kun kansankielisiä runoilijoita ensi kerran ilmaantui; sillä loppusointuisten säkeiden sepittäminen kansankielellä on samaa kuin runomittojen käyttö latinankielellä, jos jossain määrin pitää silmällä suhteita. Ja merkkinä, että tämä tapahtui hiljan, on se että jos tahdomme etsiä Oc-kielestä ja Sì-kielestä, emme löydä niistä runoja ennen kuin sata ja viisikymmentä vuotta ennen nykyistä aikaa. [...] Ja ensimmäinen, joka alkoi sepittää runoja kansankielellä, teki sen siksi että tahtoi sanansa ymmärrettäviksi donnalle, jonka oli vaikea ymmärtää latinalaisia säkeitä. (Suom. Tyyni Haapanen-Tallgren: xxv, ss. 86–87.)

Dante omisti teoksen nuoruudenystävälleen Guido Cavalcantille. Danten varhaisen lyriikan donna ei ollut puoliso Gemma Donati, vaan nuoruuden suuri rakkaus Beatrice Portinari, myös *Jumalaisen näytelmän* "Beatrice". Danten *Uusi elämä* on tulkintaa rakkaudesta, mutta vielä selvemmin se on Danten tulkintaa Danten runoudesta.

Kansankielestä jättää lopulta naiset omaan arvoonsa. On selvää, että teos ei ole mikään keskiajan oppimattomien runonikkarien, sivistymättömän ylhäisön tai etenkään suurten yleisöjen kirja. Tässä mielessä teoksen aloitus on suorastaan harhaanjohtava. Siinä ei tarkemmin yksilöidä mallilukijaa ja teoksen osoitetta, vaan kirjoittaja tuntuu syleilevän laajaa lukijakuntaa, jota kiinnostaa kansankielinen runous. Vähitellen sanat alkavat kohdistua yhä pienemmälle ryhmälle. Jännittävällä tavalla tämä vertautuu ristiriitaiseen omakuvaan Dantesta valontuojana, joka ohjaa harhailevia sokeita. Kun

ensimmäisen kirjan alussa sokeat saavat lupauksen Danten tuomasta valosta, toinen kirja tekee heistä naurunalaisia.[1]

Käytännössä teosta *Kansankielestä* ei juuri luettu ennen kuin jo edellä mainittu Gian Giorgio Trissino "löysi" tekstin uudestaan ja siitä tuli osa kiihkeää 1500-luvun kielikeskustelua, *questione della lingua*.[2] Danten ajatukset kansankielestä, joka on yleinen eikä paikkaan sidottu, eivät sopineet esimerkiksi oppineen runoilijan Pietro Bembon (1470–1547) ajatuksiin. Kielen standardisoijana tunnetun Bembon suosikki Italian kansankieleksi oli Petrarcan ja muiden 1300-luvun mestarien toscanalainen. Juuri Petrarcaa Bembo suositteli lämpimästi malliksi runouteen, Boccaccioa taas proosaan. Vaikka Bembo arvosti Dantea runoilijana, kielelliseksi malliksi hän ei tätä huolinut. Danten kielessä yhdistyi piirteitä eri tyylilajeista – myös karkeita ja alatyylisiä – sekä jo vanhoja käytöstä poistuneita tai toisaalta upouusia, Danten itsensä estoitta luomia ilmaisuja ja sanoja.

Kuitenkin Danten, Boccaccion ja Petrarcan kieli oli lopulta mallina Accademia della Cruscan vuonna 1612 julkaisemassa *Vocabolariossa*. Dante ei välttämättä olisi ollut mielissään tällaisesta kansan-

---

[1] *DVE* 2,6,3; ks. Vaahtera 2019, 249–253. Kuten Tavoni esittää (2015, 77–86), *Convivion* ja *Kansankielestä*-teoksen yleisöt eivät ole samat. *Convivio* on suunnattu oppimattomalle ylimystölle, *DVE* puolestaan filosofeille, teologeille, *artes dictandi* -mestareille ja erityisesti runoilijoille kuten Dante itse.

[2] Ensimmäisen italian kieliopin kirjoitti Leon Battista Alberti (1404–1472), jonka kohdekielenä oli hänen oman aikansa toscanalainen (tai firenzeläinen) kieli.

kielen pysäytyskuvasta ja konservoinnista.

Sittemmin Danten ajatus synteettisestä ihannekielestä on inspiroinut runouden eturintamia länsimaisessa kirjallisuudessa. Esimerkiksi moni 1900-luvun alun avantgardisti (mm. James Joyce, Samuel Beckett) otti Danten esikuvaksi siinä, että tämän kuvailema ihannerunoilija ei kirjoittanut firenzeksi sen paremmin kuin napoliksi. Avantgardisteihin vetosi Danten kielellinen visio, johon liittyi myös luovuuden utopiaa. Vaikka kukaan ei todellisuudessa puhunut Danten hahmottelemaa ideaalista kieltä, sitä "olisi voinut" käyttää kirjailija, joka oli omaksunut parhaat piirteet maansa eri murteista.[1] Tällaisen runokielen juuret olivat syvällä todellisuudessa, jo olemassa olevissa kielissä, mutta loistavan kansankielen oli myös ponnistettava niistä irti, kohti jotakin toistaiseksi vielä olematonta.

Kääntäjän tuska

Danten kielihistorian kerroksisuus ja runoilijan vapaus, *licentia poetica*, aiheuttavat kääntäjille päänvaivaa. Joitakin tärkeitä käsitteitä on syytä esitellä jo tässä, mutta yksityiskohtaisemmat huomiot on säästetty lukukohtaisiin selityksiin ja viitteisiin.

Sanan *eloquentia* olemme suomentaneet kaunopuheisuudeksi. Ainoa poikkeus on tutkielman nimi, kuten edellä on perusteltu. Dante käyttää sanaa *eloquentia* laajasti puhumisen ja kielenkäytön taidos-

---

[1] 1900-luvun alun avantgardesta ja Danten *DVE*:n uusiokäytöstä Mehtonen 2008.

ta, eikä mikään yksittäinen suomen sana vastaa tätä ajatusta. Sanat *eloquentia* ja *eloquens* liittyvät tutkielmassa yleensä kansankieliseen runouteen ja runoilijoihin mutta myös proosaan.[1]

Etenkin Danten teoksen alussa sana *locutio* (puhe, puhuminen) tarkoittaa puhetta toimintana. Taustalla on Aristoteleen ajatus ihmisestä poliittisena eläimenä. Dantella *locutio* siis viittaa yleisesti ihmiskieleen ja kommunikaatioon. Aristoteelisessa runousopissa 1200-luvulla sanaa käytettiin myös kapeammassa merkityksessä, viittaamassa kielenkäyttöön yhtenä kirjallisuuden (tragedian) tärkeistä elementeistä (kr. *leksis*, lat. *locutio*). Kuitenkin Danten kohdalla sana *locutio* on useassa yhteydessä luontevaa kääntää sanalla "kieli", jolloin esimerkiksi *materna locutio* on "äidinkieli".[2]

Kolmas tärkeä puheeseen ja kieleen liittyvä sana on *ydioma.* Se tarkoittaa erityistä kieltä, nimenomaan ihmisen tai ryhmän käyttämänä (kreikan *to idion,* 'se mikä on oma', 'erityinen'). Dante käyttää sanaa ensimmäisen kerran kysyessään, mikä oli se kieli, jolla ihmiskunta aivan ensimmäiseksi puhui.[3] Sen jälkeen sana *ydioma* esiintyy toistuvasti kielten erilaisuudesta puhuttaessa.

Kieltä kuvaavien käsitteiden lisäksi tärkeitä ovat ajattelua, havaintoa sekä tietojen ja taitojen omaksumista tarkoittavat sanat, jotka esittelemme asiayhteyksissään.

[1] *DVE* 1,1,1; 1,9,2; 1,10,2; 1,11,2; 1,12,9; 1,15,2; 1,19,2.

[2] *DVE* 1,6,2.

[3] *DVE* 1,4,1.

Danten siteeraamat säkeet oksitaanin-, ranskan- ja italiankielisestä runoudesta on suomennettu, vaikka samalla usein katoaa se kielen piirre, jota säkeet havainnollistavat. Poikkeuksena ovat jaksot, joissa Dante käsittelee lyriikan aiheita ja teemoja, ei alkukielen mitallisia, äänteellisiä tai rytmisiä keinoja. Suomennoksissa ei siis ole tavoiteltu suurta lyriikkaa, vaan merkitystä. Työläintä ja mielenkiintoisinta oli miettiä Danten runorakennelmaa kannattelevien teknisten käsitteiden suomennoksia (erityisesti *cardinale, aulicum, curiale*). Vaikka tutkielman kokonaisuuden kautta pääsee perille, mitä Dante ihannekansankieltään kuvaavilla määreillä tarkoittaa, suomesta ei löydy yksiselitteisen hyviä vastineita. Ratkaisuja on perusteltu asiayhteyksissään.[1]

Yleisemmin voi miettiä, missä määrin käännöksen tulisi välittää alkutekstin luonnetta, tässä tapauksessa paikoin hyvin oppinutta ja oppineisuuttaan korostavaa proosaa aina epäselvyyteen asti. Danten tutkielma on myös keskeneräinen ja siksi osin ehkä hiomaton. Teoksen ensimmäinen kansankielistäjä Trissino toteaa kirjemuotoisessa omistuskirjoituksessa, että kyseessä on "tuon ajan hiomaton tyyli".[2] Tyylin laadusta voi olla muutakin mieltä, mutta *Kansankielestä* on tosiaan oman aikansa tuote. Suomennoksessa on otettu huomioon myös se, että Dante ei kirjoittanut teostaan äidin-

---

[1] Ankara pohdinta tuotti myös tieteellisiä julkaisuja: Vaahtera 2014; Mehtonen & Vaahtera 2015.

[2] Ks. Montuori 2012 (Trissino), 467. Omistuskirje on osoitettu kardinaali Ippolito de' Medicille ja kirjoittajaksi on merkitty Giovan Battista Doria. Se on kuitenkin ilmeisesti Trissinon itsensä laatima.

kielellään (latinahan ei ollut enää kenenkään muunkaan äidinkieli) ja ilmaisu on siis pakosta tässä mielessä keinotekoista. Pyrkimyksenä on ollut kohtuullisen luonteva suomennos silloin kun se ei vääristä merkitystä, mutta myös Danten jäykän skolastisia ilmaisutapoja ja käsiteviidakkoa on haluttu säilyttää.

Kansankielestä-teoksen ensimmäisessä kirjassa *cantio* on luontevasti runo tai laulu. Toisessa kirjassa se onkin runousopin käsite, "traagisen tyylin muoto", jonka määrittely nostaa esiin käsitteen *stantia*, säkeistö. Varhaisteoksessaan *Uusi elämä* Dante oli käyttänyt säkeistöstä sanaa "stanzia" (stanza), jota ei tässä merkityksessä löydy Dantea edeltävästä runoteoriasta. *Conviviossa* säkeistö on kokeilevasti "verso", mutta suunnilleen samaan aikaan kirjoitetussa *Kansankielestä*-teoksessa Dante siis palaa aiempaan ratkaisuunsa ja käyttää sanaa *stantia*. Päädyimme etäännyttämään termit lukijalle tutuista sanoista tavoittaaksemme Danten runousopissaan havitteleman teknisyyden. Keinona käytämme Danten omaa vernakulaaria ja siis sanoja canzone ja stanza.

Danten latinassa ensimmäinen persoona on lähes poikkeuksetta monikon ensimmäinen. Näin on silloinkin, kun "me" on aivan varmasti merkitykseltään "minä". Päädyimme kokeilujen jälkeen luopumaan raskaasta monikosta ja käyttämään yksikköä.

Käsillä olevassa laitoksessa on Mirko Tavonin edition mukainen latinankielinen alkuteksti vasemmalla, suomennoksemme oikealla. Mainittakoon, että Danten antamat runositaatit eivät läheskään

aina vastaa kyseisen runon niin sanottua *vulgata*-versiota.[1]

Kääntäessään Tuomas Akvinolaisen teosta *Summa theologiae* (”Teologian summa”) J.-P. Rentto totesi seuraavaa:

> [...] täyden kuvan saamiseksi on suositeltavaa, että suomennosta luetaan, mikäli mahdollista, rinnan latinankielisen alkutekstin kanssa. Paraskaan käännös ei näet ole mahdollinen ilman kääntäjän tekemää tietoista tai tiedostamatontakin tulkintaa, joka väistämättä avaa mahdollisuuden harhaan johtaville painotuksille ja myös suoranaisille väärinkäsityksille.[2]

Tämä kahden kielen ratkaisukin mahdollistaa useita toimintatapoja. Esimerkiksi Eric Cullhedin ja Gustav Sjöbergin ruotsinnos kulkee latinankielisen tekstin vieressä, ilman suurempia selityksiä. Ajatuksena lienee se, että latina on lukijan apuna. Sen sijaan tässä suomennoksessa on pyritty siihen, että käännös aukeaisi myös ilman latinankielistä tekstiä, vaikka asiat ja ilmaisut ovat ajoittain hankalia. Yleisen kieli-, kirjallisuus- ja historiatiedon tarjoamiseksi olemme lisänneet selitysosaston ja runsaasti alaviitteitä. Olemme kauttaaltaan suuressa kiitollisuudenvelassa aiemmille kommentaareille. Erityisesti Mirko Tavoni, Irène Rosier-Catach ja Enrico Fenzi

---

[1] Näihin on helppo tutustua Fenzin (2012) editioon liitetyn runoliitteen kautta (Formisano ja Montuori 2012).

[2] Rentto 2010, 15. Viittaamme useisiin *Summa theologiae* -teoksen kohtiin, mutta yksikään ei valitettavasti löydy Rentton suomennoksesta, joka on valikoima. Tuomas Akvinolainen tarjoaisi siis pelkästään tämän yhden teoksen puitteissa vielä valtavasti työtä kääntäjille.

ovat valistaneet luentaamme niin kokonaisvaltaisesti, että voimme viitata heidän tekstilaitoksiinsa vain silloin kun tulkinnoissa tai latinankielisen tekstin lukutavoissa on selkeitä eroja. Viittauksemme näihin editioihin sisältävät yleensä vain toimittajan nimen; annamme *ad loc.* -viitteen vain silloin kun viittaus ei ole tarkassa tekstikontekstissa.

Danten traktaatin ainoa suora siteeraus Raamatusta on myös suomennettu tätä julkaisua varten (1,4,2). Danten käyttämä versio oli ilmeisesti niin kutsuttu *Biblia Parisiensis*, yksi *Vulgatan* versioista.

Keskiajan erisnimistä käytämme suomenkielistä muotoa silloin kun sellainen on vakiintunut yleisessä käytössä (esimerkiksi Tuomas Akvinolainen). Muutoin henkilöihin viitataan sen kielen mukaisesti, jolla he pääasiassa kirjoittivat. Siis latinaksi kirjoittanut italialainen ensyklopedisti on Hugutio de Pisa, mutta italiaksi kirjoittaneiden runoilijoiden nimet ovat muotoa Gallo da Pisa ja Rinaldo d'Aquino (Tuomas Akvinolaisen veli).

Teoksista käytetään suomenkielistä nimeä, mikäli niistä on olemassa suomennos. Muutoin viittaamme alkukielisiin nimiin suomentaen ne ensimaininnan yhteydessä. *Kansankielestä*-teoksen suomennos ja oheistekstit ovat yhteistyömme tulosta. Selityksissä ja viitteissä siteeratut latinan- tai italiankieliset tekstit on suomentanut Jaana Vaahtera, ellei muuta ilmoiteta.

Danten latina

Vielä sananen Danten latinasta lukijalle, jota kiinnostaa tutkielman alkukieli. Vaikka keskiajan latina oli perusluonteeltaan konservatiivista, se erosi silti monin tavoin klassisesta latinasta.[1] Suuri osa keskiajan latinan piirteistä ilmeni jo myöhäislatinassa ja aiemminkin, puhekieltä heijastavissa teksteissä. *Kansankielestä*-teoksesta on helppo poimia keskiajan latinan ilmiöitä. Klassisen latinan diftongin *ae* sijaan on säännönmukaisesti *e* (esim. *eloquentie* pro *eloquentiae* ja *ceci* pro *caeci* 1,1,1). Silmiinpistävä on vaihtelu *y* pro *i*, joka ei ole Dantella säännönmukaista mutta ei täysin sattumanvaraistakaan. Kirjain *y* ei esimerkiksi koskaan esiinny taivutuspäätteessä vaan aina sanan vartalossa. Maantieteeseen liittyvät nimet ovat hyvin edustettuina (esim. *Ytalie* 1,8,6 ja *Asye* 1,8,2), samoin lainasanat kreikasta (esim. *ydiomate* 1,4,1 ja *ydromellum* 1,1,1 sekä *cytharedus* 2,8,5). Kirjoitus heijastelee ääntämystä muun muassa, kun Dante kirjoittaa *commertium* eikä *commercium* (1,7,6) ja *delitiosissimum* eikä *deliciosissimum* (1,6,2). Sekä *ci* että *ti* ääntyivät vokaalin edellä samoin, ja menivät siis helposti sekaisin. Teoksen alun *aurientes* ja jo mainittu *ydromellum* (1,1,1) taas ovat esimerkkejä siitä, miten *h* ei ääntynyt ollenkaan ja jäi siksi helposti kirjoituksessa pois.

Klassisesta latinasta poikkeaa myös vaikkapa *datum fuisset*, joka vastaa klassisen latinan muotoa *datum esset* (konjunktiivin perfekti; 1,2,2) tai *si dicatur quod* (1,2,7), jossa esiintyy että-lause objektina kun

---

[1] Keskiajan latinasta ks. esim. Merisalo 2020.

klassisessa latinassa olisi akkusatiivin ja infinitiivin muodostama rakenne. Keskiajan latinassa ei ole outoa tavata verbi *utor* akkusatiivin kanssa järjestyvänä (ablatiivin sijaan); hiukan ihmeellistä on, että Dantella näin tapahtuu vain yhdessä *Kansankielestä*-teoksen jaksossa (viisi kertaa 2,1,2 ja 2,2,1 välillä).

Monet klassisen latinan sanat olivat tietysti jo myöhäisantiikissa saaneet uusia, esimerkiksi kristillisiä merkityksiä. Syntyi myös kokonaan uusia sanoja. Tällaisia ovat *Kansankielestä*-teoksessa esimerkiksi *civicare* (1,9,9) ja *ydemptitas* (*identitas* 1,9,11). Täysin Danten omia luomuksia saattavat olla sanat *primiloquium* (1,4,1) ja *tristiloquium* (1,11,2) sekä *ingremio* ja *congremiatio* (2,9,2–3).

De vulgari eloquentia

Liber I

1,1

1,1,1 Cum neminem ante nos de vulgaris eloquentie doctrina quicquam inveniamus tractasse, atque talem scilicet eloquentiam penitus omnibus necessariam videamus, cum ad eam non tantum viri sed etiam mulieres et parvuli nitantur, in quantum natura permictit, volentes discretionem aliqualiter lucidare illorum qui tanquam ceci ambulant per plateas, plerunque anteriora posteriora putantes, Verbo aspirante de celis locutioni vulgarium[1] gentium prodesse temptabimus, non solum aquam nostri ingenii ad tantum poculum aurientes, sed, accipiendo vel compilando ab aliis, potiora miscentes, ut exinde potionare possimus dulcissimum ydromellum.

1,1,2 Sed quia unamquanque doctrinam oportet non probare, sed suum aperire subiectum, ut sciatur quid sit super quod illa versatur dicimus, celeriter actendentes, quod vulgarem locutionem appellamus eam qua infantes assuefiunt ab assistentibus cum primitus distinguere voces incipiunt; vel, quod brevius dici potest, vulgarem locutionem asserimus quam sine omni regula nutricem imitantes accipimus.

---

[1] Kieltä merkitsevä sana *locutio* toistuu jaksoissa 1,1–5. Sen tilalle nousee *ydioma*, kun Dante alkaa käsitellä yksittäisiä kieliä osasta 1,6 alkaen.

Kansankielestä

I kirja

Luku 1,1

1,1,1 Koska kukaan ei tietääkseni ole ennen minua käsitellyt kansankielisen kaunopuheisuuden teoriaa ja koska mielestäni juuri sellainen kaunopuheisuus on aivan välttämätön kaikille – pyrkiväthän siihen miesten lisäksi myös naiset ja lapset, sikäli kuin luonto sen sallii – yritän taivaallisen Sanan myötäsuosiolla olla hyödyksi tavallisen kansan kielelle ja valaista niiden ymmärrystä, jotka kulkevat kuin sokeat toreilla luullen usein, että heillä on vielä edessään se, minkä ovat jo ohittaneet. En ammenna näin suureen maljaan yksin oman ymmärrykseni vettä, vaan otan ja yhdistelen myös muilta, ja sekoitan parhaista aineksista tarjolle mahdollisimman makean hunajaveden.

1,1,2 Koska teorian tarkoitus ei ole todistaa vaan selittää asiansa niin, että kaikki tietävät mitä se koskee, totean lyhyesti, että "kansankieleksi" kutsun kieltä, jonka lapset oppivat ympärillään olevilta siinä vaiheessa, kun he alkavat eritellä ääniä. Tai tiiviimmin ilmaistuna: kansankieli on se kieli, jonka opimme ilman mitään sääntöjä, kun jäljittelemme hoitajaamme.

1,1,3 Est et inde alia locutio secundaria nobis,
quam Romani gramaticam vocaverunt. Hanc qui-
dem secundariam Greci habent et alii, sed non
omnes: ad habitum vero huius pauci perveniunt,
quia non nisi per spatium temporis et studii assi-
duitatem regulamur et doctrinamur in illa.

1,1,4 Harum quoque duarum nobilior est vulgaris:
tum quia prima fuit humano generi usitata; tum
quia totus orbis ipsa perfruitur,[1] licet in diversas
prolationes et vocabula sit divisa; tum quia natura-
lis est nobis, cum illa potius artificialis existat.

1,1,5 Et de hac nobiliori nostra est intentio pertrac-
tare.

1,2

1,2,1 Hec est nostra vera prima locutio. Non dico
autem "nostra" ut et aliam sit esse locutionem
quam hominis: nam eorum que sunt omnium soli
homini datum est loqui, cum solum sibi necessa-
rium fuerit.

1,2,2 Non angelis, non inferioribus animalibus
necessarium fuit loqui, sed nequicquam datum
fuisset eis: quod nempe facere natura aborret.

[1] Verbi *fruor* on korvattu etuliitteellisellä verbillä *perfruor* toden-
näköisesti proosarytmin tuottamiseksi. Tässä kyse on proosan
loppurytmistä *tardus*, jossa painot ovat kolmanneksi ja kuu-
denneksi viimeisillä tavuilla lopusta lukien: *totus orbis ípsa
perfrúitur* (ks. Mengaldo).

1,1,3 On myös toinen, meille toissijainen kieli, jota roomalaiset kutsuivat nimellä *gramatica*.[1] Myös kreikkalaisilla ja eräillä muilla on toissijainen kieli, mutta ei kaikilla. Harvat kuitenkin saavuttavat *gramatican* täyden hallinnan, sillä sen säännöt ja teoria ovat omaksuttavissa ainoastaan ajan kanssa ja sitä hellittämättä opiskellen.

1,1,4 Jalompi näistä kahdesta on kansankieli. Ensinnäkin, sitä ihmislaji käytti ensimmäiseksi, ja toiseksi, koko maailma käyttää sitä, vaikkakin ääntämyksessä ja sanoissa on eroja. Kansankieli on jalompaa myös siksi, että se on meille luonnollinen kieli, kun taas tuo toinen, *gramatica*, on pikemminkin keinotekoinen.

1,1,5 Juuri tätä jalompaa kieltä on tarkoitukseni käsitellä.

Luku 1,2

1,2,1 Tämä kansankieli on todellinen ensimmäinen kielemme. Sanomalla "meidän kielemme" en tarkoita, että edes voisi olla olemassa muu kuin ihmisten kieli. Kaikista olevaisista yksin ihminen sai kyvyn puhua, koska vain hänelle kyky oli välttämätön.

1,2,2 Puhekyky ei ollut välttämätön enkeleille eikä meitä alemmille eläimille. Se olisi annettu niille turhaan, ja luontohan todella kavahtaa turhan tekemistä.

---

[1] Toissijaisuutta korostaa latinassa sana *inde* 'siitä': tämä toinen kieli on peräisin ensimmäisestä, luonnollisesta kielestä.

1,2,3 Si etenim perspicaciter consideramus quid cum loquimur intendamus, patet quod nichil aliud quam nostre mentis enucleare aliis conceptum. Cum igitur angeli ad pandendas gloriosas eorum conceptiones habeant promptissimam atque ineffabilem sufficientiam intellectus, qua vel alter alteri totaliter innotescit per se, vel saltim per illud fulgentissimum Speculum in quo cuncti representantur pulcerrimi atque avidissimi speculantur, nullo signo locutionis indiguisse videntur.[1]

1,2,4 Et si obiciatur de hiis qui corruerunt spiritibus, dupliciter responderi potest: primo quod, cum de hiis que necessaria sunt ad bene esse tractemus, eos preterire debemus, cum divinam curam perversi expectare noluerunt; secundo et melius quod ipsi demones ad manifestandam inter se perfidiam suam non indigent nisi ut sciat quilibet de quolibet quia est et quantus est; quod quidem sciunt; cognoverunt enim se invicem ante ruinam suam.

1,2,5 Inferioribus quoque animalibus, cum solo nature instinctu ducantur, de locutione non oportuit provideri: nam omnibus eiusdem speciei sunt iidem actus et passiones,[2] et sic possunt per prop-

---

[1] Dante käyttää tässä ensimmäisen kerran sanaa *signum*. Käännämme yksiköllisen ilmaisun *signum locutionis* monikkoon "kielelliset merkit", vaikka kyseeseen voisi tulla myös "puhe kommunikaation merkkinä". Ks. luvun 1,3 selitykset sanan *signum* merkityksestä Dantella.

[2] Keskiajan skolastiikassa *actio* ja *passio* merkitsivät toimintaa ja toiminnan kohteena olemista. Tässä *passiones* on kuitenkin käännetty "tuntemukseksi", koska se sopii paremmin asiayhteyteen.

1,2,3 Jos siis tutkin tarkkaan, mikä on puhekykymme tarkoitus, käy selväksi, että kyseessä ei ole muu kuin mielessämme muotoutuneen ajatuksen paljastaminen muille. Enkeleillähän on ylevien ajatustensa ilmaisemiseen äärettömän nopea ja sanoinkuvaamaton järjen kyky. Tämän avulla he paljastavat itsensä toisilleen joko suoraan[1] tai sitten tuon loistavimman Peilin kautta, jossa kaikki heijastuvat täydessä kauneudessaan ja peilautuvat täydessä kaipuussaan. Siksi enkelit eivät näytä tarvinneen kielellisiä merkkejä.

1,2,4 Mikäli joku väittää vastaan viitaten langenneisiin enkeleihin, on mahdollista vastata kahdella tavalla. Ensinnäkin käsitellessäni sitä, mikä on välttämätöntä hyvän elämän kannalta, minun tulee sivuuttaa langenneet enkelit, sillä he eivät kieroutuneisuudessaan halunneet odottaa jumalallista kaitselmusta. Toiseksi ja vielä paremmin vastattuna: ilmaistakseen toisilleen lankeemuksensa noiden demonien tarvitsee vain tietää toisistaan se, että toinen on olemassa ja millainen tämä on. Tästä he tietenkin ovat selvillä, tunsivathan he toisensa jo ennen tuhoaan.

1,2,5 Alemmille eläimille ei liioin ollut tarpeen antaa puhekykyä, sillä niitä ohjaa pelkkä luonnollinen vaisto. Kaikilla samaa lajia olevilla eläimillä on samat toiminnat ja tuntemukset, ja omiensa kautta ne pystyvät tuntemaan toisten vastaavat. Eri lajeihin kuuluvien välillä taas puhekyky ei ollut välttämätön ja olisipa se ollutkin suorastaan vahingollinen,

[1] Enkelien läpinäkyvyys, vrt. 1,3,1.

rios alienos cognoscere; inter ea vero que diversarum sunt specierum non solum non necessaria fuit locutio, sed prorsus dampnosa fuisset, cum nullum amicabile commertium fuisset in illis.

1,2,6 Et si obiciatur de serpente loquente ad primam mulierem,[1] vel de asina Balaam,[2] quod locuti sint, ad hoc respondemus quod angelus in illa et dyabolus in illo taliter operati sunt quod ipsa animalia moverunt organa sua sic ut vox inde resultavit distincta tanquam vera locutio; non quod aliud esset asine illud quam rudere, neque quam sibilare serpenti.

1,2,7 Si vero contra argumentetur quis de eo quod Ovidius dicit in quinto Metamorfoseos de picis loquentibus,[3] dicimus quod hoc figurate dicit, aliud intelligens. Et si dicatur quod pice adhuc et alie aves locuntur, dicimus quod falsum est, quia talis actus locutio non est, sed quedam imitatio soni nostre vocis; vel quod nituntur imitari nos in quantum sonamus, sed non in quantum loquimur. Unde si expresse dicenti *pica* resonaret etiam *pica*, non esset hec nisi representatio vel imitatio soni illius qui prius dixisset.

1,2,8 Et sic patet soli homini datum fuisse loqui. Sed quare necessarium sibi foret, breviter pertractare conemur.

[1] 1. Moos. 3:1.

[2] 4. Moos. 22:28.

[3] Ovidius, *Muodonmuutoksia* 5,294–299.

sillä ne eivät olisi voineet olla keskenään ystävälli-
sissä tekemisissä.

1,2,6 Jos joku esittää vastaväitteenä, että käärme
puhui ensimmäiselle naiselle tai vetoaa Bileamin
aasiin – käyttiväthän nämä eläimet kieltä – hänelle
vastaan: aasin kohdalla enkeli ja käärmeen kohdalla
paholainen toimivat niin, että eläimet liikuttivat
äänielimiään saaden aikaiseksi artikuloitua ääntä,
ikään kuin oikeaa puhetta. Se oli kuitenkin vain
aasin kiljuntaa ja käärmeen sihinää.

1,2,7 Mikäli joku ottaa vasta-argumentiksi sen, mitä
Ovidius esittää puhuvista harakoista *Muodonmuutos-
ten* viidennessä kirjassa, vastaan Ovidiuksen kirjoit-
tavan kuvaannollisesti ja tarkoittavan jotakin muu-
ta. Jos joku sanoisi, että harakat ja muut linnut pu-
huvat edelleenkin, vastaan, että se ei ole totta. Sillä
niiden toiminta ei ole puhetta, vaan jonkinlaista
ihmisäänen soinnin jäljittelyä: linnut yrittävät jälji-
tellä sitä, miltä kuulostamme, eivät puhettamme.
Niinpä jos joku sanoisi selvästi "harakka" ja hänelle
vastattaisiin sama "harakka", olisi tämä vain ensiksi
puhuneen äänen esitystä tai jäljittelyä.

1,2,8 On siis selvää, että vain ihmiselle annettiin
kyky puhua. Mutta miksi se oli välttämätöntä hä-
nelle, sitä yritän käsitellä lyhyesti seuraavassa.

1,3,1 Cum igitur homo non nature instinctu, sed ratione moveatur, et ipsa ratio vel circa discretionem vel circa iudicium vel circa electionem diversificetur in singulis, adeo ut fere quilibet sua propria specie videatur gaudere, per proprios actus vel passiones, ut brutum animal, neminem alium intelligere opinamur. Nec per spiritualem speculationem, ut angelum, alterum alterum introire contingit, cum grossitie atque opacitate mortalis corporis humanus spiritus sit obtectus.

1,3,2 Oportuit ergo genus humanum ad comunicandas inter se conceptiones suas aliquod rationale signum et sensuale habere: quia, cum de ratione accipere habeat et in rationem portare, rationale esse oportuit; cumque de una ratione in aliam nichil deferri possit nisi per medium sensuale, sensuale esse oportuit. Quare, si tantum rationale esset, pertransire non posset; si tantum sensuale, nec a ratione accipere nec in rationem deponere potuisset.

1,3,3 Hoc equidem signum est ipsum subiectum nobile de quo loquimur: nam sensuale quid est in quantum sonus est; rationale vero in quantum aliquid significare videtur ad placitum.

Luku 1,3

1,3,1 Koska ihmistä siis ei ohjaa luonnollinen vaisto vaan järki, ja kun tuo järki kussakin yksilössä on erottelun, arvioinnin ja valinnan kyvyssään sen verran erilainen, että jokainen yksilö melkeinpä näyttää muodostavan oman lajinsa, ei kukaan voi nähdäkseni ymmärtää toista järjettömien eläinten tapaan, oman toimintansa tai tuntemustensa kautta. Mahdotonta on myös se, että ihminen pääsisi sisälle toisen mieleen henkisen heijastumisen kautta kuten enkelit, sillä ihmismieltä peittää kuolevaisen ruumiin tiheys ja läpinäkymättömyys.

1,3,2 Ihmislajilla oli siis ajatustensa välittämiseksi oltava jokin järjellinen ja aistein havaittava merkki. Tämän merkin tuli vastaanottaa jotakin ja siirtää se yhdestä järjestä toiseen, ja siksi sen oli oltava järjellinen. Koska mitään ei voida viedä yhden järjestä toisen järkeen muutoin kuin jonkin aistein havaittavan välityksellä, merkin piti olla aistein havaittava. Jos siis merkki olisi yksinomaan järjellinen, se ei olisi välitettävissä. Pelkkä aistein havaittava merkki ei taas kykenisi ottamaan mitään vastaan järjestä eikä siirtämään järkeen mitään.

1,3,3 Tämä merkki siis on se jalo aihe, josta puhun. Se on aistein havaittava sikäli kuin se on ääntä, järjellinen taas sikäli kuin sen ymmärretään merkitsevän jotakin yhteisen sopimuksen perusteella.[1]

---

[1] Aristoteleen oppi kielen konventionalisuudesta, vrt. *DVE* 1,9,6 ja ks. luvun 1,3 selitykset.

1,4,1 Soli homini datum fuit ut loqueretur, ut ex premissis manifestum est. Nunc quoque investigandum esse existimo cui hominum primum locutio data sit, et quid primitus locutus fuerit, et ad quem, et ubi, et quando, nec non et sub quo ydiomate primiloquium emanavit.

1,4,2 Secundum quidem quod in principio Genesis loquitur, ubi de primordio mundi Sacratissima Scriptura pertractat, mulierem invenitur ante omnes fuisse locutam, scilicet presumptuosissimam Evam, cum dyabolo sciscitanti respondit: «De fructu lignorum que sunt in paradiso vescimur; de fructu vero ligni quod est in medio paradisi precepit nobis Deus ne comederemus nec tangeremus, ne forte moriamur».[1]

1,4,3 Sed quanquam mulier in scriptis prius inveniatur locuta, rationabilius tamen est ut hominem prius locutum fuisse credamus, et inconvenienter putatur tam egregium humani generis actum non prius a viro quam a femina profluxisse. Rationabiliter ergo credimus ipsi Ade prius datum fuisse loqui ab Eo qui statim ipsum plasmaverat.

1,4,4 Quid autem prius vox primi loquentis sonaverit, viro sane mentis in promptu esse non titubo ipsum fuisse quod ”Deus” est, scilicet *El*,[2] vel per

---

[1] 1. Moos. 3:2–3.

[2] Vrt. Hugutio de Pisan etymologinen sanakirja (E 30, 1 *El*): ”*El* ja *Ely* ja *Eloy* ja *Eloe* ovat juutalaisten nimiä Jumalalle”.

Luku 1,4

1,4,1 Edellä esitetyn perusteella on selvää, että yksin ihmiselle annettiin puhekyky. Tehtäväni onkin nyt tutkia, kenelle se annettiin ensimmäisenä, mitä hän aivan ensimmäiseksi sanoi ja kenelle, sekä missä ja milloin hän puhui. On lisäksi selvitettävä, millä kielellä ensimmäinen puhe tuli ilmoille.

1,4,2 Sen mukaan mitä kerrotaan *Genesiksen* alussa, jossa Pyhä Raamattu käsittelee maailman alkua, nainen puhui ennen kaikkia muita. Nimittäin paholaisen esittäessä kysymyksen julkea Eeva vastasi: "Me ravitsemme itseämme paratiisin puiden hedelmillä. Paratiisin keskellä olevan puun hedelmiä Jumala kieltää meitä syömästä tai koskettamasta, jottemme kuolisi."

1,4,3 Mutta vaikka Raamatusta luemme naisen puhuneen ensimmäisenä, on järkevämpää uskoa, että ensiksi puhui mies. Olisi sopimatonta ajatella, että niin kunniakas ihmiskunnan teko ei olisi lähtöisin ennemmin miehestä kuin naisesta. Järkevämpää on uskoa, että itse Aadam sai ensimmäisenä puhekyvyn Häneltä, joka oli hänet juuri muovannut.

1,4,4 Mitä taas siihen tulee, mitä ensimmäinen puhuja ensimmäiseksi ilmaisi, ei liene epäselvää kenellekään tervejärkiselle, että se oli "Jumala" eli *El*, joko kysymyksen tai vastauksen muodossa. Mieletöntä ja järjenvastaista olisi ajatella ihmisen nimenneen jotakin muuta ennen Jumalaa. Luotiinhan

modum interrogationis vel per modum respon-
sionis. Absurdum atque rationi videtur orrificum
ante Deum ab homine quicquam nominatum fuis-
se, cum ab ipso et in ipsum factus fuisset homo.
Nam sicut post prevaricationem humani generis
quilibet exordium sue locutionis incipit ab *heu*,
rationabile est quod ante qui fuit inciperet a gaudio;
et cum nullum gaudium sit extra Deum, sed totum
in Deo, et ipse Deus totus sit gaudium, consequens
est quod primus loquens primo et ante omnia di-
xisset "Deus".

1,4,5 Oritur et hinc ista questio, cum dicimus supe-
rius per viam responsionis hominem primum fuisse
locutum, si responsio fuit, ad Deum: nam, si ad
Deum fuit, iam videretur quod Deus locutus exti-
tisset, quod contra superius prelibata videtur insur-
gere.

1,4,6 Ad quod quidem dicimus quod bene potuit
respondisse Deo interrogante, nec propter hoc
Deus locutus est ipsa quam dicimus locutionem.
Quis enim dubitat quicquid est ad Dei nutum esse
flexibile, quo quidem facta, quo conservata, quo
etiam gubernata sunt omnia? Igitur cum ad tantas
alterationes moveatur aer imperio nature inferioris,
que ministra et factura Dei est, ut tonitrua per-
sonet, ignem fulgoret, aquam gemat, spargat ni-
vem, grandines lancinet, nonne imperio Dei move-
bitur ad quedam sonare verba, Ipso distinguente
qui maiora distinxit? Quid ni?

1,4,7 Quare ad hoc et ad quedam alia hec sufficere
credimus.

ihminen Hänen toimestaan ja Häntä varten! Sillä kun ihmiskunnan syntiinlankeemuksen jälkeen kaikki aloittavat puheensa ilmaisulla "voih!", on järkeenkäypää, että se, joka eli jo ennen lankeemusta, aloitti ilon ilmaisusta. Koska Jumalan ulkopuolella ei ole mitään iloa, vaan kaikki ilo on Jumalassa ja itse Jumala on kaikki ilo, siitä seuraa, että ensimmäinen puhuja sanoi ennen kaikkea muuta "Jumala".

1,4,5 Seuraava kysymys nousee siitä, mitä totesin aiemmin ihmisen ensimmäisestä lausumasta vastauksena (jos se nyt oli vastaus) Jumalalle. Sillä jos se oli vastaus Jumalalle, näyttäisi siltä, että Jumala oli puhunut ensin. Tämä taas näyttäisi nousevan sitä vastaan, mistä saimme esimakua jo edellä.

1,4,6 Tähän vastaan, että ensimmäinen ihminen saattoi hyvinkin vastata Jumalan kysymykseen, eikä tästä silti seuraa, että Jumala lausui jotakin mitä me kutsumme puheeksi. Sillä kukapa epäilisi, ettei kaikki mitä on, mukautuisi Jumalan antamaan merkkiin? Onhan Jumala luonut kaiken, säilyttää kaiken ja myös ohjaa kaikkea. Kun siis ilma liikkuu alemman luonnon käskystä – luonnon, joka on Jumalan palvelija ja luomus – niin suuriin mullistuksiin, että se saa ukkosen jylisemään ja tulen salamoimaan, veden myrskyämään, lumen satamaan sekä raesateen piiskaamaan, eikö ilma Jumalan käskystä liikkuisi niinkin, että se saisi soimaan joitakin sanoja, jotka on erottanut Hän, joka on erottanut suuremmatkin asiat? Miksi ei?

1,4,7 Uskonpa, että jo sanottu riittää vastaukseksi tähän ja joihinkin muihin kysymyksiin.

1,5,1 Opinantes autem non sine ratione, tam ex superioribus quam inferioribus sumpta, ad ipsum Deum primitus primum hominem direxisse locutionem, rationabiliter dicimus ipsum loquentem primum, mox postquam afflatus est ab Animante Virtute, incunctanter fuisse locutum. Nam in homine sentiri humanius credimus quam sentire, dummodo sentiatur et sentiat tanquam homo. Si ergo Faber ille atque Perfectionis Principium et Amator afflando primum nostrum omni perfectione complevit, rationabile nobis apparet nobilissimum animal non ante sentire quam sentiri cepisse.

1,5,2 Si quis vero fatetur contra obiciens quod non oportebat illum loqui, cum solus adhuc homo existeret, et Deus omnia sine verbis archana nostra discernat etiam ante quam nos, cum illa reverentia dicimus qua uti oportet cum de Eterna Voluntate aliquid iudicamus, quod licet Deus sciret, immo presciret (quod idem est quantum ad Deum) absque locutione conceptum primi loquentis, voluit tamen et ipsum loqui, ut in explicatione tante dotis gloriaretur ipse qui gratis dotaverat. Et ideo divinitus in nobis esse credendum est quod in actu nostrorum effectuum ordinato letamur.

Luku 1,5

1,5,1 Koska edellä sanotun ja tuonnempana todettavan nojalla on perusteltua uskoa, että ensimmäinen ihminen osoitti puheensa ensiksi itse Jumalalle, väitän järkeen perustuen, että tuo ensimmäinen puhuja puhui oitis, kun Jumalan eläväksi tekevä voima oli puhaltanut häneen hengen. Uskon näet, että ihmisen on inhimillisempää tulla havaituksi kuin havaita, kunhan vain hänet havaitaan ja hän havaitsee ihmisenä. Jos siis Luojamme, täydellisyyden alkulähde ja rakastaja, täytti ihmisistä ensimmäisen kaikella täydellisellä kun puhalsi häneen hengen, minusta näyttää järkeenkäyvältä, että jaloin elävistä olennoista ei alkanut havaita ennen kuin hänet oli havaittu.

1,5,2 Jos joku kuitenkin vastustaisi tätä sanoen, että ensimmäisen ihmisen ei tarvinnut puhua, koska hän oli vielä ainoa olemassa oleva ihminen ja Jumalahan tuntee kaikki salaisuutemme sanoitta jo ennen kuin me itse, vastaan seuraavasti kunnioituksella, jota on tarpeen noudattaa lausuttaessa jotakin ikuisesta tahdosta. Vaikkakin Jumala olisi tiennyt – jopa tiennyt edeltä käsin, mikä Jumalan kohdalla on yksi ja sama asia – ensimmäisen puhujan ajatukset ilman että tämä puhuu, hän kuitenkin halusi tämän puhuvan, jotta niin suuren lahjan käyttäminen oli Hänen ylistystään, joka suopeudessaan oli lahjan antanut. Siksi meidän on uskominen, että ilo jota tunnemme käyttäessämme oikein kykyjämme, on meissä Jumalan tahdosta.

1,5,3 Et hinc penitus elicere possumus locum illum
ubi effutita est prima locutio: quoniam, si extra
paradisum afflatus est homo, extra, si vero intra,
intra fuisse locum prime locutionis convicimus.

1,5,3 Tämän perusteella on mahdollista saada selville paikka, jossa ensimmäinen puhe lausuttiin. Sillä olemme osoittaneet, että jos ihmiseen puhallettiin henki paratiisin ulkopuolella, vastaus on: paratiisin ulkopuolella. Jos taas puhallus tapahtui paratiisin sisäpuolella, siellä oli myös ensimmäisen puheen paikka.

1,6,1 Quoniam permultis ac diversis ydiomatibus negotium exercitatur humanum, ita quod multi multis non aliter intelligantur verbis quam sine verbis, de ydiomate illo venari nos decet quo vir sine matre, vir sine lacte, qui neque pupillarem etatem nec vidit adultam, creditur usus.

1,6,2 In hoc, sicut etiam in multis aliis, Petramala civitas amplissima est, et patria maiori parti filiorum Adam. Nam quicunque tam obscene rationis est ut locum sue nationis delitiosissimum credat esse sub sole, hic etiam pre cunctis proprium vulgare licetur, idest maternam locutionem, et per consequens credit ipsum fuisse illud quod fuit Ade.

1,6,3 Nos autem, cui mundus est patria velut piscibus equor,[1] quanquam Sarnum biberimus ante dentes et Florentiam adeo diligamus ut, quia dileximus, exilium patiamur iniuste, rationi magis quam sensui spatulas nostri iudicii podiamus. Et quamvis ad voluptatem nostram sive nostre sensualitatis quietem in terris amenior locus quam Florentia non existat, revolventes et poetarum et aliorum scriptorum volumina quibus mundus universaliter et membratim describitur, ratiocinantesque in nobis situationes varias mundi locorum et eorum

---

[1] Keisari Augustuksen maanpakoon karkottama Ovidius runoili (*Fasti* 1,498): "rohkealle jokainen maa on isänmaa, kuten kaloille meri". Dante ei esitä tarkkaa sitaattia mutta selvästi tunnistettavan muistuman Ovidiukseen.

Luku 1,6

1,6,1 Koska ihmisten toimia hoidetaan niin lukuisilla erilaisilla kielillä, että monet eivät ymmärrä toisiaan sanojen paljouden välityksellä sen paremmin kuin ilman niitä, kannattaa metsästää sitä kieltä, jota uskoaksemme käytti mies, jolla ei ollut äitiä eikä äidinmaitoa, ei lapsuutta eikä nuoruutta.

1,6,2 Tässä kuten monessa muussa asiassa Petramala on mahtava kaupunki ja Aadamin lasten enemmistön isänmaa.[1] Sillä jokainen, joka ajattelee niin nurinkurisesti, että uskoo oman synnyinsijansa olevan ihanimman auringon alla, nostaa myös oman kielensä, siis äidinkielensä, yli kaikkien muiden ja tästä syystä uskoo juuri sen olleen Aadamin kieli.

1,6,3 Minä taas, jolle maailma on isänmaa kuin kaloille meri – vaikka joinkin Arnojoen vettä jo ennen hampaiden puhkeamista ja rakastan siinä määrin Firenzeä, että rakkauden tähden kärsin epäoikeudenmukaisesti maanpaosta – perustan arvioni järkeen mieluummin kuin tunteeseen. Vaikka mielihyväni tai sielunrauhani kannalta ei ole olemassa ihanampaa paikkaa kuin Firenze, olen tullut seuraavaan tulokseen ja lujaan vakaumukseen lukiessani yhä uudelleen runoilijoiden ja muiden kirjoittajien teoksia, joissa kuvataan maailmaa kokonaisuudes-

---

[1] ”Petramala” on ehkä ivallinen viittaus arezzolaiseen mahtisukuun: Tarlati di Petramala olivat ghibelliinejä, joita vastaan Dantella saattoi olla jotakin hampaankolossa. Ks. Tavoni kirjallisuusviitteineen. Toinen mahdollisuus on Pietramala Apenniineilla, Firenzen ja Bolognan välisellä tiellä.

habitudinem ad utrunque polum et circulum equatorem, multas esse perpendimus firmiterque censemus et magis nobiles et magis delitiosas et regiones et urbes quam Tusciam et Florentiam, unde sumus oriundus et civis, et plerasque nationes et gentes delectabiliori atque utiliori sermone uti quam Latinos.

1,6,4 Redeuntes igitur ad propositum, dicimus certam formam locutionis a Deo cum anima prima concreatam fuisse. Dico autem "formam" et quantum ad rerum vocabula et quantum ad vocabulorum constructionem et quantum ad constructionis prolationem: qua quidem forma omnis lingua loquentium uteretur, nisi culpa presumptionis humane dissipata fuisset, ut inferius ostendetur.

1,6,5 Hac forma locutionis locutus est Adam; hac forma locutionis locuti sunt omnes posteri eius usque ad edificationem turris Babel, que "turris confusionis" interpretatur; hanc formam locutionis hereditati sunt filii Heber, qui ab eo dicti sunt Hebrei.

1,6,6 Hiis solis post confusionem remansit, ut Redemptor noster, qui ex illis oriturus erat secundum humanitatem, non lingua confusionis, sed gratie frueretur.

1,6,7 Fuit ergo hebraicum ydioma illud quod primi loquentis labia fabricarunt.

saan ja osissaan, ja miettiessäni itsekseni maailman eri paikkojen sijaintia ja suhdetta kumpaankin napaan ja päiväntasaajaan: on olemassa jalompia ja miellyttävämpiä seutuja ja kaupunkeja kuin Toscana ja Firenze, jossa olen syntynyt ja jonka kansalainen olen. Monet kansat käyttävät miellyttävämpää ja käyttökelpoisempaa kieltä kuin italialaiset.

1,6,4 Palatakseni aiheeseen totean Jumalan luoneen tietynlaisen puheen muodon yhdessä ensimmäisen ihmissielun kanssa. Kun sanon "muoto", viittaan asioita tarkoittaviin sanoihin, sanojen yhteenliittämiseen ilmaisuiksi sekä ilmaisujen ääntämiseen. Juuri tätä muotoa kaikkien puhuvien kieli käyttäisi, ellei se olisi hajonnut ihmisen synnin seurauksena, kuten myöhemmin osoitetaan.

1,6,5 Tätä puheen muotoa käytti Aadam; tätä puheen muotoa puhuivat kaikki hänen jälkeläisensä aina Baabelin tornin rakentamiseen asti. Se tulkitaan "sekasorron torniksi". Tämän puheen muodon perivät Heberin pojat, joita hänen mukaansa kutsutaan heprealaisiksi.

1,6,6 Tuo puheen muoto jäi vain heprealaisille sekasorron jälkeen, jotta Lunastajamme – jonka oli määrä syntyä ihmiseksi heidän paristaan – ei käyttäisi kieltensekaannuksen vaan armon kieltä.

1,6,7 Heprealaisten kieli oli siis se, jonka ensimmäisen puhujan huulet muodostivat.

1,7,1 Dispudet, heu, nunc humani generis ignominiam renovare! Sed quia preterire non possumus quin transeamus per illam, quanquam rubor ad ora consurgat animusque refugiat, percurremus.

1,7,2 O semper natura nostra prona peccatis! O ab initio et nunquam desinens nequitatrix! Num fuerat satis ad tui correptionem quod, per primam prevaricationem eluminata,[1] delitiarum exulabas a patria? Num satis quod, per universalem familie tue luxuriem et trucitatem, unica reservata domo, quicquid tui iuris erat cataclismo perierat, et ‹que› commiseras tu animalia celi terreque iam luerant? Quippe satis extiterat. Sed, sicut proverbialiter dici solet «Non ante tertium equitabis», misera miserum venire maluisti ad equum.

1,7,3 Ecce, lector, quod vel oblitus homo vel vilipendens disciplinas priores, et avertens oculos a vibicibus que remanserant, tertio insurrexit ad

---

[1] Joissakin versioissa *eliminata.*

Luku 1,7

1,7,1 Voi, miten häpeällistä on nyt toistaa ihmiskunnan kunnianmenetys! En voi kuitenkaan edetä käymättä sitä läpi, joten kiirehdin toimeen, vaikka puna nouseekin kasvoille ja mieli kavahtaa.

1,7,2 Oi ihmisluonto, synteihin aina altis! Alusta alkaen ja ikuisesti katala! Etkö oppinut vielä siitä, että sinut karkotettiin kotimaasi ihanuuksista sen jälkeen kun sinulta oli riistetty valo ensimmäisen syntiinlankeemuksen tähden? Eikö riittänyt, että sukusi kaikkinaisen nautinnonhimon ja julmuuden vuoksi kaikki vallassasi ollut tuhoutui vedenpaisumuksessa vain yhden perheen säästyessä ja että sen, mitä sinä olit tehnyt, ovat taivaan ja maan eläimet jo sovittaneet? Olisihan sen pitänyt olla kylliksi! Vaan kuten sananlasku sanoo, vasta kolmannesta varoituksesta saa selkäänsä,[1] mutta sinä kurja ihminen halusitkin saada selkäsaunan.

1,7,3 Ja niin, hyvä lukija, ihminen joko unohti aiemmat rangaistuksensa tai halveksui niitä, kieltäytyi näkemästä ihoonsa jääneitä juomuja ja kävi

---

[1] Keskiajan koulumaailman sanonta *Non ante tertium equitabis* voi tarkoittaa sitä, että kovin rangaistus ei rapsahda vielä ensimmäisestä ja toisesta rikkeestä. Verbi *equitare* viittaa ratsastamiseen ja käännös voisi myös kuulua: "Ennen kolmatta et ratsasta" ja "Sinä kurja halusit mieluummin päästä kurjalle hevoselle". Yhtenä koulurangaistuksen muotona rangaistava oppilas mahdollisesti joutui nousemaan toisen henkilön reppuselkään tai puiselle telineelle (*equuleus* 'varsa' oli antiikissa myös hevosenmuotoinen kidutusteline), missä hän sai piiskaniskut. Ks. Fenzi.

verbera, per superbam stultitiam presumendo.

1,7,4 Presumpsit ergo in corde suo incurabilis homo, sub persuasione gigantis Nembroth, arte sua non solum superare naturam, sed etiam ipsum naturantem, qui Deus est, et cepit edificare turrim in Sennaar, que postea dicta est Babel, hoc est "confusio", per quam celum sperabat ascendere, intendens inscius non equare, sed suum superare Factorem.

1,7,5 O sine mensura clementia celestis imperii! Quis patrum tot sustineret insultus a filio? Sed exurgens non hostili scutica sed paterna et alias verberibus assueta, rebellantem filium pia correctione nec non memorabili castigavit.

1,7,6 Siquidem pene totum humanum genus ad opus iniquitatis coierat: pars imperabant, pars architectabantur, pars muros moliebantur, pars amussibus regulabant, pars trullis linebant, pars scindere rupes, pars mari, pars terra vehere intendebant, partesque diverse diversis aliis operibus indulgebant; cum celitus tanta confusione percussi sunt ut, qui omnes una eademque loquela deserviebant ad opus, ab opere multis diversificati loquelis desinerent et nunquam ad idem commertium convenirent.

typerän ylimielisyytensä tähden kolmannen kerran ruoskittavaksi.

1,7,4 Parantumaton ihminen siis luuli sydämessään, Nimrod-jättiläisen yllytyksestä, että hän voisi taidollaan voittaa luonnon ja itse sen luojan eli Jumalan. Ihminen ryhtyi rakentamaan Sinearin maahan tornia, jonka nimeksi tuli myöhemmin Baabel. Tämä nimi tarkoittaa sekasortoa. Sen avulla ihminen toivoi nousevansa taivaaseen. Hänen, houkan, aikeena ei ollut vain nousta Luojansa tasalle vaan tämän yli.

1,7,5 Oi taivaallisen valtakunnan mittaamaton lempeys! Kuka isä kestäisi niin monta loukkausta pojaltaan? Mutta Jumala nousi kädessään isän, ei vihamiehen ruoska, joka jo aiemmin oli tottunut lyömään. Jumala kuritti kapinoivaa poikaansa lempeällä joskin mieleenpainuvalla rangaistuksella.

1,7,6 Näet lähes koko ihmiskunta oli kokoontunut vääryyden työhön. Kuka johti töitä, kuka suunnitteli, kuka pystytti muureja, kuka linjasi niitä luotisuoralla, kuka tasoitti lastalla, kuka keskittyi rikkomaan kiviä, kuka kuljettamaan niitä maalla kuka merellä. Kaikki muutkin ryhtyivät innokkaasti erilaisiin töihin. Silloin heihin iski taivaasta sellainen sekasorto, että kun he olivat työskennellessään käyttäneet yhtä ja samaa kieltä, nyt piti heidän keskeyttää työnsä, koska heidän kielensä pirstoutui moneksi, eivätkä he enää milloinkaan palanneet samaan yhteistyöhön.

1,7,7 Solis etenim in uno convenientibus actu eadem loquela remansit: puta cunctis architectoribus una, cunctis saxa volventibus una, cunctis ea parantibus una; et sic de singulis operantibus accidit. Quot quot autem exercitii varietates tendebant ad opus, tot tot ydiomatibus tunc genus humanum disiungitur; et quanto excellentius exercebant, tanto rudius nunc barbariusque locuntur.

1,7,8 Quibus autem sacratum ydioma remansit nec aderant nec exercitium commendabant, sed graviter detestantes stoliditatem operantium deridebant. Sed hec minima pars, quantum ad numerum, fuit de semine Sem, sicut conicio, qui fuit tertius filius Noe: de qua quidem ortus est populus Israel, qui antiquissima locutione sunt usi usque ad suam dispersionem.

1,7,7 Ainoastaan niille jäi sama kieli, joilla oli yksi yhteinen tehtävä. Esimerkiksi kaikilla piirustusten suunnittelijoilla oli yksi kieli, kaikilla kivien siirtäjillä yksi, kaikilla kivenhakkaajilla yksi. Tämä toteutui muidenkin erillisten toimien kohdalla. Niin monta kuin oli erilaisia ammattikuntia ponnistelemassa työssään, niin moneen kieleen ihmiskunta silloin jaettiin. Mitä jalompaa työtä he tekivät, sitä karkeampaa ja barbaarisempaa kieltä he nyt puhuvat.

1,7,8 Ne, joille jäi pyhä kieli, eivät olleet osallistuneet työhön tai ylistäneet sitä, vaan olivat ankarasti sitä kiroten pilkanneet mukana olijoiden tyhmyyttä. Tämä luvultaan pieni joukko oli luullakseni lähtöisin Seemistä, joka oli Nooan kolmas poika. Tästä sai alkunsa Israelin kansa, joka käytti kaikkein vanhinta kieltä aina hajaannukseensa asti.[1]

---

[1] Juutalaisetkaan eivät siis Danten mukaan enää puhuneet alkuperäistä kieltään. Dante ei selitä, miten juutalaisten kieli syntyi ja kehittyi raamatullisen heprean katoamisen tai unohduksen jälkeen: ehkä se muotoutui samoin kuin muut kielet jo aiemmin, Baabelin sekasorron jälkeen.

1,8,1 Ex precedenter memorata confusione lingua-
rum non leviter opinamur per universa mundi cli-
mata climatumque plagas incolendas et angulos
tunc primum homines fuisse dispersos. Et cum
radix humane propaginis principalis in oris orienta-
libus sit plantata, nec non ab inde ad utrunque latus
per diffusos multipliciter palmites nostra sit extensa
propago, demumque ad fines occidentales protrac-
ta, forte primitus tunc vel totius Europe flumina
vel saltim quedam rationalia guctura potaverunt.

1,8,2 Sed sive advene tunc primitus advenissent,
sive ad Europam indigene repedassent, ydioma
secum tripharium homines actulerunt; et afferen-
tium hoc alii meridionalem, alii septentrionalem
regionem in Europa sibi sortiti sunt; et tertii, quos
nunc Grecos vocamus, partim Europe, partim
Asye occuparunt.

1,8,3 Ab uno postea eodemque ydiomate in vindice
confusione recepto diversa vulgaria traxerunt ori-
ginem, sicut inferius ostendemus. Nam totum
quod ab hostiis Danubii sive Meotidis paludibus
usque ad fines occidentales Anglie Ytalorum Fran-
corumque finibus et Oceano limitatur, solum
unum obtinuit ydioma, licet postea per Sclavones,

Luku 1,8

1,8,1 Tarkkaan punnituista syistä olen sitä mieltä, että edellä muistellun kieltensekaannuksen jälkeen ihmiset ensimmäisen kerran hajaantuivat kaikkiin maailman kolkkiin ja kauimmaisillekin asumiskelpoisille vyöhykkeille. Kun ihmislajin alkujuuri oli ensin istutettu itäisille maille ja kun sekasorron myötä lajimme jälkikasvu levittäytyi joka suuntaan monien eri haarojen kautta saavuttaen lopulta läntiset rajat, kenties tuolloin joivat ensi kerran järkiperäisten olentojen suut koko Euroopan joista, tai ainakin osasta niistä.

1,8,2 Tulivatpa he silloin Eurooppaan ensimmäistä kertaa muukalaisina tai palasivat sinne lähtösijoilleen, ihmiset joka tapauksessa toivat mukanaan kolme kieltä. Yksi ryhmä asutti eteläisen Euroopan, toinen pohjoisen ja kolmas osa, jota nykyään kutsumme kreikkalaisiksi,[1] asettautui osin Eurooppaan, osin Aasiaan.

1,8,3 Yhdestä ja samasta kielestä, joka oli tulosta kostoksi saadusta sekasorrosta, saivat alkunsa useat kielet kuten myöhemmin osoitan. Koko se alue, joka Tonavan suulta tai maiootilaisilta soilta[2] ulottuu aina Englannin länsirannoille ja rajautuu italialaisiin, frankkeihin sekä valtamereen, sai yhden ainoan kielen. Tosin myöhemmin slaavit, unkari-

---

[1] *Grecus* viittaa lähinnä kreikankielisen ja kreikkalaiskatolisen Bysantin alueeseen. Kyseessä on Balkanin, Aigeianmeren ja Vähän-Aasian alue, ei vain nykyisen Kreikan alue.

[2] Asovanmeri.

Ungaros, Teutonicos, Saxones,[1] Anglicos et alias nationes quamplures fuerit per diversa vulgaria dirivatum,[2] hoc solo fere omnibus in signum eiusdem principii remanente, quod quasi predicti omnes *iò* affirmando respondent.

1,8,4 Ab isto incipiens ydiomate, videlicet a finibus Ungarorum versus orientem, aliud occupavit totum quod ab inde vocatur Europa, nec non ulterius est protractum.

1,8,5 Totum vero quod in Europa restat ab istis, tertium tenuit ydioma, licet nunc tripharium videatur: nam alii *oc*, alii *oïl*, alii *sì* affirmando locuntur, ut puta Yspani, Franci et Latini. Signum autem quod ab uno eodemque ydiomate istarum trium gentium progrediantur vulgaria, in promptu est, quia multa per eadem vocabula nominare videntur, ut "Deum", "celum", "amorem", "mare", "terram", "est", "vivit", "moritur", "amat", alia fere omnia.

1,8,6 Istorum vero proferentes *oc* meridionalis Europe tenent partem occidentalem, a Ianuensium finibus incipientes. Qui autem *sì* dicunt a predictis finibus orientalem tenent, videlicet usque ad pro-

---

[1] Jako teutoneihin ja sakseihin vastaa jakoa etelän *hochdeutsch*, pohjoisen *niederdeutsch*.

[2] Dante käyttää tässä jakamisesta verbimuotoa *dirivare* (eikä *derivare*), mikä lienee harkittu valinta. Hugutio de Pisa R 54, 9 *dirivo, derivo*: "Sanasta *rivus* 'puro' tulee sekä verbi *dirivo* että verbi *derivo* ja niillä on eri merkitys: *derivare* on johtaa yksi puro lähteestä, kun taas *dirivare* on lähteen jakaminen moneksi pikku puroksi."

laiset, teutonit, saksit ja anglit sekä monet muut
kansat jakoivat sen eri kansankieliin. Merkiksi yhteisestä alkuperästä jäi tuskin muuta kuin se, että
miltei kaikki mainitut kansat vastaavat myöntävästi
sanalla *iò*.

1,8,4 Tästä kielialueesta eli unkarilaisten rajasta idän
suuntaan valtasi toinen kieli[1] koko sen alueen, jota
siitä eteenpäin kutsutaan edelleen Euroopaksi. Se
ulottuu kauemmaksikin.

1,8,5 Koko se Eurooppa, joka jää noiden kahden
kielen ulkopuolelle, kuuluu kolmannelle kielelle,
vaikka se vaikuttaakin nykyään kolmijakoiselta. Sillä
yhdet sanovat myöntyessään *oc*, toiset *oïl*, kolmannet *sì*, kuten hispaanit, frankit ja italialaiset. Ilmiselvä merkki siitä, että näiden kolmen kansan kielet
ovat lähtöisin yhdestä ja samasta, on se, että he
vaikuttavat nimittävän monia asioita samoilla sanoilla, kuten "Jumala", "taivas", "rakkaus", "meri",
"maa", "on", "elää", "kuolee", "rakastaa" ja vielä
monia muitakin.

1,8,6 Näistä kansoista ne, jotka sanovat *oc*, asuttavat
läntistä Etelä-Eurooppaa alkaen genovalaisten rajoilta. Ne taas, jotka sanovat *sì*, asuvat noista alueis-

[1] Mainittu "toinen kieli", jonka tunnukseksi Dante ei mainitse
myöntösanaa (kuten muista kielistä), on käytännössä myöhempi kreikka. Dantella kreikka on muuten lähinnä *gramatica*
(ks. 1,1,3).

muntorium illud Ytalie qua sinus Adriatici maris incipit, et Siciliam. Sed loquentes *oïl* quodam modo septentrionales sunt respectu istorum: nam ab oriente Alamannos habent et ab occidente et septentrione anglico mari vallati sunt et montibus Aragonie terminati; a meridie quoque Provincialibus et Apenini devexione clauduntur.

ta itään, nimittäin siihen Italian kallioniemekkeeseen asti, josta alkaa Adrianmeren lahti ja aina Sisiliaan asti. Sen sijaan ne, jotka sanovat *oïl*, ovat jossakin heidän pohjoispuolellaan. Näistä itään ovatkin alemannit. Lännessä ja pohjoisessa heitä ympäröi Englannin meri ja rajaa Aragonian vuoristo; etelässä heidän alueensa sulkevat oksitaanin puhujat ja Apenniinien rinteet.

1,9,1 Nos autem nunc oportet quam habemus rationem periclitari, cum inquirere intendamus de hiis in quibus nullius autoritate fulcimur, hoc est de unius eiusdemque a principio ydiomatis variatione secuta. Et quia per notiora itinera salubrius breviusque transitur, per illud tantum quod nobis est ydioma pergamus, alia desinentes: nam quod in uno est rationale videtur in aliis esse causa.

1,9,2 Est igitur super quod gradimur ydioma tractando tripharium, ut superius dictum est: nam alii *oc*, alii *sì*, alii vero dicunt *oïl*. Et quod unum fuerit a principio confusionis, quod prius probandum est,[1] apparet quia convenimus in vocabulis multis, velut eloquentes doctores ostendunt: que quidem convenientia ipsi confusioni repugnat que ruit celitus in edificatione Babel.

1,9,3 Trilingues ergo doctores in multis conveniunt, et maxime in hoc vocabulo quod est *amor*. Gerardus de Brunel:

> Si·m sentis fezelz amics,
>
> per ver encusera amor;

---

[1] Päättelytaidon fraasi *probandum est*, ”(mikä) on todistettava”.

Luku 1,9

1,9,1 Nyt saan koetella järkeäni ryhtyessäni tutkimaan asioita, joissa en voi tukeutua yhteenkään auktoriteettiin: miten alkujaan yhdessä ja yhtenäisessä kielessä syntyy muutos. Koska on turvallisempaa ja nopeampaa kulkea tuttuja teitä, etenen vain sen kielen kanssa, joka on omani ja jätän muut. Kyllähän periaatteen, joka pätee yhdessä, pitäisi päteä myös muissa.

1,9,2 Kieli, jonka parissa jatkan asian käsittelyä, on siis kolmijakoinen, kuten aiemmin todettiin, sillä yhdet sanovat *oc*, toiset *sì* ja vielä kolmannet *oïl*. On selvää, että kieli oli sekasorron alussa yksi (mikä on ensin todistettava), sillä meillä on paljon yhteisiä sanoja kuten kaunopuheisuuden mestarit osoittavat. Tämä yhteneväisyys on ristiriidassa sen sekasorron kanssa, joka syöksyi taivaasta, kun Baabelin tornia rakennettiin.

1,9,3 Kolmen kielen mestareilla on siis paljon yhteisiä sanoja, aivan erityisesti sana *Amor* 'rakkaus'. Näin Guiraut de Bornelh:

> Jos tuntisin itseni uskolliseksi rakastajaksi,
>
> nostaisin tosiasiassa syytteen Rakkautta vastaan.[1]

---

[1] Säkeet on ymmärretty myös seuraavasti: "Jos minua kuulisi uskottu ystävä, totisesti syyttäisin rakkautta" (ks. Fenzi).

Rex Navarre:

De fin amor si vient sen et bonté;[1]

Dominus Guido Guinizelli:

Né fe' amor prima che gentil core,

né gentil «cor» prima che amor, natura.

1,9,4 Quare autem tripharie principalius variatum sit, investigemus; et quare quelibet istarum variationum in se ipsa variatur, puta dextre Ytalie locutio ab ea que est sinistre[2] (nam aliter Paduani et aliter Pisani locuntur); et quare vicinius habitantes adhuc discrepant in loquendo, ut Mediolanenses et Veronenses, Romani et Florentini, nec non convenientes in eodem genere gentis, ut Neapoletani et Caetani, Ravennates et Faventini, et, quod mirabilius est, sub eadem civilitate morantes, ut Bononienses Burgi Sancti Felicis et Bononienses Strate Maioris.

[1] Sama säe myös 2,5,4.

[2] Vasemman ja oikean sijaan käytämme käännöksessä ilmansuuntia.

Navarran kuningas:

Aidosta rakkaudesta tulee viisaus ja hyvyys.

Mestari Guido Guinizelli:

Ei rakkautta ennen hyvää sydäntä,

ei hyvää sydäntä ennen rakkautta luonut luonto.[1]

1,9,4 Mutta tutkikaamme nyt, miksi aiempi kieli muuntui kolmeksi ja miksi kukin noista muunnoksista vielä itsessään esimerkiksi niin, että Italian läntisen puolen kieli eroaa itäisestä, sillä padovalaiset ja pisalaiset puhuvat eri tavoin. On myös tarkasteltava, miksi vielä lähempänäkin toisiaan asuvat puhuvat niin eri tavoin kuin tekevät esimerkiksi milanolaiset ja veronalaiset tai roomalaiset ja firenzeläiset – ja jopa lähikansaan kuuluvat, kuten napolilaiset ja gaetalaiset, ravennalaiset ja faenzalaiset tai, mikä on vielä ihmeellisempää, samassa kaupunkiyhteisössä asuvat, kuten Borgo San Felicen bolognalaiset ja Strada Maggioren bolognalaiset.[2]

---

[1] Runoilija Saima Harmaja käänsi lyyrisemmin: ”Sydänt’ ei ennen rakkautta luotu, / ja ennen sydäntä ei lemmen tulta” (Tuulio 1945, 39). Dante palaa samaan Guinizellin runoon jaksossa 2,5,4. Ks. myös erillinen runoilijaliite.

[2] Danten tiedetään asuneen Veronassa 1303–1304. Milanossa käynnistä ei ole tietoa, mutta Roomassa hän oli vieraillut ainakin juhlavuonna 1300. Napolissa tai Gaetassa hän tuskin oli käynyt, kun taas Romagna ja erityisesti Bologna oli maanpakolaiselle tuttua aluetta. Boccaccio mainitsee kohdettaan ihannoivassa Dante-elämäkerrassa, että Ravennassa asuessaan Dante opetti runoutta erityisesti kansankielellä. Boccaccion mukaan Dante oli ensimmäinen, joka teki kansankielellään saman kuin Homeros kreikallaan ja Vergilius latinallaan: nosti sen arvostetuksi kieleksi maanmiestensä parissa. Boccaccio 2002, 31.

1,9,5 Hee omnes differentie atque sermonum varietates quid accidant, una eademque ratione patebit.

1,9,6 Dicimus ergo quod nullus effectus superat suam causam, in quantum effectus est, quia nil potest efficere quod non est. Cum igitur omnis nostra loquela, preter illam homini primo concreatam a Deo, sit a nostro beneplacito reparata post confusionem illam que nil aliud fuit quam prioris oblivio, et homo sit instabilissimum atque variabilissimum animal, nec durabilis nec continua esse potest, sed sicut alia que nostra sunt, puta mores et habitus, per locorum temporumque distantias variari oportet.

1,9,7 Nec dubitandum reor modo in eo quod diximus "temporum", sed potius opinamur tenendum: nam si alia nostra opera perscrutemur, multo magis discrepare videmur a vetustissimis concivibus nostris quam a coetaneis perlonginquis. Quapropter audacter testamur quod si vetustissimi Papienses nunc resurgerent, sermone vario vel diverso cum modernis Papiensibus loquerentur.

1,9,5 On yksi selvä syy siihen, miksi kaikki nämä puheen erot ja muunnokset kehittyvät.

1,9,6 Sanon siis, että mikään vaikutus, sikäli kuin se on vaikutus, ei ylitä omaa syytänsä. Sillä mikään ei voi tuottaa sellaista, mitä se ei ole.[1] Kun siis kaikki kieli – lukuun ottamatta sitä, jonka Jumala ensimmäiseksi loi yhdessä ihmisen kanssa – on tehty uudelleen meidän mielemme mukaan[2] tuon sekasorron jälkeen, joka ei ollut muuta kuin aiemman kielen unohdus, ja kun ihminen puolestaan on mitä epävakain ja häilyvin olento, tuo kieli ei voi olla kestävä eikä jatkuva. Kuten muukin meille kuuluva, kuten tavat ja olemus, kieli välttämättä muuttuu ajallisten ja paikallisten välimatkojen myötä.

1,9,7 Enkä usko, että on syytä epäilyyn siinäkään kohden kun sanoin "ajallisten", vaan pikemminkin siitä tulee pitää kiinni. Sillä jos tutkin tarkoin muita töitäni, huomaan olevani paljon kauempana oman kaupunkini ammoisista kansalaisista kuin oman aikani hyvinkin etäällä asuvista ihmisistä. Siksi väitän rohkeasti, että jos muinaiset pavialaiset heräisivät nyt eloon, he puhuisivat muuttunutta ja toisenlaista kieltä kuin nykyiset pavialaiset.

---

[1] Vrt. Aristoteles, *Toinen analytiikka* (72a29 alkaen): "Se, jonka takia jokin kuuluu jollekin, kuuluu aina itse enemmän sille. Esimerkiksi meille on rakkaampi se, jonka takia rakastamme jotakin. Jos siis tiedämme asian ja olemme siitä vakuuttuneita ensimmäisten premissien takia, tiedämme nämä premissit paremmin ja olemme niistä vakuuttunempia, koska tiedämme myös niistä seuraavat asiat niiden takia"; suom. Juha Sihvola.

[2] Kielen konventionaalisuus, vrt. *DVE* 1,3,3.

1,9,8 Nec aliter mirum videatur quod dicimus quam percipere iuvenem exoletum quem exolescere non videmus: nam que paulatim moventur minime perpenduntur a nobis, et quanto longiora tempora variatio rei ad perpendi requirit, tanto rem illam stabiliorem putamus.

1,9,9 Non etenim ammiramur si extimationes hominum qui parum distant a brutis putant eandem civitatem sub invariabili semper civicasse[1] sermone, cum sermonis variatio civitatis eiusdem non sine longissima temporum successione paulatim contingat, et hominum vita sit etiam, ipsa sua natura, brevissima.

1,9,10 Si ergo per eandem gentem sermo variatur, ut dictum est, successive per tempora, nec stare ullo modo potest, necesse est ut disiunctim abmotimque morantibus varie varietur, ceu varie variantur mores et habitus qui nec natura nec consortio confirmantur sed humanis beneplacitis localique congruitate nascuntur.[2]

---

[1] Tässä Dante käyttää keskiaikaista uudissanaa *civicare*, joka on suomennettu "kaupunkiasioiden hoitamiseksi". Vrt. Hugutio de Pisa E 85, 29 *civico*.

[2] Sanan *consortium* merkityksestä lauseessa ks. Rosier-Catach 2011, Glossaire s.v. *consensus*. Suomennos "yhteisymmärrys" on ratkaisuna oikeansuuntainen, mutta ajatusta voisi täydentää vaikkapa sanalla "yhteisöllinen" tai "yhteiskunnallinen". Danten *localis congruitas* eli "paikalliset olosuhteet" viitannee paikallisiin tapoihin, mikä siis olisi yhteisöllinen vastine yksilöllisille mieltymyksille, jotakin ei-säädeltyä.

1,9,8 Juuri sanomani ei pitäisi olla ihmeellisempää kuin sen, että havaitsee nuorukaisen varttuneen aikuiseksi ilman että on nähnyt hänen varttuvan. Sillä sitä, mikä muuttuu vähin erin, kykenemme vähiten arvioimaan. Mitä pidemmän ajan asian muutoksen arviointi vaatii, sitä muuttumattomampana me sitä pidämme.

1,9,9 Ei siis pidä ihmetellä jos likimain hölmöt ihmiset arvelevat, että yksi ja sama kaupunki on aina hoitanut kaupunkiasiansa muuttumattomalla kielellä. Tuon kaupungin kielen muutos tapahtuu hyvin pitkän ajanjakson kuluessa ja vähä vähältä, kun puolestaan ihmisen elämä on jo luonnostaankin hyvin lyhyt.

1,9,10 Jos siis yhden ja saman kansan kieli muuttuu vähitellen ajan saatossa, kuten edellä on todettu, eikä se pysty mitenkään olemaan muuttumatta, niin pakostakin erillään ja kaukana toisistaan asuvien kieli muuttuu eri tavoin – aivan kuten tavat ja olemus muuttuvat, kun niitä ei luonto eikä yhteisymmärrys lujita. Ne syntyvät ihmisten mieltymyksistä ja paikallisista olosuhteista.

1,9,11 Hinc moti sunt inventores gramatice facultatis:[1] que quidem gramatica nichil aliud est quam quedam inalterabilis locutionis ydemptitas diversibus temporibus atque locis. Hec cum de comuni consensu multarum gentium fuerit regulata, nulli singulari arbitrio videtur obnoxia, et per consequens nec variabilis esse potest. Adinvenerunt ergo illam ne, propter variationem sermonis arbitrio singularium fluitantis, vel nullo modo vel saltim imperfecte antiquorum actingeremus autoritates et gesta, sive illorum quos a nobis locorum diversitas facit esse diversos.

[1] Vrt. *positores* 1,10,1. Käännämme "kieliopiksi" latinan ilmaisun *gramatice facultatis*, joka on ilmeisesti sama kuin *ars grammatica*. Suomennos "kieltä koskeva oppi" olisi tarkempi, mutta kohta ei ole yksiselitteinen (vrt. Fenzi ja Tavoni; Rosier-Catach 2011, Glossaire s.v. *gramatica*).

1,9,11 Tästä lähtivät liikkeelle ne, jotka keksivät
kieliopin. *Gramatica* onkin eräänlainen kielen muut-
tumaton olemus eri aikoina ja eri paikoissa. Koska
tämän kielen säännöt syntyivät monien kansojen
yhteisymmärryksessä, se ei vaikuta riippuvan yksit-
täisen ihmisen harkinnasta ja siksi se ei voi muuttu-
akaan. *Gramatican* he keksivät estääkseen sen, että
kieli, joka vaihtelee yksittäisten ihmisten harkinnan
mukaan, vie meiltä kokonaan tai osittain mahdolli-
suuden ymmärtää antiikin kirjoituksia ja tekoja tai
niiden kirjoituksia ja tekoja, jotka ovat asuinpaik-
kansa vuoksi erilaisia kuin me.

1,10,1 Triphario nunc existente nostro ydiomate, ut superius dictum est, in comparatione sui ipsius, secundum quod trisonum factum est, cum tanta timiditate cunctamur librantes quod hanc vel istam vel illam partem in comparando preponere non audemus, nisi eo quo gramatice positores inveniuntur accepisse *sic* adverbium affirmandi:[1] quod quandam anterioritatem erogare videtur Ytalis, qui *sì* dicunt.

1,10,2 Quelibet enim partium largo testimonio se tuetur. Allegat ergo pro se lingua *oïl* quod propter sui faciliorem ac delectabiliorem vulgaritatem quicquid redactum est, sive inventum, ad vulgare prosaycum,[2] suum est: videlicet Biblia cum Troianorum Romanorumque gestibus compilata et Arturi regis ambages pulcerrime et quamplures alie ystorie ac doctrine. Pro se vero argumentatur alia, scilicet *oc*, quod vulgares eloquentes in ea primitus poetati sunt tanquam in perfectiori dulciorique loquela, ut puta Petrus de Alvernia et alii antiquiores doctores. Tertia quoque, ‹que› Latinorum est, se duobus privilegiis actestatur preesse: primo quidem quod qui dulcius subtiliusque poetati vulgariter sunt, hii familiares et domestici sui sunt, puta Cynus Pistoriensis et amicus eius; secundo quia

---

[1] Tässä tarkoitetaan latinan kielen keksijöitä tai luojia, kun taas kohdassa 1,9,11 ilmaisu *inventores grammatice facultatis* viittaa kieliopin luojiin (Rosier-Catach 2011 Glossaire s.v. *inventor*).

[2] Tekstissä esiintyy sekä adjektiivi *vulgaris* että substantiivi *vulgaritas*, joista jälkimmäinen on suomennoksessa ohitettu toiston välttämiseksi.

1,10,1 Kielemme on siis kolmijakoinen, kuten yllä todettiin. Kun vertailen sen kolmea muotoa, epäröin ja varon asettamasta mitään kolmesta kielestä muiden edelle, jollei sitten sillä perusteella, että *gramatican* luojat näyttävät omaksuneen myöntäväksi adverbiksi sanan *sic*. Tämä tuntuu antavan tietyn etusijan italialaisille, jotka sanovat *sì*.

1,10,2 Mikä tahansa kolmesta kielestä voi puolustaa asemaansa runsaalla todistusaineistolla. *Oïl*-kieli esittää edukseen, että sen helpomman ja miellyttävämmän luonteen takia kaikki proosa, mitä on toimitettu tai tuotettu kansankielellä, kuuluu sille: nimittäin kokoelmat Raamatusta sekä troijalaisten ja roomalaisten teoista, kuningas Arthurin ihmeelliset seikkailut ja lukuisat muut tarinat ja tutkielmat. Toinen eli *oc*-kieli argumentoi puolestaan, että kansankielisen kirjallisuuden mestarit runoilivat ensimmäiseksi sillä, koska se on muita täydellisempi ja suloisempi kieli. Näin tekivät esimerkiksi Peire d'Alvernhe ja muut vanhempain aikojen mestarit. Kolmas kieli, joka siis on italialaisten, todistaa kahdella erityispiirteellään olevansa ylitse muiden. Ensiksikin ne, jotka ovat suloisimmin ja hienoimmin runoilleet kansankielellä, ovat tämän kielen perheenjäseniä ja palvelijoita. Näihin lukeutuvat esimerkiksi Cino da Pistoia ja hänen ystävänsä. Toi-

magis videtur initi gramatice que comunis est, quod rationabiliter inspicientibus videtur gravissimum argumentum.

1,10,3 Nos vero iudicium relinquentes in hoc et tractatum nostrum ad vulgare latium retrahentes, et receptas in se variationes dicere nec non illas invicem comparare conemur.

1,10,4 Dicimus ergo primo Latium bipartitum esse in dextrum et sinistrum. Si quis autem querat de linea dividente, breviter respondemus esse iugum Apenini, quod, ceu fistule culmen hinc inde ad diversa stillicidia grundat aquas, ad alterna hinc inde litora per ymbricia longa distillat, ut Lucanus in secundo describit[1]: dextrum quoque latus Tyrenum mare grundatorium habet, levum vero in Adriaticum cadit.

1,10,5 Et dextri regiones sunt Apulia, sed non tota, Roma, Ducatus, Tuscia et Ianuensis Marchia; sinistri autem pars Apulie, Marchia Anconitana, Romandiola, Lombardia, Marchia Trivisiana cum Venetiis. Forum Iulii vero et Ystria non nisi leve Ytalie esse possunt; nec insule Tyreni maris, videlicet Sicilia et Sardinia, non nisi dextre Ytalie sunt, vel ad dextram Ytaliam sociande.

[1] Lucanus, *Pharsalia* eli *Bellum Civile* 2,396 alkaen.

seksi, italialaisten kieli näyttää nojaavan vahvemmin yhteiseen *gramaticaan*, mikä järkevästi asiaa ajatteleville on mitä painavin argumentti.

1,10,3 Jätän kuitenkin tämän asian ratkaisemattomaksi ja rajaan käsittelyn italialaiseen kansankieleen pyrkien kuvailemaan sen sisällä tapahtuneita muunnoksia ja myös vertailemaan niitä keskenään.

1,10,4 Totean siis aluksi, että Italia jakautuu kahtia, läntiseen ja itäiseen puoleen. Jos joku kysyy jakolinjasta, vastaan lyhyesti, että se on Apenniinien vuorijono, joka katonharjan tavoin tipottelee veden noroina molemmille puolille vesialtaisiin ja vuodattaa vedet kummallekin rannikolle pitkien kanavien kautta.[1] Näin kuvaa Lucanus *Pharsalian* toisessa kirjassa. Läntisellä puoliskolla sen altaana on Tyrrhenanmeri, itäpuoli taas valuttaa vedet Adrianmereen.

1,10,5 Läntisen puolen seudut ovat Apulia (ei tosin kokonaan), Rooma, Spoleton ruhtinaskunta, Toscana ja Genovan maakreivikunta.[2] Itäisen puolen seudut taas ovat toinen osa Apuliaa, Anconan maakreivikunta, Romagna, Lombardia sekä Trevison maakreivikunta mukaan lukien Venetsia. Friuli ja Istria eivät voi kuulua kuin lännenpuoleiseen Italiaan, eivätkä Tyrrhenanmeren saaret Sisilia ja Sardinia voi olla kuin länsipuolisen Italian osia, tai ainakin ne on nähtävä siihen liittyvinä.

---

[1] Tässä Apenniinit esitetään "vedenjakajana" tavalla, joka on kääntäjän painajainen. Lisäksi kohtaa luetaan sekä *fistule* (Tavoni) että *fictile* (Fenzi). Olemme päätyneet hiukan mutkia oikovaan mutta ymmärrettävään käännökseen.

[2] Apulialaisista myös 1,12,7.

1,10,6 In utroque quidem duorum laterum, et hiis
que secuntur ad ea, lingue hominum variantur: ut
lingua Siculorum cum Apulis, Apulorum cum Ro-
manis, Romanorum cum Spoletanis, horum cum
Tuscis, Tuscorum cum Ianuensibus, Ianuensium
cum Sardis; nec non Calabrorum cum Anconitanis,
horum cum Romandiolis, Romandiolorum cum
Lombardis, Lombardorum cum Trivisianis et Ve-
netis, horum cum Aquilegiensibus, et istorum cum
Ystrianis. De quo Latinorum neminem nobiscum
dissentire putamus.

1,10,7 Quare adminus xiiii vulgaribus sola videtur
Ytalia variari. Que adhuc omnia vulgaria in sese
variantur, ut puta in Tuscia Senenses et Aretini, in
Lombardia Ferrarenses et Placentini; nec non in
eadem civitate aliqualem variationem perpendimus,
ut superius in capitulo inmediato posuimus. Qua-
propter, si primas et secundarias et subsecundarias
vulgaris Ytalie variationes calculare velimus, et in
hoc minimo mundi angulo non solum ad millenam
loquele variationem venire contigerit, sed etiam ad
magis ultra.

1,10,6 Kummallakin puolella ja niiden tarkemmin jaotelluilla alueilla asukkaiden kielet ovat erilaisia. Sisilialaisten kieli eroaa apulialaisten kielestä, apulialaisten roomalaisten kielestä, roomalaisten spoletolaisten kielestä, näiden taas toscanalaisten kielestä ja toscanalaisten genovalaisten kielestä, genovalaisten sardinialaisten kielestä. Samoin calabrialaisten kieli eroaa anconalaisten kielestä, näiden romagnalaisten kielestä, romagnalaisten lombardialaisten kielestä, lombardialaisten trevisolaisten ja venetsialaisten kielestä, näiden taas aquileialaisten kielestä ja näiden istrialaisten kielestä. Tästä asiasta kukaan italialainen ei luullakseni ole kanssani eri mieltä.

1,10,7 Yksin Italiassa näyttää siis olevan ainakin neljätoista kansankieltä. Niiden sisälläkin on vielä muunnoksia: esimerkiksi Toscanassa sienalaiset ja arezzolaiset, Lombardiassa ferraralaiset ja piacenzalaiset. Jopa yhdessä ja samassa kaupungissa havaitaan variaatiota, kuten jo totesin edeltävässä luvussa. Tästä seuraa, että mikäli haluamme laskea Italian ensisijaiset, toissijaiset ja alisteiset kansankielet, jo tässä vähäisessä maailmankolkassa saadaan tulokseksi ei vain tuhat vaan vieläkin useampia kielen muunnoksia.

1,11,1 Quam multis varietatibus latio dissonante vulgari, decentiorem atque illustrem Ytalie venemur loquelam; et ut nostre venationi pervium callem habere possimus, perplexos frutices atque sentes prius eiciamus de silva.

1,11,2 Sicut ergo Romani se cunctis preponendos existimant, in hac eradicatione sive discerptione non inmerito eos aliis preponamus, protestantes eosdem in nulla vulgaris eloquentie ratione fore tangendos. Dicimus igitur Romanorum non vulgare, sed potius tristiloquium, ytalorum vulgarium omnium esse turpissimum; nec mirum, cum etiam morum habituumque deformitate pre cunctis videantur fetere. Dicunt enim: *Messure, quinto dici?*

1,11,3 Post hos incolas Anconitane Marchie decerpamus, qui *Chignamente sciate, sciate* locuntur[1]: cum quibus et Spoletanos abicimus.

---

[1] Kielinäytteestä on erilaisia lukutapoja (mm. Rosier-Catach esittää version *state, siate*).

Luku 1,11

1,11,1 Koska italialainen kansankieli on jakaantunut niin moneen keskenään erilaiseen muunnokseen, ryhdyn nyt metsästämään Italian arvokkainta ja loistavinta kieltä. Kulkukelpoisen metsästyspolun tekemiseksi on ensin syytä karsia metsästä ryteiköt ja piikkipensaikot.

1,11,2 Kun kerran roomalaiset ajattelevat, että heidät pitää asettaa kaikkien muiden edelle, he saavat ansaitusti etusijan tässä raivaamisessa tai puhdistuksessa. Totean siis, että heistä ei tule laisinkaan piitata kansankielistä kaunopuheisuutta käsitellessä. Roomalaisten kansankieli, tai ennemminkin surkea puheenparsi, on kaikista Italian kielistä rumin. Eikä tässä ole mitään ihmeellistä, he kun näyttävät haiskahtavan enemmän kuin kukaan muu, mitä tulee tapojen ja olemuksen rumuuteen. Hehän sanovat: *Messure, quinto dici?* [1] (Mitä sanot, herra?)

1,11,3 Näiden jälkeen karsimme pois Anconan maakreivikunnan asukkaat, jotka sanovat *Chignamente sciate, sciate* (Miten voitte, voikaa). Heidän kanssaan heitetään menemään spoletolaisetkin.

---

[1] Kuten usein on laita muiden murteita kuvailtaessa, Dantekin sortunee liioitteluun roomalaisten kansankielen kohdalla. Hän ulottaa sanan *messore* monikossa *messuri* esiintyvän u:n myös yksikköön ja tuottaa siis muodon *messure* (Mengaldo). Erityisen pahalta muiden kuin roomalaisten korvissa kuulosti ilmeisesti yksikön toisen persoonan käyttö puhuttelussa, oli sen kohteena sitten jokamies tai peräti paavi tai keisari.

1,11,4 Nec pretereundum est quod in improperium
istarum trium gentium cantiones quamplures in-
vente sunt: inter quas unam vidimus recte atque
perfecte ligatam, quam quidam Florentinus nomine
Castra posuerat; incipiebat etenim

> Una fermana scopai da Cascioli,
>
> cita cita se 'n gìa 'n grande aina.

1,11,5 Post quos Mediolanenses atque Pergameos
eorumque finitimos eruncemus, in quorum etiam
improperium quendam cecinisse recolimus

> Enter l'ora del vesper,   ciò fu del mes d'ochiover.

1,11,6 Post hos Aquilegienses et Ystrianos cribre-
mus, qui *Ces fas-tu?* crudeliter accentuando eructu-
ant. Cumque hiis montaninas omnes et rusticanas
loquelas eicimus, que semper mediastinis civibus
accentus enormitate dissonare videntur, ut Casen-
tinenses et Fractenses.

1,11,4 Eikä sovi ohittaa sitä seikkaa, että noiden kolmen kansan pilkaksi on sepitetty useitakin lauluja. Näistä olen nähnyt yhden, joka on täydellisen oikein rakennettu ja jonka muuan firenzeläinen nimeltään Castra on laatinut. Se alkoi näin:

Kohtasin fermolaisen naisen Casciolin lähellä,

vikkelästi hän meni menojaan, kiireisenä.[1]

1,11,5 Näiden jälkeen kitketään pois milanolaiset, bergamolaiset ja heidän naapurinsa. Muistelen jonkun laulaneen myös heidän pilkakseen:

Vesperin aikaan, se oli lokakuussa.[2]

1,11,6 Sitten siivilöidään pois Aquileian ja Istrian asukkaat, jotka röyhtäilevät hirveällä nuotillaan *Ces fas-tu?*[3] (Mitäs teet?). Näiden mukana viskaan pois kaikki vuoriston ja maaseudun, esimerkiksi Casentinon ja Frattan asukkaiden puheenparret. Kaupunkien asukkaista ne tuntuvat painotuksen säännöttömyyden takia aina epäsointuisilta.

---

[1] Säkeissä on runsaasti paikallisia piirteitä, kuten *a(g)ina*. Ks. Mengaldo.

[2] Kyseessä on alueelle ominainen aleksandriini-säe, joka koostuu kahdesta septenaarista eli (yleensä) seitsentavuisesta säkeestä. Ks. myöhemmin 1,12,6 Cielo D'Alcamon säe. Danten korviin särähti luultavasti (Toscanan kieleen kuulumaton) apokopee eli kirjaimen tai tavun jättö pois sanan lopusta. Toisaalla Dante tuomitsee kyseisen piirteen barbarismina (1,14,5), mutta säe sisältää myös paljon murrepiirteitä (Mengaldo). Osin Dante on myös toscanisoinut niitä, esimerkiksi kirjoittamalla *ciò fu* pro *zò fo*.

[3] Dante liioittelee jälleen. Sananloppuinen -*s* on kyllä oikein sanassa *fas* (*facis*) mutta liikaa sanassa *ces*.

1,11,7 Sardos etiam, qui non Latii sunt sed Latiis associandi videntur, eiciamus, quoniam soli sine proprio vulgari esse videntur, gramaticam tanquam simie homines imitantes: nam *domus nova*[1] et *dominus meus* locuntur.

[1] Tässä kohden voidaan lukea myös *dominus nova*, jolloin Dante havainnollistaisikin epäkieliopillisuutta: *dominus*, maskuliinisukuinen substantiivi, vaatii maskuliinimuotoisen adjektiivin, siis *novus*, ei *nova*. Ilmaisut ovat latinaa, mitä Sardiniassa ei tietenkään puhuttu. Sardinian puhekieli oli kuitenkin ilmeisesti varsin konservatiivista ja saattoi siksi kuulostaa muiden korvissa jonkinlaiselta latinalta.

1,11,7 Pois joutavat myös sardit, jotka täytyy yhdistää italialaisiin, vaikka he eivät sitä ole. Vain sardeilta näyttää puuttuvan oma kansankieli. He matkivat *gramaticaa* kuten apinat matkivat ihmistä ja sanovat *domus nova* (uusi talo) ja *dominus meus* (herrani).

1,12,1 Exaceratis quodam modo vulgaribus ytalis, inter ea que remanserunt in cribro comparationem facientes honorabilius atque honorificentius breviter seligamus.

1,12,2 Et primo de siciliano examinemus ingenium: nam videtur sicilianum vulgare sibi famam pre aliis asciscere eo quod quicquid poetantur Ytali sicilianum vocatur, et eo quod perplures doctores indigenas invenimus graviter cecinisse, puta in cantionibus illis

> Ancor che l'aigua per lo foco lassi

et

> Amor, che lungiamente m'hai menato.[1]

1,12,3 Sed hec fama trinacrie terre, si recte signum ad quod tendit inspiciamus, videtur tantum in obproprium ytalorum principum remansisse, qui non heroico more sed plebeio secuntur superbiam.

1,12,4 Siquidem illustres heroes, Fredericus Cesar et benegenitus eius Manfredus, nobilitatem ac rec-

[1] Molemmat Guido delle Colonnen runojen säkeet toistuvat: ks. *DVE* 2,5,4 ja 2,6,6.

Luku 1,12

1,12,1 Kun nyt Italian kansankielet on jollakin tapaa puhdistettu akanoista, valitkaamme seulaan jääneistä vertailemalla se, joka ansaitsee ja tuo eniten kunniaa.[1]

1,12,2 Tarkastelen ensiksi Sisilian kansankieltä. Se näyttää niittävän mainetta enemmän kuin muut, osin siksi, että mitä tahansa italialaiset runoilevatkin, sitä kutsutaan sisilialaiseksi, osin taas siksi, että huomaamme monien sisilialaisten mestarien runoilleen juhlallisesti. Näin on seuraavissa lauluissa:

> Vaikka vesi jättää tulen takia[2]

ja

> Rakkaus, joka on minua kauan kiusannut

1,12,3 Mutta jos katsotaan tarkasti, mistä tässä Trinakrian saaren maineessa on kyse,[3] huomaamme maineen säilyneen ainoastaan merkkinä niiden Italian ruhtinaiden häpeästä, jotka ovat ylpeitä – eivät sankarien vaan plebeijien tapaan.

1,12,4 Loistavat sankarit keisari Fredrik ja hänen poikansa jalosukuinen Manfred tosiaankin ilmaisi-

---

[1] Seulavertaukseen Dante palaa jaksossa 2,7,3.

[2] Ks. Montuori 2012 (Rime), 359 (Guido delle Colonne): ”Vaikka vedestä tulee vähemmän kylmää tulen takia, se ei kuitenkaan muuttaisi luontoaan, ellei välissä olisi jokin astia”.

[3] Tässä sana *Trinacria* ei ole vain viaton Sisilian synonyymi. Dante painottaa sitä, että kyse ei ole enää Sisilian yhtenäisestä valtakunnasta. Ks. selitykset lukuun 1,12.

titudinem sue forme pandentes, donec fortuna permisit humana secuti sunt, brutalia dedignantes. Propter quod corde nobiles atque gratiarum dotati inherere tantorum principum maiestati conati sunt, ita ut eorum tempore quicquid excellentes animi Latinorum enitebantur primitus in tantorum coronatorum aula prodibat; et quia regale solium erat Sicilia, factum est ut quicquid nostri predecessores vulgariter protulerunt, sicilianum vocetur: quod quidem retinemus et nos, nec posteri nostri permutare valebunt.

1,12,5 Racha, racha![1] Quid nunc personat tuba novissimi Frederici, quid tintinabulum secundi Karoli, quid cornua Iohannis et Azonis marchionum potentum, quid aliorum magnatum tibie, nisi «Venite carnifices, venite altriplices, venite avaritie sectatores»?

1,12,6 Sed prestat ad propositum repedare quam frustra loqui. Et dicimus quod, si vulgare sicilianum accipere volumus secundum quod prodit a terrigenis mediocribus, ex ore quorum iudicium eliciendum videtur, prelationis honore minime dignum est, quia non sine quodam tempore profertur; ut puta ibi:

---

[1] Sana on ilmeisesti alun perin hepreankielinen loukkaus. Vrt. Hugutio R 6 *racha*. Latinankielisen *Vulgatan* sana *racha* on suomenkielisessä Raamatussa "Senkin hölmö" (Matt. 5:22).

vat mielensä jalouden ja oikeudenmukaisuuden, ja sikäli kuin kohtalo sen salli, he noudattivat sitä, mikä on inhimillistä, ja halveksivat eläimellistä. Siksi jalosydämiset ja lahjakkaat hakeutuivat lähelle näiden suurten ruhtinaiden majesteettia. Heidän aikanaan etevimpien italialaisten aikaansaannokset saivat ensiksi syntynsä näiden mahtavien kruunupäiden hovissa. Koska hallitsijanistuin oli Sisiliassa, kaikkea sitä, mitä edeltäjämme tuottivat kansankielellä, kutsutaan sisilialaiseksi. Tämän käytännön mekin säilytämme, eivätkä meidän jälkeemme tulevat voi sitä muuttaa.

1,12,5 Häpeä! Häpeä! Mitä viimeisimmän Fredrikin sotatorvi nyt ilmoittaa? Mitä toisen Kaarlen kilikello? Mitä mahtavien markiisien Johanneksen ja Azzon torvet? Mitä muiden mahtimiesten huilut? Mitä muuta kuin: "Tulkaa pyövelit, tulkaa petturit, tulkaa ahneuden seuralaiset!"

1,12,6 Mutta on parempi palata aiheeseen kuin puhua turhaan. Sanonkin: jos haluamme pitää kansankielenä sitä, mitä tuottaa keskiverto sisilialainen, jonka huulilta meidän näyttää olevan syytä ottaa arviomme, ei se ole millään tavalla ensimmäisen sijan arvoinen. Sillä sitä puhutaan jonkinlaisella verkkaisuudella, kuten esimerkiksi tässä tapauksessa:

Tragemi d'este focora   se t'este a bolontate.

Si autem ipsum accipere volumus secundum quod ab ore primorum Siculorum emanat, ut in preallegatis cantionibus perpendi potest, nichil differt ab illo quod laudabilissimum est, sicut inferius ostendemus.

1,12,7 Apuli quoque vel sui acerbitate vel finitimorum suorum contiguitate, qui Romani et Marchiani sunt, turpiter barbarizant:[1] dicunt enim

Bòlzera che chiangesse lo quatraro.[2]

1,12,8 Sed quamvis terrigene Apuli loquantur obscene comuniter, prefulgentes eorum quidam polite locuti sunt, vocabula curialiora in suis cantionibus compilantes, ut manifeste apparet eorum dicta perspicientibus, ut puta

Madonna, dir vi voglio

et

Per fino amore vo sì letamente.[3]

---

[1] Tässä *barbarizo* voisi tarkoittaa myös teknisemmin: "syyllistyvät barbarismeihin", siis kielivirheisiin. Suomennoksessa verbin on kuitenkin tulkittu viittaavan sivistymättömään puheeseen yleisemmin (vrt. 1,14,5). Apuliasta jo jaksossa 1,10, 5–6.

[2] Kyseessä on yksitoistatavuinen säe, jossa on alueelle ominaisia piirteitä. Jo edellisessä esimerkissä esiintyi *b* pro *v* (tässä sanassa *Bòlzera* ja edellä sanassa *bolontate*).

[3] Dante palaa samaan säkeeseen jaksossa 2,5,4 tekijänimen eli Rinaldo d'Aquinon kera.

Vedä minut tästä tulesta jos niin haluat ...[1]

Jos taas kansankieleksi ajatellaan se, mikä pulppuaa merkittävimpien sisilialaisten suusta, kuten voi huomata edellä mainituista lauluista, sepä ei eroakaan kaikkein ylistettävimmästä kansankielestä, kuten alempana osoitamme.

1,12,7 Myös apulialaiset puhuvat sivistymättömästi joko karkeuttaan tai naapureidensa roomalaisten ja Marchen asukkaiden vaikutuksesta. He sanovat:

Haluaisin pojan pillittävän ...

1,12,8 Mutta vaikka Apulian asukkaat yleensä puhuvat rumasti, heistä eräät loistavimmat ovat ilmaisseet itseään hienostuneesti valiten lauluihinsa korkeatyylisiä sanoja. Tämä on ilmeistä niille, jotka tutkivat heidän teoksiaan. Esimerkiksi:

Arvon Rouva, haluan teille sanoa ...[2]

ja

Kuljen niin iloisena hienon rakkauden tähden.

[1] Cielo d'Alcamon aleksandriineista koostuva runo, josta Dante siteeraa tässä kolmannen säkeen, on hyvä esimerkki keskityylistä. Miehen ja naisen välisessä dialogissa mies yrittää valloittaa naisen, joka edustaa sosiaalisesti alempaa ryhmää. Niin sanailu kuin käytetty kieli on sekoitus eri rekistereitä. Aluksi nainen vastustelee, mutta lopulta myöntyy. Ks. Montuori 2012 (Rime), 429–430. Aleksandriinista ks. edellä jakso 1,11,5 alaviitteineen.

[2] Säe on sisilialaisen 1200-luvun runoilijan Giacomo da Lentinin, jota Dante luulee apulialaiseksi.

1,12,9 Quapropter superiora notantibus innotesce-
re debet nec siculum nec apulum esse illud quod in
Ytalia pulcerrimum est vulgare, cum eloquentes
indigenas ostenderimus a proprio divertisse.

1,12,9 Edellä puhuttuun nähden täytyy siis olla
selvää, ettei sisilialainen eikä apulialainenkaan voi
olla Italian kaunein kansankieli. Olenhan osoittanut
noiden alueiden kaunopuheisten henkilöiden er-
kaantuneen omasta kansankielestään.

1,13,1 Post hec veniamus ad Tuscos, qui propter amentiam suam infroniti titulum sibi vulgaris illustris arrogare videntur. Et in hoc non solum plebeia dementat intentio, sed famosos quamplures viros hoc tenuisse comperimus: puta Guittonem Aretinum, qui nunquam se ad curiale vulgare direxit, Bonagiuntam Lucensem, Gallum Pisanum, Minum Mocatum Senensem, Brunectum Florentinum, quorum dicta, si rimari vacaverit, non curialia sed municipalia tantum invenientur.

1,13,2 Et quoniam Tusci pre aliis in hac ebrietate baccantur, dignum utileque videtur municipalia vulgaria Tuscanorum sigillatim in aliquo depompare. Locuntur Florentini et dicunt *Manichiamo introcque, che noi non facciamo altro.* Pisani: *Bene andonno li fanti de Fiorensa per Pisa.* Lucenses: *Fo voto a Dio ke in*

Luku 1,13

1,13,1 Näiden jälkeen päädyn toscanalaisiin, jotka mielettöminä näyttävät omivan typerästi itselleen loistavan kansankielen kunnian. Ei riitä, että kansa on mieletön, vaan tiedän myös monien kuuluisien miesten olleen tätä mieltä. Pelkästään paikalliseksi, ei korkeatyyliseksi osoittautuu esimerkiksi seuraavien kirjoittajien runous, jos sitä on aikaa tutkia tarkoin: Guittone d'Arezzo, joka ei koskaan edes pyrkinyt kuriaaliseen kansankieleen[1], Bonagiunta da Lucca, Gallo da Pisa, sienalainen Mino Mocato ja Brunetto da Firenze.

1,13,2 Koska toscanalaiset remuavat tässä juopumuksessaan enemmän kuin muut, näyttää aiheelliselta ja hyödylliseltä hieman palauttaa toscanalaisten paikallisia kansankieliä maan pinnalle, yksi kerrallaan. Firenzeläiset puhuvat ja sanovat: *Manichiamo introcque, che noi non facciamo altro* (Syökäämme sen aikaa kun meillä ei ole mitään muuta tekemistä).[2] Pisalaiset sanovat: *Bene andonno li fanti de Fiorensa per Pisa* (Jalkamiehet kulkivat helposti Firenzestä Pisaan).[3] Luccassa sanotaan: *Fo voto a Dio*

[1] Dante määrittelee käsitteen vasta kohdassa 1,18,4.

[2] Jo ensimmäinen sana riitti todennäköisesti todistamaan "rumasta puheesta" (vrt. 1,13,4 *turpiloquium*), sillä syömisestä käytetty *manichiamo* oli alempaa kansankielen rekisteriä: ranskalaisvaikutteinen *mangiare* oli Danten aikana jo hyvin vakiintunut italiaan. Syöminen aiheena on joka tapauksessa kaikkea muuta kuin ylevä.

[3] Esimerkissä on kaksi pisalaispiirrettä, pääte *-onno* ja sanassa *Fiorensa* esiintyvä *s* pro *z*. Kyseessä saattaa olla viittaus Firenzen sotaan Pisaa vastaan, mahdollisesti Danten *Jumalaisessa näytelmässäkin* muistama pisalaisen linnoituksen Capronan valloitus vuonna 1289, jossa Dante oli itse mukana (*Helvetti* 21, 94 alkaen).

gassarra eie lo comuno de Lucca. Senenses: *Onche renegata avess' io Siena, ch'ee chesto?* Aretini: *Vuo' tu venire ovelle?*

1,13,3 De Perusio, Urbe Veteri, Viterbio, nec non de Civitate Castellana, propter affinitatem quam habent cum Romanis et Spoletanis, nichil tractare intendimus.

1,13,4 Sed quanquam fere omnes Tusci in suo turpiloquio sint obtusi, nonnullos vulgaris excellentiam cognovisse sentimus, scilicet Guidonem, Lapum et unum alium, Florentinos, et Cynum Pistoriensem, quem nunc indigne postponimus, non indigne coacti.

ke in gassarra eie lo comuno de Lucca (Vannon Jumalan nimeen, että Luccan kaupunki elää yltäkylläisyydessä).[1] Sienalaiset sanovat *Onche renegata avess' io Siena, ch'ee chesto?* (Kunpa en koskaan olisi jättänyt Sienaa, mitä väliä?).[2] Arezzossa sanotaan: *Vuo' tu venire ovelle?* (Haluatko lähteä jonnekin?).[3]

1,13,3 Perugiaa, Orvietoa, Viterboa tai Civita Castellanaa en aio käsitellä ollenkaan, koska ne ovat niin lähellä Roomaa ja Spoletoa.

1,13,4 Mutta vaikka miltei kaikki toscanalaiset ovat ruman puheensa turruttamia, ajattelen joidenkin heistä ymmärtäneen kansankielen oivallisuuden: firenzeläiset Guido, Lapo ja eräs toinen[4] sekä Cino da Pistoia, jonka nyt sijoitamme epäoikeudenmukaisesti viimeiseksi – ei kuitenkaan epäoikeudenmukaisen syyn pakottamina.[5]

---

[1] Esimerkin keskeinen sana lienee *gassarra* (jonka lukutapa tosin on kiistanalainen) ja lause saattaa olla sarkastinen viittaus juhlimiseen sen jälkeen kun mustat guelfit saivat Luccan kaupungin haltuunsa 1303–1304 taitteessa.

[2] Esimerkki on ongelmallinen sikäli, että sen kaksi lausetta eivät tunnu liittyvän toisiinsa. Joka tapauksessa sienalainen piirre on muun muassa *chesto* (*questo*:n sijaan: labiaalisuuden kato labiovelaarista).

[3] Esimerkissä paikallista kansankieltä on adverbi *ovelle*.

[4] Siis muuan vaatimaton runoilija, Dante.

[5] Mitä Dante tällä tarkoittaa? Cinon ikää tai kenties sitä, että hän on kotoisin muualta? Teoksessa *Uusi elämä* Dante mainitsee Guidon ylimpänä ystävänään mutta nyt sen paikan onkin ottanut Cino. Retorisella sanailullaan Dante sekä tunnustaa Guidon aseman ykkösystävänä että pyytää asiaa samalla anteeksi Cinolta. Kyse voi myös olla keskeneräiseksi jääneestä kohdasta, jota ei voikaan ymmärtää.

1,13,5 Itaque si tuscanas examinemus loquelas, et pensemus qualiter viri prehonorati a propria diverterunt, non restat in dubio quin aliud sit vulgare quod querimus quam quod actingit populus Tuscanorum.

1,13,6 Si quis autem quod de Tuscis asserimus, de Ianuensibus asserendum non putet, hoc solum in mente premat, quod si per oblivionem Ianuenses ammicterent *z* licteram, vel mutire totaliter eos vel novam reparare oporteret loquelam. Est enim *z* maxima pars eorum locutionis, que quidem lictera non sine multa rigiditate profertur.

1,13,5 Jos siis tutkimme toscanalaisia kieliä ja otamme huomioon, miten kaikkein kunnianarvoisimmat miehet ovat erkaantuneet omastaan, on selvää, että etsimämme kansankieli on eri kuin se mitä Toscanan kansa käyttää.

1,13,6 Jos joku ajattelee, ettei sitä mitä totesin toscanalaisista voi sanoa genovalaisista, painakoon mieleensä vain tämän: jos genovalaiset unohtaisivat ja siten menettäisivät z-kirjaimen, heidän täytyisi joko kokonaan vaieta tai rakentaa itselleen uusi kieli. Z nimittäin muodostaa suuren osan heidän puheestaan. Ja tätä kirjainta ei voi ääntää muutoin kuin erittäin karkeasti.

1,14,1 Transeuntes nunc humeros Apenini frondiferos levam Ytaliam contatim venemur, ceu solemus, orientaliter ineuntes.

1,14,2 Romandiolam igitur ingredientes, dicimus nos duo in Latio invenisse vulgaria quibusdam convenientiis contrariis alternata. Quorum unum in tantum muliebre videtur propter vocabulorum et prolationis mollitiem quod virum, etiam si viriliter sonet, feminam tamen facit esse credendum.

1,14,3 Hoc Romandiolos omnes habet, et presertim Forlivienses, quorum civitas, licet novissima sit, meditullium tamen esse videtur totius provincie. Hii *deuscì* affirmando locuntur, et *oclo meo* et *corada mea* proferunt blandientes. Horum aliquos a proprio poetando divertisse audivimus, Thomam videlicet et Ugolinum Bucciolam, Faventinos.

1,14,4 Est et aliud, sicut dictum est, adeo vocabulis accentibusque yrsutum et yspidum quod propter

Luku 1,14

1,14,1 Ylitetään nyt Apenniinien vehreä harjanne ja aloitetaan järjestelmällinen jahti Italian vasemmalla puolella totuttuun tapaan, idästä.

1,14,2 Romagnaan astuessani voin todeta, että Italiassa on kaksi kansankieltä, jotka eroavat toisistaan joiltakin osin. Näistä toinen on sanojen ja ääntämyksen pehmeyden takia niin naisellinen, että se saa luulemaan miestä naiseksi, vaikka tällä olisi miehekäs ääni.[1]

1,14,3 Romagnassa tätä kansankieltä puhuvat kaikki, etenkin Forlìn asukkaat. Vaikka heidän kaupunkihallintonsa onkin nuorin, Forlì näyttäisi olevan koko seudun keskus. Romagnalaiset sanovat myöntäessään *deuscì* ([Jumala], kyllä)[2] ja puhuttelevat toisiaan mielistellen *oclo meo* (silmäteräni) ja *corada mea* (sydämeni). Joidenkin sikäläisten olemme kuulleet runoudessaan erkaantuneen omasta kansankielestään, nimittäin Tommason ja Ugolino Bucciòlan, kumpikin Faenzasta.

1,14,4 Kuten sanottu, on olemassa myös toinen kansankieli, jonka sanat ja ääntämys ovat siinä mää-

[1] Naiselliseen pehmeyteen kielen ominaisuutena Dante palaa vielä uudelleen (2,7,4).

[2] Myöntösana *deuscì* sopii tietysti hyvin Danten esimerkiksi, onhan se versio italian *sì*-muodosta. Myöntösanassa *s* on muuttunut suhu-äänteeksi eli etuvokaalia edeltävä *s* on palatalisoitunut. Lisäksi vahvistuksena on jumalaa tarkoittava sana. Mengaldon mukaan tätä tapahtuu myös Toscanassa mutta se on tavallisempaa Italian pohjoisosissa.

sui rudem asperitatem mulierem loquentem non solum disterminat, sed esse virum dubitares, lector.[1]

1,14,5 Hoc omnes qui *maia!*[2] dicunt, Brixianos videlicet, Veronenses et Vigentinos, habet; nec non Paduanos, turpiter sincopantes omnia in *-tus* participia et denominativa in *-tas*, ut *mercò* et *bonté*. Cum quibus et Trivisianos adducimus, qui more Brixianorum et finitimorum suorum *u* consonantem per *f* apocopando proferunt, puta *nof* pro "novem", *vif* pro "vivo": quod quidem barbarissimum reprobamus.

1,14,6 Veneti quoque nec sese investigati vulgaris honore dignantur; et si quis eorum, errore confossus, vanitaret in hoc, recordetur si unquam dixit

Per le plage de Dio tu no veras.

[1] Vastaava lukijan puhuttelu esiintyy myös 1,7,3; 2,7,3; 2,10,5 ja 2,12,11. Kohtaa on tulkittu myös niin, että lukijan puhuttelu jää pois ja ilmaisun *dubitares, lector* sijaan tekstissä lukisikin *dubitare inducit* eli "saa pitämään [häntä miehenä]" (näin Fenzi). Merkitys ei olennaisesti muutu eri lukutavoissa. Käsikirjoitusten välittämät versiot vaativat joka tapauksessa korjaamista, ks. Fenzi 2012, Nota al testo, CVIII.

[2] Käsikirjoitusten *mar(r)a*, joka esiintyy editioissa mm. *magara* tai *manara*. Ks. Tavonin yksityiskohtainen selostus ja perustelu *maia*-muotoon päätymiseksi.

rin karheita ja karkeita, että kielen raaka kovuus vie
sitä puhuvalta naiselta naisellisuuden ja saa sinut,
lukija, jopa pitämään häntä miehenä.

1,14,5 Tähän kansankieleen kuuluvat kaikki, jotka
sanovat *maia*! (syö!), siis brescialaiset, veronalaiset
ja vicenzalaiset. Joukkoon lukeutuvat jopa padova-
laiset, jotka typistävät rumasti kaikki *-tus*-loppuiset
partisiipit ja *-tas*-loppuiset nominijohdokset, kuten
mercò (ostettu) ja *bonté* (hyvyys).[1] Näiden joukkoon
laskemme myös trevisolaiset, jotka brescialaisten ja
naapureidensa tavoin lausuvat konsonantin *v* sijaan
f ja jättävät samalla sanasta lopun pois. Esimerkiksi
sanan *novem* (yhdeksän) sijaan he sanovat *nof* ja
sanan *vivo* (elävä) sijaan he sanovat *vif*.[2] Tämän tuo-
mitsemme vakavana barbarismina.

1,14,6 Venetsialaisetkaan eivät ole etsimäni kansan-
kielen arvoisia. Jos joku heistä on tällaisen harhan
vallassa, muistuttakoon itseään, onko hän koskaan
sanonut:

> Kautta Jumalan tuskien, sinä et tule.[3]

[1] Danten toteamus padovalaisten synkopoivasta kielestä pitää
Mengaldon mukaan hyvin paikkansa.

[2] Tämä apokopee, eli sanan typistäminen sen lopusta, oli
paikalliskielen taipumus kadottaa muut loppuvokaalit kuin *a*
(ja *a*-loppuisten monikon *e*). Kadon jälkeen sanan loppuun
jäänyt *v* ääntyi *f*:nä.

[3] Kyseessä on yksitoistatavuinen säe, jossa on kaksi erityistä
murrepiirrettä: *pl-* säilyminen sanassa *plaghe* (latinan sanasta
plaga, it. *piaga*) ja yksikön toisen persoonan *s*-päätteen säilymi-
nen (sanassa *veras*).

1,14,7 Inter quos omnes unum vidimus nitentem divertere a materno et ad curiale vulgare intendere, videlicet Ildebrandinum Paduanum.

1,14,8 Quare omnibus presentis capituli ad iudicium comparentibus arbitramur nec romandiolum, nec suum oppositum ut dictum est, nec venetianum esse illud quod querimus vulgare illustre.

1,14,7 Näiden kaikkien joukossa olen nähnyt yh-
den, joka on yrittänyt erkaantua äidiltä oppimas-
taan kansankielestä ja pyrkinyt korkeatyyliseen
kansankieleen, nimittäin Aldobrandino Padovanon.

1,14,8 Kaikista tässä kappaleessa tuomittavina ol-
leista kielistä lausun: ei Romagnan kansankieli eikä
sen mainittu vastakohta, eikä sen koommin venet-
sialainenkaan ole se loistava kansankieli, jota etsim-
me.

1,15,1 Illud autem quod de ytalia silva residet per-
contari conemur expedientes.

1,15,2 Dicimus ergo quod forte non male opinan-
tur qui Bononienses asserunt pulcriori locutione
loquentes, cum ab Ymolensibus, Ferrarensibus et
Mutinensibus circunstantibus aliquid proprio vul-
gari asciscunt, sicut facere quoslibet a finitimis suis
conicimus, ut Sordellus de Mantua sua ostendit,
Cremone, Brixie atque Verone confini: qui, tantus
eloquentie vir existens, non solum in poetando, sed
quomodocunque loquendo patrium vulgare dese-
ruit.

1,15,3 Accipiunt etenim prefati cives ab Ymolensi-
bus lenitatem atque mollitiem, a Ferrarensibus vero
et Mutinensibus aliqualem garrulitatem que proprie

1,15,1 Yrittäkäämme nopeasti tutkia sitä, mitä Italian metsistä on jäljellä.

1,15,2 Toteankin, että aivan väärässä eivät liene ne, jotka väittävät bolognalaisten puhuvan kauneinta kieltä, kun nämä omaksuvat kansankieleensä jotakin naapureiltaan Imolassa, Ferrarassa ja Modenassa. Kukapa ei tekisi näin naapureiden kesken, ja Sordello vahvistaa tämän Mantovansa kohdalla, joka on Cremonan, Brescian ja Veronan naapuri. Sordello, hyvin kaunopuheinen mies, hylkäsi oman kansankielensä sekä runoillessaan että kaikessa puheessaan.[1]

1,15,3 Mainitut Bolognan asukkaat omaksuvat siis imolalaisilta lempeyden ja pehmeyden, ferraralaisilta ja modenalaisilta tietyn runsassanaisuuden, joka

---

[1] Vaikean kohdan lukuisista tulkinnoista ks. Tavoni. Sordellon hahmoon tiivistyy konkreettisia runoilijan valintoja ja kielen ilmiöitä, joista koko *DVE*:ssa on kyse. Dante esimerkiksi ylistää bolognalaista sillä perusteella, että se sekoittaa onnistuneesti itseensä muilta lainattua kieliainesta. Puolestaan Mantovan kansankieli on – todennäköisimmän tulkinnan mukaan – tässä esimerkki epäonnistuneesta sekoituksesta. Dantehan toisaalla tuomitsee mantovalaiseen sekoittuneet kansankielet epämiellyttävinä. (Eri kielten vertailusta ja arvotuksesta vrt. 1,15,2–6; 1,19,1–3; 1,14,2–8). Mahdollisesti jakson 1,15,2 ajatuksena on, että Sordello hylkäsi mantovalaisen sekä puheessaan että kirjoituksessaan omaksuessaan oksitaanin runoutensa kieleksi. Sen sijaan hän käytti paikkaan sitomatonta kansankieltä. Tällöin *patrium vulgare* tarkoittaisi kuitenkin sekä italiaa että paikallista kansankieltä.

Lombardorum est: hanc ex commixtione advenarum Longobardorum terrigenis credimus remansisse.

1,15,4 Et hec est causa quare Ferrarensium, Mutinensium vel Regianorum nullum invenimus poetasse: nam proprie garrulitati assuefacti nullo modo possunt ad vulgare aulicum sine quadam acerbitate venire. Quod multo magis de Parmensibus est putandum, qui *monto* pro "multo" dicunt.

1,15,5 Si ergo Bononienses utrinque accipiunt, ut dictum est, rationabile videtur esse quod eorum locutio per commixtionem oppositorum ut dictum est ad laudabilem suavitatem remaneat temperata: quod procul dubio nostro iudicio sic esse censemus.

1,15,6 Itaque si preponentes eos in vulgari sermone sola municipalia Latinorum vulgaria comparando considerant, allubescentes concordamus cum illis; si vero simpliciter vulgare bononiense preferendum existimant, dissentientes discordamus ab eis. Non etenim est quod aulicum et illustre vocamus: quoniam, si fuisset, maximus Guido Guinizelli, Guido Ghisilerius, Fabrutius et Honestus et alii poetantes Bononie nunquam a proprio divertissent: qui doctores fuerunt illustres et vulgarium discretione repleti.

Maximus Guido:

on ominaista lombardialaisille. Luulen tämän jääneen perinnöksi alueen asukkaille langobardi-tulokkailta.

1,15,4 Tämä on syy siihen, että emme tiedä yhdenkään ferraralaisen, modenalaisen tai reggiolaisen kirjoittaneen runoja. Tottuneina runsassanaisuuteensa he eivät voi mitenkään saavuttaa hovikelpoista kansankieltä ilman tiettyä kovuutta. Tämä pätee vielä paremmin parmalaisiin, jotka sanovat *monto* sen sijaan että sanoisivat *multo* (paljon).

1,15,5 Jos siis bolognalaiset omaksuvat piirteitä kummaltakin taholta, kuten sanottu, vaikuttaa järkeenkäyvältä, että heidän puheensa on vastakohtien sekoittumisen tuloksena hioutunut kiitettävän miellyttäväksi. Asiassa ei mielestäni ole epäilyksen häivää.

1,15,6 Jos siis ne, jotka asettavat bolognalaisten kansankielen muiden edelle, ottavat huomioon vain vertailun Italian muiden paikallisten kansankielten kanssa, olen kernaasti samaa mieltä. Jos he taas ovat sitä mieltä, että Bolognan kansankieli on absoluuttisesti paras, en yhdy heihin vaan esitän vastalauseeni. Sillä tämä ei ole se, jota kutsun hovikelpoiseksi ja loistavaksi. Jos niin olisi, eiväthän suuri Guido Guinizelli, Guido Ghislieri, Fabruzzo, Onesto tai Bolognan muut runoilijat olisi koskaan erkaantuneet omasta kansankielestään. Nämä olivat loistavia oppineita, joilla oli erinomainen arviointikyky kansankieliin liittyvissä asioissa.

Suuri Guido:

> Madonna, 'l fino amore ch'io vi porto;

Guido Ghisilerius:

> Donna, lo fermo core;

Fabrutius:

> Lo meo lontano gire;

Honestus:

> Più non attendo il tuo soccorso, amore.

Que quidem verba prorsus a mediastinis Bononie sunt diversa.

1,15,7 Cumque de residuis in extremis Ytalie civitatibus neminem dubitare pendamus – et si quis dubitat, illum nulla nostra solutione dignamur –, parum restat in nostra discussione dicendum. Quare, cribellum cupientes deponere, ut residentiam cito visamus, dicimus Tridentum atque Taurinum nec non Alexandriam civitates metis Ytalie in tantum sedere propinquas quod puras nequeunt habere loquelas; ita quod, si etiam quod turpissimum habent vulgare haberent pulcerrimum, propter aliorum commixtionem esse vere latium negaremus. Quare, si latium illustre venamur, quod venamur in illis inveniri non potest.

Arvon Rouva, aito rakkaus jota teitä kohtaan tunnen[1]

Guido Ghislieri:

Rouva, lujan sydämen

Fabruzzo:

Kaukainen vaellukseni[2]

Onesto:

Rakkaani, en enää odota apuasi.

Nämä sanat ovat hyvin erilaisia kuin Bolognan keskustassa lausutut.

1,15,7 Koska en usko kenelläkään olevan epäilystä lopuista kaupungeista Italian reuna-alueilla – ja jos joku epäileekin, hänelle en suo selitystäni –, on tutkimuksessamme jäljellä vain vähän sanottavaa. Koska haluan laittaa pois sihtini, totean vain, että jäljellä olevat Trento ja Torino sekä myös Alessandria sijaitsevat niin lähellä Italian rajapyykkejä, että niiden kieli ei voi olla puhdasta. Vaikka niiden tosiaan ruma kansankieli olisi mitä kaunein, sanoisin, ettei se voi olla todella italialaista, koska se on sekoittunut muihin kieliin. Jos kerran metsästän loistavaa italialaista, metsästämäni kieli ei voi löytyä niiden joukosta.

[1] Guido Guinizellin runo on ainoa tässä mainituista neljästä bolognalaisesta, joka on säilynyt. Runo on lähellä sisilialaista koulukuntaa: siitä löytyy niin "provensalismeja" kuin "sisilianismeja"; ks. Montuori 2012 (Rime), 377–378.

[2] Dante siteeraa Guido Ghislierin ja Fabruzzon kadonneita runoja uudestaan toisessa kirjassa (2,12,6). Siellä samat säkeet toimivat negatiivisina esimerkkeinä.

1,16,1 Postquam venati saltus et pascua sumus Ytalie, nec pantheram quam sequimur adinvenimus, ut ipsam reperire possimus rationabilius investigemus de illa ut, solerti studio, redolentem ubique et necubi apparentem nostris penitus irretiamus tenticulis.

1,16,2 Resumentes igitur venabula nostra, dicimus quod in omni genere rerum unum esse oportet quo generis illius omnia comparentur et ponderentur, et a quo omnium aliorum mensuram accipiamus: sicut in numero cuncta mensurantur uno, et plura vel pauciora dicuntur secundum quod distant ab uno vel ei propinquant, et sicut in coloribus omnes albo mensurantur; nam visibiles magis et minus dicuntur secundum quod accedunt vel recedunt ab albo. Et quemadmodum de hiis dicimus que quantitatem et qualitatem ostendunt, de predicamentorum quolibet, etiam de substantia, posse dici putamus: scilicet ut unumquodque mensurabile sit, secundum quod in genere est, illo quod simplicissimum est in ipso genere.

1,16,3 Quapropter in actionibus nostris, quantumcunque dividantur in species, hoc signum inveniri oportet quo et ipse mensurentur. Nam, in quantum simpliciter ut homines agimus, virtutem habemus, ut generaliter illam intelligamus: nam secundum ipsam bonum et malum hominem iudicamus. In quantum ut homines cives agimus, habemus legem, secundum quam dicitur civis bonus et malus. In quantum ut homines latini agimus, quedam habe-

Luku 1,16

1,16,1 Olen metsästänyt Italian metsäisillä harjuilla ja laitumilla löytämättä jäljittämääni pantteria, joten lähden nyt etsimään järkiperäisemmin. Taitavasti toimien pyydystän pauloillani kokonaan verkkoihini sen, jonka tuoksu tuntuu kaikkialla mutta jota ei näy missään.

1,16,2 Tartun taas metsästyskeihääseeni ja totean, että kaikissa asioiden kategorioissa täytyy olla yksi, johon kaikkia tuon kategorian jäseniä verrataan, jonka mukaan niitä arvioidaan ja josta saamme mitan kaikille muille. Niinpä lukumäärissä kaikki mitataan luvun yksi perusteella, ja suuremmaksi tai pienemmäksi lukua sanotaan sen mukaan, kuinka kaukana tai lähellä se on yhtä. Myös väreissä mitataan kaikki valkoisen perusteella: värejä näet sanotaan enemmän tai vähemmän vaaleiksi sen mukaan, miten lähellä tai kaukana valkoisesta ne ovat. Kuten on mahdollista sanoa näistä määrää tai laatua osoittavista asioista, voidaan nähdäkseni sanoa mistä tahansa kategoriasta, myös substanssista. Eli kaikki on kategoriaan kuulumisen perusteella mitattavissa siihen nähden, mikä on tuossa kategoriassa yksinkertaisin.

1,16,3 Myös teoistamme, sikäli kuin ne jakautuvat lajeihin, tulee löytää se merkki, johon nähden nekin mitataan. Sillä sikäli kuin toimimme yksinkertaisesti ihmisinä, meissä on hyve (yleisesti ymmärrettynä). Sen perusteella pidämme ihmistä hyvänä tai huonona. Sikäli kuin toimimme ihmisinä ja kansalaisina, meillä on laki, jonka perusteella sanotaan kansalaisen olevan hyvä tai huono. Sikäli kuin toimimme

mus simplicissima signa et morum et habituum et locutionis, quibus latine actiones ponderantur et mensurantur: que quidem nobilissima sunt earum que Latinorum sunt actiones.

1,16,4 Hec nullius civitatis Ytalie propria sunt, et in omnibus comunia sunt: inter que nunc potest illud discerni vulgare quod superius venabamur, quod in qualibet redolet civitate nec cubat in ulla.

1,16,5 Potest tamen magis in una quam in alia re-dolere, sicut simplicissima substantiarum, que Deus est, in homine magis redolet quam in bruto, in animali quam in planta, in hac quam in minera, in hac quam in elemento, in igne quam in terra; et simplicissima quantitas, quod est unum, in impari numero redolet magis quam in pari; et simplicissi-mus color, qui albus est, magis in citrino quam in viride redolet.

1,16,6 Itaque, adepti quod querebamus, dicimus illustre, cardinale, aulicum et curiale vulgare in La-tio quod omnis latie civitatis est et nullius esse vi-detur, et quo municipalia vulgaria omnia La-tinorum mensurantur et ponderantur et comparan-tur.

ihmisinä ja italialaisina, meillä on mitä yksinkertaisimpia tapojen, pukeutumisen ja kielen merkkejä, joiden perusteella italialaisten teot arvioidaan ja mitataan: ja nämä ovat italialaisten teoista jaloimmat teot.

1,16,4 Nämä teot eivät suinkaan ole minkään Italian kaupungin omia vaan kaikkien yhteisiä. Niiden joukossa on nyt mahdollista erottaa se kansankieli, jota aiemmin metsästin ja jonka aistii missä tahansa kaupungissa mutta joka ei asu niistä yhdessäkään.

1,16,5 Toisessa kaupungissa sen voi kuitenkin aistia selvemmin kuin toisessa – samoin kuin substansseista yksinkertaisin, joka on siis Jumala, on selvemmin aistittavissa ihmisessä kuin villieläimessä, eläimessä kuin kasvissa, kasvissa kuin mineraaleissa, mineraaleissa kuin elementeissä, tulessa kuin maassa. Ja kaikkein yksinkertaisin kvantiteetti, joka on yksi, on selvemmin aistittavissa parittomassa luvussa kuin parillisessa. Kaikkein yksinkertaisin väri, siis valkoinen, on paremmin aistittavissa keltaisessa kuin vihreässä.

1,16,6 Näin olen päässyt siihen, mitä etsimme: kutsumme Italiassa loistavaksi, kardinaaliseksi, hovilliseksi ja kuriaaliseksi kansankieleksi sitä, joka kuuluu kaikille Italian kaupungeille mutta ei kuitenkaan näytä olevan kenenkään oma. Sen perusteella kaikkien Italian kylien kansankieliä mitataan ja arvioidaan, ja siihen niitä verrataan.

1,17,1 Quare autem hoc quod repertum est, illustre, cardinale, aulicum et curiale adicientes vocemus, nunc disponendum est: per quod clarius ipsum quod ipsum est faciamus patere.

1,17,2 Primum igitur quid intendimus cum illustre adicimus, et quare illustre dicimus, denudemus. Per hoc quoque quod illustre dicimus, intelligimus quid illuminans et illuminatum prefulgens: et hoc modo viros appellamus illustres, vel quia potestate illuminati alios et iustitia et karitate illuminant, vel quia excellenter magistrati excellenter magistrent, ut Seneca et Numa Pompilius. Et vulgare de quo loquimur et sublimatum est magistratu et potestate, et suos honore sublimat et gloria.

1,17,3 Magistratu quidem sublimatum videtur, cum de tot rudibus Latinorum vocabulis, de tot perplexis constructionibus, de tot defectivis prolationibus, de tot rusticanis accentibus, tam egregium, tam extricatum, tam perfectum et tam urbanum videamus electum[1] ut Cynus Pistoriensis et amicus eius ostendunt in cantionibus suis.

1,17,4 Quod autem exaltatum sit potestate, videtur. Et quid maioris potestatis est quam quod humana

---

[1] Kohta *videamus electum* täytyy kääntää sen mukaisesti, että kyseessä ei ole *eligo* (> *electum*) 'valita', vaan *elicio* (> *electum* pro *elicitum*) 'saada syntymään'. Jälkimmäinen löytyy myös Hugutio de Pisan sanakirjasta (L 67, 22 *elicio: elicio –is –xi vel elicui, electum vel elicitum*).

Luku 1,17

1,17,1 Nyt minun on selitettävä, miksi nimeän löytämäni kansankielen määrein *illustre, cardinale, aulicum* ja *curiale* eli loistava, kardinaalinen, hovillinen ja kuriaalinen: tällä tavoin pystyn selventämään, mitä tuo kansankieli itsessään on.

1,17,2 Ensin siis selitän, mitä tarkoitan määreellä loistava ja paljastan, miksi sanon sitä loistavaksi. Tällä tarkoitan jotakin valaisevaa ja valaistuttuaan säteilevää. Tällä tavallahan kutsutaan miehiäkin loistaviksi joko siksi, että heidän valtansa valaisee heidät ja he valaisevat muut oikeudenmukaisuudellaan ja armeliaisuudellaan, tai siksi, että erinomaista oppia saatuaan he opettavat erinomaisesti, kuten Seneca ja Numa Pompilius.[1] Käsittelemäni kansankielenhän on nostanut korkealle sekä oppi että valta; se korottaa omansa kunnialla ja maineella.

1,17,3 Opin ylevöittämänä kansankieli näyttäytyy, kun näemme sen syntyvän italialaisten lukuisista raaoista sanoista, mutkikkaista rakenteista, virheellisen ääntämyksen ja maalaismaisen nuotin runsaudesta kuitenkin niin erinomaisena, selkeänä, täydellisenä ja niin hienostuneena kuin Cino da Pistoia ystävineen osoittaa runoissaan.

1,17,4 Myös valta ylevöittää kansankieltä. Mikä onkaan suurempaa valtaa kuin se, että pystyy vai-

---

[1] Stoalainen filosofi Seneca (n. 4 eaa.– 65 jaa.) edustaa tässä oppia, Numa Pompilius taas valtaa. Numa oli toinen Rooman legendaarisista kuninkaista, joka tradition mukaan hallitsi vuosina 715–673 eaa. Numa on viisaan hallitsijan perikuva esimerkiksi Liviuksen historiateoksessa *Rooman synty* (1,18).

corda versare potest, ita ut nolentem volentem et volentem nolentem faciat, velut ipsum et fecit et facit ?

1,17,5 Quod autem honore sublimet, in promptu est. Nonne domestici sui reges, marchiones, comites et magnates quoslibet fama vincunt?

1,17,6 Minime hoc probatione indiget. Quantum vero suos familiares gloriosos efficiat, nos ipsi novimus, qui huius dulcedine glorie nostrum exilium postergamus.

1,17,7 Quare ipsum illustre merito profiteri debemus.

kuttamaan ihmissydämiin niin, että haluton alkaa haluta ja haluava lakkaa haluamasta, kuten tuo kansankieli on tehnyt ja tekee?

1,17,5 On ilmeistä, että kansankieli tekee yleväksi antamalla kunniaa. Sillä eivätkö sen palvelijat voita maineellaan kenet tahansa kuninkaan, markiisin, kreivin tai mahtimiehen?

1,17,6 Tätä seikkaa ei tarvitse todistella. Tiedän itse, kuinka kunniakkaiksi kansankieli tekee palvelijansa, minä, joka selätän maanpaon tämän kunnian makeudella.

1,17,7 Siksi kansankieli on ansaitusti julistettava loistavaksi.

1,18,1 Neque sine ratione ipsum vulgare illustre decusamus adiectione secunda, videlicet ut id cardinale vocetur. Nam sicut totum hostium cardinem sequitur ut, quo cardo vertitur, versetur et ipsum, seu introrsum seu extrorsum flectatur, sic et universus municipalium grex vulgarium vertitur et revertitur, movetur et pausat secundum quod istud, quod quidem vere paterfamilias esse videtur. Nonne cotidie extirpat sentosos frutices de ytalia silva? Nonne cotidie vel plantas inserit vel plantaria plantat? Quid aliud agricole sui satagunt nisi ut amoveant et admoveant, ut dictum est? Quare prorsus tanto decusari vocabulo promeretur.

1,18,2 Quia vero aulicum nominamus illud causa est quod, si aulam nos Ytali haberemus, palatinum foret. Nam si aula totius regni comunis est domus et omnium regni partium gubernatrix augusta, quicquid tale est ut omnibus sit comune nec proprium ulli, conveniens est ut in ea conversetur et habitet, nec aliquod aliud habitaculum tanto dignum est habitante: hoc nempe videtur esse id de quo loquimur vulgare.

1,18,3 Et hinc est quod in regiis omnibus conversantes semper illustri vulgari locuntur; hinc etiam est quod nostrum illustre velut acola peregrinatur et in humilibus hospitatur asilis, cum aula vacemus.

Luku 1,18

1,18,1 On perusteltua kunnioittaa tuota loistavaa kansankieltä toisellakin määreelläni ja käyttää siitä ilmaisua "kardinaalinen". Aivan samoin kuin ovi kokonaisuutena liikkuu saranoillaan niin, että minne sarana kääntyy ovikin seuraa, avautuen sisään tai ulos, niin myös kaikkien kaupunkien kansankielten koko lauma kääntyy ja palaa takaisin, liikkuu ja pysähtyy sen kielen mukana, joka näyttää ikään kuin perheen päältä. Eikö se joka päivä kiskokin juurineen piikkipensaita Italian metsästä? Eikö se kylvä kasveja tai istuta puita? Missä muussa toimessa sen puutarhurit askaroivat kuin juurimisessa ja juurruttamisessa, kuten jo kerrottu? Tästä syystä kansankieli ansaitsee niin kunniakkaan nimen.

1,18,2 Kansankieltä kutsutaan "hovilliseksi" siksi, että jos meillä italialaisilla olisi hovi, tämä kansankieli kuuluisi palatsiin. Sillä jos hovi on koko valtakunnan yhteinen talo ja valtakunnan osien kunnioitettu johtaja, on sopivaa, että sellainen mikä on kaikille yhteistä eikä yksin kenenkään omaa, viihtyy ja asuu siellä, eikä mikään muu asumus ole niin suuren asujan arvoinen. Selvästikin näin näyttää olevan kansankieleksi kutsumani asian kohdalla.

1,18,3 Tästä syystä he, jotka asuvat kaikissa hoveissa, puhuvat aina loistavaa kansankieltä. Tästä samasta syystä loistava kansankielemme matkustelee kuin muukalainen ja nauttii vieraanvaraisuutta vaatimattomissa suojissa, koska meillä ei ole hovia.

1,18,4 Est etiam merito curiale dicendum, quia curialitas nil aliud est quam librata regula eorum que peragenda sunt: et quia statera huiusmodi librationis tantum in excellentissimis curiis esse solet, hinc est quod quicquid in actibus nostris bene libratum est, curiale dicatur. Unde cum istud in excellentissima Ytalorum curia sit libratum, dici curiale meretur.

1,18,5 Sed dicere quod in excellentissima Ytalorum curia sit libratum, videtur nugatio, cum curia careamus. Ad quod facile respondetur. Nam licet curia, secundum quod unita accipitur, ut curia regis Alamannie, in Ytalia non sit, membra tamen eius non desunt; et sicut membra illius uno Principe uniuntur, sic membra huius gratioso lumine rationis unita sunt. Quare falsum esset dicere curia carere Ytalos, quanquam Principe careamus, quoniam curiam habemus, licet corporaliter sit dispersa.

1,18,4 Tätä kieltä voi aiheellisesti kutsua myös "kuriaaliseksi", sillä kuriaalisuus ei ole muuta kuin toimitettavien asioiden hyvin punnittu säännöstö. Koska tähän punnitsemiseen vaadittavia vaakoja on yleensä vain arvovaltaisimmissa tuomioistuimissa, nimitän tästä syystä kuriaaliseksi kaikkea sitä, mikä toimissamme on hyvin punnittua. Koska siis tämä kansankieli on punnittu Italian parhaissa tuomioistuimissa, se ansaitse tulla kutsutuksi kuriaaliseksi.

1,18,5 Näyttäisi turhalta väittää, että kansankieli on punnittu Italian parhaassa tuomioistuimessa, koska meillä ei ole sellaista tuomioistuinta. Tähän on helppo vastata: vaikka Italiassa ei ole tuomioistuinta – ymmärrettynä kokonaisuudeksi, kuten Saksan kuninkaan tuomioistuin – sellaisen osia täältä ei puutu. Aivan kuten Saksan tuomioistuimen osia yhdistää yksi johtaja, samoin Italian osia liittää toisiinsa suotuisa järjen valo. Siksi olisi väärin sanoa, että Italiasta puuttuu tuomioistuin kun meiltä puuttuu johtaja: tuomioistuin on, vaikkakin fyysisesti hajautunut.

1,19,1 Hoc autem vulgare quod illustre, cardinale, aulicum et curiale ostensum est, dicimus esse illud quod vulgare latium appellatur. Nam sicut quoddam vulgare est invenire quod proprium est Cremone, sic quoddam est invenire quod proprium est Lombardie; et sicut est invenire aliquod quod sit proprium Lombardie, ‹sic› est invenire aliquod quod sit totius sinistre Ytalie proprium; et sicut omnia hec est invenire, sic et illud quod totius Ytalie est. Et sicut illud cremonense ac illud lombardum et tertium semilatium dicitur, sic istud, quod totius Ytalie est, latium vulgare vocatur. Hoc enim usi sunt doctores illustres qui lingua vulgari poetati sunt in Ytalia, ut Siculi, Apuli, Tusci, Romandioli, Lombardi et utriusque Marchie viri.

1,19,2 Et quia intentio nostra, ut polliciti sumus in principio huius operis, est doctrinam de vulgari eloquentia tradere, ab ipso tanquam ab excellentissimo incipientes, quos putamus ipso dignos uti, et propter quid, et quomodo, nec non ubi, et quando, et ad quos ipsum dirigendum sit, in inmediatis libris tractabimus.

1,19,3 Quibus illuminatis, inferiora vulgaria illuminare curabimus, gradatim descendentes ad illud quod unius solius familie proprium est.

1,19,1 Tämän kansankielen, jonka on nyt osoitettu olevan loistava, kardinaalinen, hovillinen ja kuriaalinen, sanon olevan se, mitä kutsutaan Italian kansankieleksi. Sillä kuten voidaan löytää joku kansankieli, joka on cremonalaisten oma, siten voidaan löytää myös lombardialaisten oma. Ja kuten voidaan löytää lombardialaisten, siten myös sellainen, joka on Italian koko vasemman puolen kansankieli. Aivan kuten nämä kaikki muut, siten on mahdollista löytää myös koko Italian kansankieli. Kuten yhtä kutsutaan cremonalaiseksi, toista lombardialaiseksi ja kolmatta semi-italialaiseksi, siten koko Italian omaa sanotaan italialaiseksi kansankieleksi. Sillä tätä käyttivät nuo loistavat mestarit, jotka Italiassa ovat runoilleet kansankielellä: esimerkiksi Sisilian, Apulian, Toscanan, Romagnan, Lombardian ja kummankin maakreivikunnan miehet.

1,19,2 Koska aikomukseni on esittää jo teoksen alussa luvatusti kansankielisen kaunopuheisuuden teoria, aloitan siitä kuten parhaimmasta ainakin. Käsittelen siis heti seuraavissa luvuissa, keitä pidän arvollisina sitä käyttämään ja mihin tarkoitukseen; myös miten, missä, milloin ja keille se on suunnattava.

1,19,3 Kun nämä asiat on selvitetty, otan tehtäväkseni valaista alempia kansankieliä, laskeutuen asteittain siihen, mikä on yhden ainoan perheen oma puheenparsi.

Liber II

2,1

2,1,1 Sollicitantes iterum celeritatem ingenii nostri et ad calamum frugi operis redeuntes, ante omnia confitemur latium vulgare illustre tam prosayce quam metrice decere proferri. Sed quia ipsum prosaycantes ab avientibus magis accipiunt et quia quod avietum est prosaycantibus permanere videtur exemplar, et non e converso – que quendam videntur prebere primatum –, primo secundum quod metricum est ipsum carminemus, ordine pertractantes illo quem in fine primi libri polluximus.

2,1,2 Queramus igitur prius utrum omnes versificantes vulgariter debeant illud uti. Et superficietenus[1] videtur quod sic, quia omnis qui versificatur suos versus[2] exornare debet in quantum potest: quare, cum nullum sit tam grandis exornationis

[1] Harvinainen keskiajan latinan adverbi, jota Dante tulee käyttämään myös kohdassa 2,6,4.

[2] *Versus* merkitsee tässä ja jaksossa 2,1,9 yleisesti 'säkeitä' (kun taas yksittäiset säkeet ovat *carmina* alkaen kohdasta 2,4,7). Danten tekstin ymmärtämistä ei helpota se, että kohdasta 2,10,4 alkaen *versus* saa teknisemmän merkityksen osana stanzan rakennetta. Terminologia ei kuitenkaan ole sattumanvaraista. Latinan *versus* merkitsee (kyntö)vakoa ja kirjoituksessa riviä, runoudessa vastaavasti säettä. Merkitys 'vako' yhdistettiin verbiin *verto* 'kääntää': vako on se, joka syntyy käännösten välissä. Kääntyminen sopii myös italian sanaan *volta*, joka nousee jaksossa 2,10,2 esiin runousopin terminä.

II kirja

Luku 2,1

2,1,1 Kannustaessani taas järjenjuoksuani ja palatessani hyödylliseen kynänkäyttöön vakuutan ensiksi, että italialainen loistava kansankieli sopii käytettäväksi niin proosassa kuin mitallisessa runoudessa. Mutta koska prosaistit omaksuvat loistavan kansankielen yleensä runoilijoilta ja säkein sepitetty näyttää toimivan esimerkkinä heille eikä toisin päin – mikä taannee runoilijoille tietyn etusijan – etenen tässäkin selvitellen ensin mitallisen runouden lankaa ja noudattaen järjestystä, jonka ensimmäisen kirjan lopussa lupasin.

2,1,2 Kysyn siis ensin, pitäisikö kaikkien kansankielellä runoilevien käyttää loistavaa kansankieltä. Päällisin puolin näyttäisi siltä, että pitää: jokaisen runoilevan tulee laatia säkeensä niin kauniiksi kuin voi. Koska mikään muu kansankieli ei ole yhtä kaunis kuin loistava kansankieli, näyttää siltä, että

quam vulgare illustre, videtur quod quisquis versificator debeat ipsum uti.

2,1,3 Preterea, quod optimum est in genere suo, si suis inferioribus misceatur, non solum nil derogare videtur eis, sed ea meliorare videtur: quare si quis versificator, quanquam rude versificetur, ipsum sue ruditati admisceat, non solum bene facere, sed ipsum sic facere oportere videtur: multo magis opus est adiutorio illis qui pauca quam qui multa possunt. Et sic apparet quod omnibus versificantibus liceat ipsum uti.

2,1,4 Sed hoc falsissimum est, quia nec semper excellentissime poetantes debent illud induere, sicut per inferius pertractata perpendi poterit.

2,1,5 Exigit ergo istud sibi consimiles viros, quemadmodum alii nostri mores et habitus: exigit enim magnificentia magna potentes, purpura viros nobiles; sic et hoc excellentes ingenio et scientia

jokaisen runoilijan tulisi käyttää sitä.

2,1,3 Lisäksi lajissaan parasta koskee seuraava seikka: jos se sekoitetaan lajinsa huonompiin edustajiin, se ei suinkaan näytä vievän mitään pois huonommiltaan vaan näyttää vieläpä parantavan niitä. Jos siis karkeasti kyhäilevä runoilija sekoittaa parasta omaan karkeaan työhönsä, hän ei ainoastaan näyttäisi toimivan oikein, vaan vieläpä niin kuin hänen täytyy toimia. Ne, jotka osaavat vähän, tarvitsevat paljon enemmän apua kuin ne, jotka osaavat paljon. Siten näyttää ilmeiseltä, että kaikkien runoilijoiden on lupa käyttää loistavaa kansankieltä.

2,1,4 Mutta tämäpä ei pidä ollenkaan paikkaansa. Edes parhaimpien runoilijoiden ei pidä aina käyttää loistavaa kansankieltä, kuten tuonnempana perinpohjin tarkastelluista seikoista käy ilmi.

2,1,5 Loistava kansankieli vaatii siis tasoisiaan tekijöitä, samoin kuin muutkin tapamme ja olemuksemme. Sillä suuruus etsii niitä, jotka pystyvät suuriin tekoihin, purppura taas jaloja miehiä.[1] Myös loistava kansankieli etsii niin älyltään kuin tiedoil-

---

[1] Suuruudella (*magnificentia*) Dante mahdollisesti viittaa neljänteen aristoteelisista luonteen hyveistä, nimittäin runsaskätisyyteen (*megaloprepeia*). Se on suuruutta tai suureellisuutta nimenomaan rahankäytössä. Muut kolme hyvettä ovat miehuullisuus, kohtuullisuus ja anteliaisuus. Ks. Aristoteles, *Nikomakhoksen etiikka* 1122a19 alkaen ja selitykset s. 227. Käännös voisi kuulua myös: "suuruus etsii niitä, jotka pystyvät vastaamaan suuriin kuluihin". Purppuran käyttö vaatetuksessa yhdistyi antiikissa eri tavoin henkilön merkittävyyteen yhteiskunnassa; kristillisessä kuvastossa purppura on Kristuksen ja marttyyrien veren symboli.

querit, et alios aspernatur, ut per inferiora patebit.

2,1,6 Nam quicquid nobis convenit, vel gratia generis, vel speciei, vel individui convenit, ut sentire, ridere, militare. Sed hoc non convenit nobis gratia generis, quia etiam brutis conveniret; nec gratia speciei, quia cunctis hominibus esset conveniens, de quo nulla questio est: nemo enim montaninis rusticana tractantibus hoc dicet esse conveniens. Convenit ergo individui gratia.

2,1,7 Sed nichil individuo convenit nisi per proprias dignitates, puta mercari, militare ac regere. Quare si convenientia respiciunt dignitates, hoc est dignos, et quidam digni, quidam digniores, quidam dignissimi esse possunt, manifestum est quod bona

taan erinomaisia runoilijoita ja halveksii muita,
kuten käy seuraavasta ilmi.

2,1,6 Sillä kaikki, mikä soveltuu meille, on meille
soveliasta joko suvun, lajin tai yksilön ominaisuudessa: siis esimerkiksi kyky tuntea, nauraa tai olla
ritari.[1] Loistava kansankieli ei kuitenkaan ole soveliasta suvun perusteella, sillä silloinhan se sopisi
myös eläimille. Jos soveltuminen taas perustuisi
lajiin, silloin loistava kansankieli olisi kaikille ihmisille sopivaa, mikä ei tule kysymykseenkään. Kukaan ei väittäisi sen soveltuvan vuoristolaisille, joiden huolena ovat maalaisten asiat. On siis niin, että
loistava kansankieli soveltuu meille yksilön ominaisuudessa.[2]

2,1,7 Yksilön oman arvon mukaan määräytyy se,
mikä on hänelle sopivaa: onko hän esimerkiksi
kauppias, ritari tai hallitsija.[3] Jos siis soveltuvuus on
suhteessa ihmisten arvoon siten, että jotkut voivat
olla arvokkaita, toiset arvokkaampia, kolmannet
kaikkein arvokkaimpia, on selvää, että hyvä sopii

[1] Tässä ”suku” on eläin, joka erotuksena kasveista tuntee tai
aistii; ”laji” on ihminen, joka ainoana eläimistä osaa nauraa.
Yksilön ominaisuuksista esimerkkinä on ritarius. Nämä ominaisuudet Dante esittää ytimekkäästi verbien muodossa, siis
sentire, ridere, militare.

[2] Dante päättelee tässä poissulkemisen menetelmällä: kun
runotaito ei määräydy suvun (kuten elävä olio, eläin) tai lajin
(kuten ihminen) perusteella, sen täytyy perustua yksilön ominaisuuksiin.

[3] Hylättyään suvun ja lajin merkityksen Dante siirtyy nyt
käsittelemään loistavan kansankielen kannalta tärkeää eroa
yksilöiden välillä.

dignis, meliora dignioribus, optima dignissimis convenient.

2,1,8 Et cum loquela non aliter sit necessarium instrumentum nostre conceptionis quam equus militis, et optimis militibus optimi conveniant equi, ut dictum est, optimis conceptionibus optima loquela conveniet. Sed optime conceptiones non possunt esse nisi ubi scientia et ingenium est: ergo optima loquela non convenit nisi illis in quibus ingenium et scientia est. Et sic non omnibus versificantibus optima loquela conveniet, cum plerique sine scientia et ingenio versificentur,[1] et per consequens nec optimum vulgare. Quapropter, si non omnibus competit, non omnes ipsum debent uti, quia inconvenienter agere nullus debet.

2,1,9 Et ubi dicitur quod quilibet suos versus exornare debet in quantum potest, verum esse testamur; sed nec bovem epiphiatum nec balteatum suem[2] dicemus ornatum, immo potius deturpatum ridemus illum: est enim exornatio alicuius convenientis additio.

2,1,10 Ad illud ubi dicitur quod superiora inferioribus admixta profectum adducunt, dicimus verum esse quando cesset discretio: puta si aurum cum argento conflemus. Sed si discretio remanet, inferiora vilescunt: puta cum formose mulieres deformibus admiscentur. Unde cum sententia versificantium semper verbis discretive mixta remaneat, si

---

[1] Ks. Myös 2,4,11 *ingenium* ja *scientia*.

[2] Merkityksistä 'miekkavyö' ja 'satula' jälkimmäinen tuntuu sopivan paremmin mielikuvaan.

arvokkaille, parempi arvokkaammille, paras kaikkein arvokkaimmille.

2,1,8 Kieli on välttämätön ajattelumme väline aivan samoin kuin hevonen on välttämätön ritarille, ja, kuten sanottu, parhaille ritareille sopivat parhaat hevoset. Siksi myös parhaimpiin ajatuksiin soveltuu paras kieli. Mutta parhaita ajatuksia ei voi olla olemassa kuin siellä, missä on tietoa ja kykyä. Niinpä paras kielikään ei sovi kuin niille, joilla on tietoa ja kykyä. Jokaiselle runoilijalle ei sovellu paras kieli – ei siis paras kansankielikään – sillä suurin osa heistä runoilee vailla tietoa ja kykyä. Jos paras kieli ei siis sovellu kaikille, kaikkien ei sitä pidä käyttää: kenenkään ei tule toimia epäsoveliaasti.

2,1,9 Mitä taas tulee väitteeseen, että jokaisen tulee kaunistaa säkeensä niin hyvin kuin pystyy, vahvistan tämän todeksi. Emme silti sanoisi kaunistetuksi härkää, jolla on hevosen varusteet, tai sikaa, jolla on satula. Moinen rumentelu herättää vain hilpeyttä. Kaunistaminen on näet jonkin soveliaan lisäämistä.

2,1,10 Mitä taas tulee siihen lausumaan, että paremmat ainekset yhdistettyinä huonompiin hyödyttävät huonompia, myönnän sen todeksi siinä tapauksessa, että aineksia ei voi enää erottaa toisistaan, kuten esimerkiksi sulatettaessa yhteen kultaa ja hopeaa. Mutta jos ainekset ovat yhä erotettavissa, huonompi aines kyllä huononee entisestään – kuten silloin kun esimerkiksi kauniita ja rumia naisia sijoitetaan vierekkäin. Kun siis runoilijoiden ajatus sekoittuu sanoihin pysyen kuitenkin niistä erillisenä, parhaaseen kansankieleen sekoitettuna aatos – silloin kun

non fuerit optima, optimo sociata vulgari non me-
lior sed deterior apparebit, quemadmodum turpis
mulier si auro vel serico vestiatur.

se ei ole parasta laatua – ei jalostu vaan vaikuttaa
huonommalta, aivan kuten kultaan tai silkkiin puet-
tu ruma nainen.

2,2,1 Postquam non omnes versificantes sed tantum excellentissimos illustre uti vulgare debere astruximus, consequens est astruere utrum omnia ipso tractanda sint aut non;[1] et si non omnia, que ipso digna sunt segregatim ostendere.

2,2,2 Circa quod primo reperiendum est id quod intelligimus per illud quod dicimus dignum. Et dicimus dignum esse quod dignitatem habet, sicut nobile quod nobilitatem; et si cognito habituante habituatum cognoscitur in quantum huiusmodi, cognita dignitate cognoscemus et dignum.[2]

2,2,3 Est etenim dignitas meritorum effectus sive terminus; ut, cum quis bene meruit, ad boni dignitatem profectum esse dicimus, cum male vero, ad mali: puta bene militantem ad victorie dignitatem, bene autem regentem ad regni, nec non mendacem ad ruboris dignitatem, et latronem ad eam que est mortis.[3]

---

[1] Dante käyttää jaksossa kahdesti verbiä *astruere* (*adstruere* 'rakentaa päälle', 'liittää'), joka tässä on käännetty "todistaa" ja "päätellä". Skolastiikan latinassa sana tarkoitti todistelua, joka perustuu päättelyyn tai argumentointiin. Toistamalla verbiä Dante virittää lukijan filosofisen järkeilyn aaltopituudelle.

[2] Tämä kohta on harvinaisen hankala kääntää. Sanapari *habituans-habituatus* on filosofinen (vrt. sanan *habitus* käsittely lukujen 1,3 ja 1,9 selityksissä).

[3] *Latro* on ehkä ryöstömurhaaja (joka saa kuolemanrangaistuksen), ei pelkkä varas. Muun muassa Isidorus Sevillalainen tekee eron sanojen *fur* ja *latro* välillä (*De differentiis verborum* 1,340).

Luku 2,2

2,2,1 Todistettuani, että kaikkien runoilijoiden ei tule käyttää loistavaa kansankieltä vaan ainoastaan parhaiden, on seuraavaksi pääteltävä, onko kaikkia aiheita käsiteltävä loistavalla kansankielellä vai ei. Mikäli kaikista aiheista ei kannata runoilla loistavalla kansankielellä, on osoitettava yksitellen, mitkä aiheet ovat sen arvoisia.

2,2,2 Tähän liittyen on ensiksi tarkasteltava, mitä tarkoitetaan "jonkin arvoisella". Totean jonkin arvoista olevan asian, jossa on arvokkuutta, samoin kuin "jaloa" on se, missä on jaloutta. Jos kerran on niin, että asun merkityksen tuntiessamme ymmärrämme myös asun kantajaa tässä suhteessa, tunnemme myös "jonkin arvoisen", kun tunnemme arvokkuuden.

2,2,3 Arvokkuus on siis tiettyjen ansioiden seuraus tai päämäärä.[1] Kun jollakulla on tiettyjä ansioita, sanomme hänen jalostuvan kohti arvokkuutta; huonot asiat puolestaan johtavat arvottomuuteen. Sanomme esimerkiksi, että sodassa hyvin menestyvä etenee kohti voiton tuomaa arvokkuutta ja hyvin hallitseva kohti hallitsijan arvokkuutta. Puolestaan valehtelija on matkalla häpeän, ryöväri kuoleman arvottomuuteen.

---

[1] Koko argumentointi koskee jatkossa *erityisiä* arvoja ja asioita, kuten hallitseminen tai ryöväily. Tämä tulee hyvin esiin Cullhedin ja Sjöbergin ruotsinnoksessa (2,2,3): *"vissa* förtjänster", *"något* gott", *"en* god värdighet" ym. (kursiivit lisätty). Tämä erityisyys kiteytyy jaksossa 2,2,5, joka päättää teoreettisen *dignitas*-käsittelyn.

2,2,4 Sed cum in bene merentibus fiant compara-
tiones, et in aliis etiam, ut quidam bene quidam
melius quidam optime, quidam male quidam peius
quidam pessime mereantur, et huiusmodi compara-
tiones non fiant nisi per respectum ad terminum
meritorum quem dignitatem dicimus, ut dictum est,
manifestum est ut dignitates inter se comparentur
secundum magis et minus, ut quedam magne, que-
dam maiores, quedam maxime sint; et per conse-
quens aliquid dignum, aliquid dignius, aliquid dig-
nissimum esse constat.

2,2,5 Et cum comparatio dignitatum non fiat circa
idem obiectum,[1] sed circa diversa, ut dignius dica-
mus quod maioribus, dignissimum quod maximis
dignum est (quia nichil eodem dignius esse potest),
manifestum est quod optima optimis secundum
rerum exigentiam digna sunt. Unde cum hoc quod
dicimus illustre sit optimum aliorum vulgarium,
consequens est ut sola optima digna sint ipso trac-
tari: que quidem tractandorum dignissima nuncu-
pamus.

2,2,6 Nunc autem que sint ipsa venemur. Ad quo-
rum evidentiam sciendum est quod sicut homo
tripliciter spirituatus est, videlicet vegetabili, anima-
li et rationali, triplex iter perambulat. Nam secun-
dum quod vegetabile quid est, utile querit, in quo
cum plantis comunicat; secundum quod animale,

---

[1] *Obiectum* 'kohde' lienee jo edellä jaksossa 2,2,3–4 käsitelty
tietty arvokkuuden lähde tai päämäärä, vaikkapa sotavoitto tai
hallitsijan asema. Jos näitä verrataan keskenään, kyseessä on
kaksi eri kohdetta.

2,2,4 Vertailtaessa hyvin ansioituneita keskenään ja myös muita omassa ryhmässään käy ilmi, että joillakin on hyvät, joillakin paremmat tai parhaat ansiot. Toisten ansiot taas ovat huonot, huonommat tai kaikista huonoimmat. Tällaiset vertailut suhteutetaan aina siihen ansioiden päämäärään, jota kutsun arvokkuudeksi, kuten jo sanottu. Näin ollen on selvää, että arvokkuuksia vertaillaan keskenään sen mukaan, ovatko ne suurempia vai vähäisempiä. Jotkut ovat suuria, toiset suurempia ja jotkut kaikkein suurimpia. Näin erottuvat toisistaan arvokas, arvokkaampi ja kaikkein arvokkain.

2,2,5 Eri arvokkuuksien vertailu toisiin ei tapahdu samaan vaan eri kohteeseen nähden. Siksi nimitän "arvokkaammaksi" sitä, mikä on suurempien asioiden arvoinen, ja "kaikista arvokkaimmaksi" sitä, mikä on suurimpien asioiden arvoinen (sillä mikään ei voi olla samaa arvokkaampi). Näin ollen on selvää, että parhaat asiat ovat parhaiden arvoisia välttämättömyyden pakosta. Kun siis "loistavaksi kansankieleksi" kutsumani asia on paras kaikista kansankielistä, tästä seuraa, että vain parhaiden aiheiden käsittely on sen arvoista. Parhaat aiheet ovat arvokkaimpia kaikista mahdollisista käsiteltävistä aiheista.

2,2,6 Jäljittäkäämme nyt, mitkä ovat arvokkaimpia aiheita. Niiden määrittelemiseksi on tiedettävä, että kuten ihmisen sielu on kolmijakoinen eli vegetatiivinen, animaalinen ja rationaalinen, samoin ihminen kulkee kolmijakoista tietä. Sillä sikäli kuin ihminen on vegetatiivinen, hän etsii hyödyllistä, ja

delectabile, in quo cum brutis; secundum quod rationale, honestum querit, in quo solus est,[1] vel angelice sociatur ‹nature›. Propter hec tria quicquid agimus agere videmur; et quia in quolibet istorum quedam sunt maiora quedam maxima, secundum quod talia, que maxima sunt maxime pertractanda videntur, et per consequens maximo vulgari.

2,2,7 Sed disserendum est que maxima sint. Et primo in eo quod est utile: in quo, si callide consideremus intentum omnium querentium utilitatem, nil aliud quam salutem inveniemus. Secundo in eo quod est delectabile: in quo dicimus illud esse maxime delectabile quod per pretiosissimum obiectum appetitus delectat: hoc autem venus est.[2] Tertio in eo quod est honestum: in quo nemo dubitat esse virtutem. Quare hec tria, salus videlicet, venus et virtus, apparent esse illa magnalia que sint maxime pertractanda, hoc est ea que maxime sunt ad ista, ut armorum probitas, amoris accensio et directio voluntatis.

[1] Danten *honestum* on suomennettu "kunnollinen". Jaksossa 2,2,7 se rinnastuu hyveeseen (*virtus*) ja kohdassa 2,2,8 sitä vastaa oikeudenmukaisuus (*rectitudo*). Adjektiivit "hyödyllinen", "miellyttävä" ja "kunnollinen" (*utile, delectabile, honestum*) esiintyvät usein myös Tuomas Akvinolaisella, mutta eivät sielun ominaisuuksien yhteydessä. Sen sijaan niistä koostuu hyvä (*bonum*). Dante siis poikkeaa tässä lähteistään.

[2] "Rakkaus" on jaksossa 2,2,7 fyysisen rakkauden *venus* kun se jo pian (2,2,8; vrt. 2,4,8) on *amor*. Fyysinen *venus* nimenomaan miellyttävän yhteydessä (*delectabile, delectat*) on ymmärrettävissä sikälikin, että kohdassa 2,2,6 "miellyttävä" liittyi ihmiseen niiltä osin kuin ihminen on eläimen kaltainen.

tämän ominaisuuden hän jakaa kasvien kanssa.
Sikäli kuin ihminen on animaalinen, hän etsii miellyttävää, ja tämän ominaisuuden hän jakaa villieläinten kanssa. Sikäli taas kuin ihminen on rationaalinen, hän etsii kunnollisuutta, mikä ominaisuus
on vain ihmisellä, tai sitten hän jakaa enkelien luonnon. Mitä teemmekin, sen näytämme tekevän näiden kolmen asian tähden. Koska kussakin tapauksessa jotkin asiat ovat muita tärkeämpiä ja jotkut
kaikista tärkeimpiä, näyttää siltä, että tärkeydeltään
ylimmät on käsiteltävä korkeimmalla mahdollisella
tavalla, eli korkeimmalla kansankielellä.

2,2,7 On syytä tutkia, mitkä ovat tärkeimpiä aiheita.
Ensinnäkin hyödyllisyydestä: jos pohditaan viisaasti
kaikkien niiden tavoitetta, jotka etsivät hyödyllistä,
huomataan, ettei kyseessä ole mikään muu kuin
terveys. Toiseksi miellyttävyydestä: totean, että
kaikkein miellyttävintä on se, mikä miellyttää haluamme suhteessa sen jaloimpaan kohteeseen. Tämä
on rakkaus. Kolmanneksi kunnollisuudesta: kukaan
ei epäile, ettei se olisi hyve. Tästä syystä nämä kolme – terveys, rakkaus ja hyve – näyttävät olevan ne
kolme suurta asiaa, joita on käsiteltävä parhaalla
tavalla. Näihin lähimmin liittyviä aiheita ovat asekunto, rakkaudenpalo ja tahdon ohjaaminen kohti
hyvää.

2,2,8 Circa que sola, si bene recolimus, illustres
viros invenimus vulgariter poetasse, scilicet Bertra-
mum de Bornio arma, Arnaldum Danielem amo-
rem, Gerardum de Bornello rectitudinem; Cynum
Pistoriensem amorem, amicum eius rectitudinem.
Bertramus etenim ait

> Non posc mudar c'un cantar non exparia;

Arnaldus:

> L'aura amara
>
> fa•l bruol brancuz
>
> clarzir;

Gerardus:

> Per solaz reveilar
>
> che s'es trop endormiz;

Cynus:

> Digno sono eo di morte;

2,2,8 Vain näistä aiheista, jos oikein muistan, ovat loistavat runoilijat laatineet säkeitä kansankielellä: Bertran de Born aseista, Arnaut Daniel rakkaudesta, Guiraut de Bornelh oikeudenmukaisuudesta, Cino da Pistoia rakkaudesta ja hänen ystävänsä oikeudenmukaisuudesta.[1] Näin Bertran:

> En voi estää laulua leviämästä laajalti;

Arnaut:

> Katkera tuuli
>
> saa pensaikot
>
> vaalenemaan.[2]

Guiraut:

> Herättääkseni ilon
>
> joka on vaipunut liian syvään uneen ...[3]

Cino:

> Ansaitsen kuolla ...[4]

[1] Runoilijoista tarkemmin ks. erillinen luettelo ja aihepiireistä selitykset lukuun 2,2.

[2] Runo on yksi Arnautin tuotannon vaikeimmista. Se koostuu lyhyistä säkeistä, jopa yksitavuisista (Formisano 2012, 296).

[3] Runossa lyyrinen "minä" puhuu muun muassa hyveiden dekadenssista (Formisano 2012, 281–285).

[4] Juuri tämän runon valinta Arnautin runon italialaiseksi vastineeksi on herättänyt kommentaattoreissa kummastusta. Ks. esim. Montuori 2012 (Rime), 398–399.

amicus eius:

> Doglia mi reca ne lo core ardire.

Arma vero nullum latium adhuc invenio poetasse.

2,2,9 Hiis proinde visis, que canenda sint vulgari altissimo innotescunt.

ja hänen ystävänsä:

Sen sijaan en tiedä yhtäkään italialaista, joka tähän mennessä olisi runoillut aseista.

2,2,9 Kun nämä on nyt nähty, on selvää, mistä aiheista on laulettava korkeimmalla kansankielellä.

[1] Danten oma säe on italialainen vastine Guirautin säkeille. Se on todennäköisesti ollut *DVE*:n kirjoitushetkellä varsin tuore ja ilmentää hyvin Danten pyrkimystä olla *poeta rectitudinis*.

2,3,1 Nunc autem quo modo ea coartare debemus que tanto sunt digna vulgari, sollicite investigare conemur.

2,3,2 Volentes igitur modum tradere quo ligari hec digna existant, primo dicimus esse ad memoriam reducendum quod vulgariter poetantes sua poemata multimode protulerunt, quidam per cantiones, quidam per ballatas, quidam per sonitus, quidam per alios inlegitimos et inregulares modos, ut inferius ostendetur.

2,3,3 Horum autem modorum cantionum modum excellentissimum esse putamus: quare si excellentissima excellentissimis digna sunt, ut superius est probatum, illa que excellentissimo sunt digna vulgari, modo excellentissimo digna sunt, et per consequens in cantionibus pertractanda.

2,3,4 Quod autem modus cantionum sit talis ut dictum est, pluribus potest rationibus indagari. Prima quidem quia, cum quicquid versificamur sit cantio, sole cantiones hoc vocabulum sibi sortite sunt, quod nunquam sine venusta provisione[1] processit.

2,3,5 Adhuc, quicquid per se ipsum efficit illud ad

---

[1] Noudatamme tässäkin Tavonin lukutapaa *venusta provisione*. Toinen lukutapa, *vetusta provisione* tuottaisi käännöksen "ilman ajan patinoitunutta arvovaltaa" tms. Sana *provisio* on merkitykseltään ongelmallinen. Lukutavan *venusta* myös valinneet Cullhed & Sjöberg kääntävät "utan att de ägt ljuvliga förnödenheter".

Luku 2,3

2,3,1 Pyrkikäämme nyt selvittämään tarkasti, mihin metriseen muotoon tulee sitoa aiheet, jotka ovat suurenmoisen kansankielen arvoisia.

2,3,2 Selvitettäessä missä muodossa nämä aiheet näyttäytyvät runon arvoisina, on ensin palautettava muistiin se seikka, että kansankielellä runoilevat ovat tuottaneet runonsa monissa eri muodoissa: jotkut canzonen tai ballatan muodossa[1] tai sonetteina, jotkut taas muodoissa, jotka eivät noudata lakeja tai sääntöjä, kuten myöhemmin osoitetaan.

2,3,3 Näistä muodoista loistavimpana pidän canzonea. Jos siis loistavimmat asiat ovat loistavimpien muotojen arvoisia, kuten aiemmin osoitettiin, loistavimman kansankielen arvoiset aiheet ovat myös loistavimman muodon arvoisia. Tästä seuraa, että niitä on käsiteltävä canzonen muodossa.

2,3,4 On mahdollista perustella usein eri tavoin, miksi canzonen muoto on sellainen kuin on sanottu. Ensimmäinen peruste on tämä: vaikka mikä tahansa, minkä muotoilemme säkeiksi, on laulu, ainoastaan canzonet ovat ansainneet tämän nimityksen, mikä on tapahtunut vain silloin kun laulut on varustettu kauniisti.

2,3,5 Lisäksi se, mikä itsessään saa aikaan sen, mitä varten se on tehty, on jalompi kuin se mikä tarvit-

---

[1] Ks. selitykset lukuun 2,3.

quod factum est nobilius esse videtur quam quod extrinseco indiget. Sed cantiones per se totum quod debent efficiunt, quod ballate non faciunt: indigent enim plausoribus,[1] ad quos edite sunt. Ergo cantiones nobiliores ballatis esse sequitur extimandas, et per consequens nobilissimum aliorum esse modum illarum, cum nemo dubitet quin ballate sonitus nobilitate modi excellant.

2,3,6 Preterea, illa videntur nobiliora esse que conditori suo magis honoris afferunt. Sed cantiones magis deferunt suis conditoribus quam ballate: igitur nobiliores sunt, et per consequens modus earum nobilissimus aliorum.

2,3,7 Preterea, que nobilissima sunt carissime conservantur. Sed inter ea que cantata sunt, cantiones carissime conservantur, ut constat visitantibus libros: ergo cantiones nobilissime sunt, et per consequens modus earum nobilissimus est.

2,3,8 Ad hoc, in artificiatis illud est nobilissimum quod totam comprehendit artem. Cum igitur ea que cantantur artificiata existant, et in solis cantionibus ars tota comprehendatur, cantiones nobilissime sunt, et sic modus earum nobilissimus ali-

[1] Latinan *plausor* on toki se, joka taputtaa, mutta käsien taputuksesta syntyy myös rytmi, jota käännöksemme "tanssijat" toistavat jaloillaan.

see jotakin ulkopuolista.[1] Canzonet saavat itsessään aikaan kaiken sen mitä niiden pitääkin,[2] mitä ballatat taas eivät tee. Ballatat tarvitsevat tanssijoita, joita varten ne on laadittu. Tästä siis seuraa, että canzonea on pidettävä jalompana kuin ballataa ja kaikkia muitakin jalompana muotona, sillä kukaan ei kai epäile, ettei ballata olisi mitan jaloudessa parempi kuin sonetti.

2,3,6 Sitä paitsi jalompia näyttävät olevan sellaiset asiat, jotka tuovat enemmän kunniaa luojilleen. Canzonet tuovat enemmän kunniaa luojilleen kuin ballatat. Canzonet ovat siis jalompia ja tästä seuraa, että myös niiden muoto on muita jalompi.

2,3,7 Jaloimpia niin ikään säilytetään kaikkein huolellisimmin. Kaikista lauluista juuri canzonet säilytetään huolellisimmin, kuten on selvää kirjoja tunteville. Siispä canzonet ovat jaloimpia ja tästä seuraa, että niiden muoto on kaikkein jaloin.

2,3,8 Taidon tuotteissa jalointa on myös se, mikä sisältää koko kyseisen taidon. Kun siis se, mikä lauletaan, on tietyn taidon tulosta ja ainoastaan canzoneissa on koko tämä taito sisällytettynä, canzonet ovat jaloimpia, ja siten niiden muoto on mui-

[1] Vrt. Tuomas Akvinolainen kommentaarissaan Aristoteleen *Nikomakhoksen etiikkaan* (*Sententia libri Ethicorum* I lect. 10 n. 9): "Se mikä on itsestään olemassa, on aina ylempi kuin se mikä on olemassa jonkin muun kautta".

[2] Canzonessa yhdistyvät runoteksti, useimmiten juuri sitä varten luotu melodia ja oma erityinen esittäjänsä. Ballata sen sijaan tarvitsi tanssijoita ja melodia oli usein muualta lainattu.

orum. Quod autem tota comprehendatur in cantionibus ars cantandi poetice, in hoc palatur, quod quicquid artis reperitur in omnibus aliis et in cantionibus reperitur, sed non convertitur hoc.

2,3,9 Signum autem horum que dicimus promptum in conspectu habetur: nam quicquid de cacuminibus illustrium capitum poetantium profluxit ad labia, in solis cantionibus invenitur.

2,3,10 Quare ad propositum patet quod ea que digna sunt vulgari altissimo in cantionibus tractanda sunt.

ta jalompi.[1] Se, että runollisen laulamisen taito sisältyy kokonaan canzoneen, käy selväksi siitä, että kaikki taito mikä löytyy muista runomuodoista löytyy myös canzonesta, mutta tämä ei päde päinvastoin.[2]

2,3,9 Todiste siitä, mitä olemme sanoneet, on selvästi näkyvillä. Se mitä runoilijoiden loistavien mielten korkeuksista on virrannut heidän huulilleen, on kaikki canzonen muodossa.[3]

2,3,10 Tutkittavan asian osalta on siis selvää, että korkeimman kansankielen arvoisia aiheita tulee käsitellä canzonen muodossa.

[1] Canzone on metrisistä muodoista kattavin ja monimuotoisin; tässä mielessä siinä siis ovat kaikki säännöt. Jakson yleinen ajatus esiintyy myös Tuomas Akvinolaisella. Asiayhteydessä, jossa käsitellään ylösnousseiden kehojen täydellisyyttä, Tuomas rinnastaa taideteoksen ja ihmisen: "Kuten taideteos ei voi olla täydellinen, jos taiteen tuotokselta puuttuu jotakin, joka sisältyy taiteeseen, ei ihminenkään voi olla täydellinen ellei [...]." (*Summa theologiae supplementum* IIIa q. 80 a. 1 *respondeo*).

[2] Skolastiikan *argumentum non convertibile*, jota käyttivät niin Dantea varhaisemmat keskiajan kirjoitusoppaat kuin Tuomas Akvinolainen.

[3] Yleinen metafora runo- ja puhetaidosta virtana tai lähteenä (vrt. *Helvetti* 1,79–80).

2,4,1 Quando quidem aporiavimus[1] extricantes qui sint aulico digni vulgari et que, nec non modum quem tanto dignamur honore ut solus altissimo vulgari conveniat, antequam migremus ad alia modum cantionum, quem casu magis quam arte multi usurpare videntur, enucleemus; et qui hucusque casualiter est assumptus, illius artis ergasterium reseremus, modum ballatarum et sonituum ommictentes, quia illum elucidare intendimus in quarto huius operis, cum de mediocri vulgari tractabimus.

2,4,2 Revisentes igitur ea que dicta sunt, recolimus nos eos qui vulgariter versificantur plerunque vocasse poetas: quod procul dubio rationabiliter eructare presumpsimus, quia prorsus poete sunt, si poesim recte consideremus: que nichil aliud est quam fictio rethorica musicaque poita.

2,4,3 Differunt tamen a magnis poetis, hoc est regularibus, quia magni sermone et arte regulari poetati sunt, hii vero casu, ut dictum est. Idcirco accidit ut, quantum illos proximius imitemur, tantum rectius poetemur. Unde nos doctrine operi

---

[1] Verbi *aporio* on kreikan *aporéō* 'olla ymmällään', mutta Dante käyttää sitä Hugutio de Pisan (P 112, 5 *aporio*) merkityksessä 'avata': *aporio* tulee sanasta *porus* 'huokonen' ja merkitsee sekä 'avata' että 'olla ahdistunut'.

Luku 2,4

2,4,1 Nyt olen ponnistellen selvittänyt sen, ketkä ja mitkä aiheet ovat hovikelpoisen kansankielen arvoisia ja myös sen muodon, jolle suon niin suuren kunnian, että se ainoana on sovelias korkeimpaan kansankieleen. Ennen kuin siirryn muuhun, on selvitettävä canzonen muoto, jota monet näyttävät käyttävän paremminkin sattumanvaraisesti kuin taitoon perustuen. Kun tämä muoto on tähän asti ymmärretty sattumanvaraisesti, avattakoon ovi tuon taidon työpajaan ja unohdettakoon ballatan ja sonetin muoto, koska sitä aion selvittää tämän teoksen neljännessä kirjassa käsitellessäni keskityylin kansankieltä.

2,4,2 Palatessani siis aiemmin sanottuun, huomaan kutsuneeni kansankielisten säkeiden laatijoita sanalla *poeta*, runoilija. Näin olen tohtinut tehdä järkisyihin perustaen, sillä juuri kansankieltä säkeissään käyttävät ovat runoilijoita sen nojalla, mitä runous todella on: retoriikkaan ja musiikkiin sovitettua sanasepitettä.

2,4,3 Kansankieliset runoilijat kuitenkin eroavat suurista runoilijoista, toisin sanoen sääntöjen noudattajista, sillä nämä ovat runoilleet säännöllisellä kielellä ja tekniikalla,[1] kansankieliset puolestaan sattumanvaraisesti, kuten todettu. Siksi onkin niin,

---

[1] Tässä puhutaan siis antiikin runoilijoista. Dante ajattelee, että kansankielinen runous on kehittynyt vailla runotaiteen tiukkaa säännöstöä. Vrt. myös 2,6,7. Sanojen *poesis, poeta* ja *fictio* erilaisista merkityksistä keskiajan runousopeissa ks. Mehtonen 1996, 17–21 *et passim*; Mehtonen 2003, 18–19, 26–28.

intendentes doctrinatas eorum poetrias[1] emulari oportet.

2,4,4 Ante omnia ergo dicimus unumquenque debere materie pondus propriis humeris coequare, ne forte humerorum nimio gravata virtute in cenum cespitare necesse sit. Hoc est quod magister noster Oratius precipit cum in principio Poetrie «Sumite materiam» dicit.

2,4,5 Deinde in hiis que dicenda occurrunt debemus discretione potiri, utrum tragice, sive comice, sive elegiace sint canenda. Per tragediam superiorem stilum inducimus, per comediam inferiorem, per elegiam stilum intelligimus miserorum.

2,4,6 Si tragice canenda videntur, tunc assumendum est vulgare illustre, et per consequens cantionem ligare. Si vero comice, tunc quandoque mediocre quandoque humile vulgare sumatur: et huius discretionem in quarto huius reservamus ostendere. Si autem elegiace, solum humile oportet nos sumere.

2,4,7 Sed ommictamus alios, et nunc, ut conveniens est, de stilo tragico pertractemus. Stilo equi-

[1] Kirjaimellisesti kyse on "oppineista runousopeista", ei vain runousopeista. Jaksossa siis korostuu *doctrina*.

että mitä likeisemmin suuria runoilijoita jäljittelemme, sitä paremmin runoilemme. Tästä syystä myös minun on opillisessa pyrkimyksessäni otettava mallia heidän runousopeistaan.

2,4,4 Ennen muuta on tärkeä mitoittaa aiheen paino omien hartioiden mukaan, ettei joudu lyhistymään mutaan yliarvioituaan niiden voiman. Juuri tätä mestarimme Horatius opettaa, kun hän sanoo *Runotaiteensa* alussa *sumite materiam*, "valitkaa (voimienne mukainen) aihe".[1]

2,4,5 Esitettäviksi valikoitujen aiheiden joukossa on osattava erottaa, lauletaanko niistä traagisesti, koomisesti vai elegisesti. Traagisella tarkoitan ylevämpää tyyliä, koomisella alempaa, elegialla puolestaan valituslaulujen tyyliä.

2,4,6 Jos aihe näyttää vaativan traagista tyyliä, silloin on omaksuttava loistava kansankieli, ja sen mukaisesti sepitettävä canzone. Jos taas kyseessä on koomisella tyylillä laulettava aihe, otettakoon käyttöön joko keskitason tai matala kansankieli. Näiden eron osoittamisen säästän teokseni neljänteen kirjaan. Jos taas aihe vaatii elegistä tyyliä, on otettava käyttöön tasoltaan matala kansankieli.

2,4,7 Sivuuttakaamme nyt muut ja käsitelkäämme traagista tyyliä, kuten on soveliasta. Traagista tyyliä

[1] Horatius, *Runotaide* 38–40: "Te, jotka kirjoitatte, valitkaa voimienne mukainen aihe ja kokeilkaa pitkään, mitä hartianne kestävät, mitä eivät." Suom. Teivas Oksala & Erkki Palmén. Dante olettaa mallilukijansa tuntevan Horatiuksen läpikotaisin ja tunnistavan ajatuksen jo pienestä vihjeestä. Samoinhan Dante toimii omia ja muiden runosäkeitä siteeratessaan.

dem tragico tunc uti videmur quando cum gravitate sentencie tam superbia carminum[1] quam constructionis elatio et excellentia vocabulorum concordat.

2,4,8 Quare, si bene recolimus summa summis esse digna iam fuisse probatum, et iste quem tragicum appellamus summus videtur esse stilorum, illa que summe canenda distinximus isto solo sunt stilo canenda, videlicet salus, amor et virtus et que propter ea concipimus, dum nullo accidente vilescant.

2,4,9 Caveat ergo quilibet et discernat ea que dicimus, et quando pure hec tria cantare intendit, vel que ad ea directe ac pure secuntur, prius Elicone potatus, tensis fidibus ad supremum, secure plectrum tum movere incipiat.

2,4,10 Sed cautionem atque discretionem hanc accipere, sicut decet, hic opus et labor est,[2] quoniam nunquam sine strenuitate ingenii et artis assiduitate scientiarumque habitu fieri potest.[3] Et hii

---

[1] Tässä *carmen* on ensimmäisen kerran "säe". Näin jatkuu *DVE*:n loppuun saakka. Puolestaan *versus* on tästä alkaen *volta* eli *diesiksen* jälkeinen *stanzan* osa. Sanoista *versus* ja *carmen* katso myös alaviite kohtaan 2,1,2.

[2] Vergilius, *Aeneis* 6,129. Sanat lausuu Sibylla Aeneaalle, joka on laskeutumassa manalaan (6, 126–131). Meno oli helppoa, mutta sieltä nousu, "siinä on tuska ja työ!". Vain harvat ovat siinä onnistuneet: "Aniharvat vain jumalsynnyt, lemmikit Juppiterin tahi sankarit hehkuvan kunnon tähtiin nostamat sen tekivät"; suom. Päivö Oksala & Teivas Oksala. Nämä harvat ja valitut ovat Danten mukaan tietenkin sellaisia runoilijoita kuin hän itse.

[3] Tässä *ingenium, ars, scientia* (*scientia* ja *ingenium* jo 2,1,5 ja 8).

tosiaankin käytetään silloin kun säkeiden ylevyys, rakenteen ylhäisyys ja sanojen hienous ovat sopusoinnussa ajatusten syvällisyyden kanssa.

2,4,8 Muistanemme siis jo edellä todetusta, että korkein on korkeimman arvoista ja se, mitä nimitetään traagiseksi, näyttää olevan tyyleistä korkein. Niinpä vain tällä tyylillä on laulettava aiheista, jotka olen erottanut laulettavaksi korkeimmalla tavalla: terveys, rakkaus ja hyve sekä niiden meissä herättämät ajatukset, kunhan mikään turhan satunnainen ei pääse niitä huonontamaan.[1]

2,4,9 Jokaisen on siis syytä olla valpas ja ymmärrettävä, mitä sanon. Kun haluaa laulaa puhtaasti näistä kolmesta aiheesta – tai aiheista, jotka johtuvat näistä suoraan ja puhtaasti – plektraa voi alkaa liikuttaa erehtymättömästi vasta, kun on juonut ensin Helikonin lähteestä ja kun soittimen kielet on pingotettu äärimmilleen.

2,4,10 Vaan asianmukaisen tarkkuuden ja ymmärryksen saavuttaminen, *hic opus et labor est* – ”siinä on tuska ja työ!” Se ei voi koskaan toteutua ilman järjen ponnistelua, taidolle omistautumista ja tiedon

[1] Aristoteelisen skolastiikan perustava jaottelu *substantia-accidentia* alkoi näkyä keskiajan runousopeissa 1200-luvulta lähtien, osin modistien kielifilosofian välityksellä. Danten *Kansankielestä* kuului jo aristoteeliseen paradigmaan, jossa tarkastellaan kirjallisuuden yleistä olemusta ja erityisiä ilmentymiä. Siitä puuttuvat aiemman 1100–1200-lukujen horatiaanis-ciceronisen runousopin loputtomat kielikuvien luettelot sekä opit komposition ja kerronnan menetelmistä (*inventio, narratio*).

sunt quos poeta Eneidorum sexto Dei dilectos et ab ardente virtute sublimatos ad ethera deorumque filios vocat, quanquam figurate loquatur.[1]

2,4,11 Et ideo confutetur illorum stultitia qui, arte scientiaque immunes, de solo ingenio confidentes, ad summa summe canenda prorumpunt; et a tanta presumptuositate desistant, et si anseres natura vel desidia sunt, nolint astripetam aquilam imitari.[2]

[1] Vergilius, *Aeneis* 6,129–131.

[2] Pelkkä *ingenium* eli luonnon antama lahjakkuus ei riitä; vrt. 2,1,8; 2,6,3 (jossa esiintyy myös verbi *prorumpo* 'rynnätä'). Vrt. Horatius, *Runotaide* 408 alkaen: "[...] syntyykö ansiokas runo lahjakkuuden vai koulutuksen tuloksena"; suom. Teivas Oksala & Erkki Palmén. Tavoni kiinnittää huomiota sanaan *presumptuositas* 'röyhkeys', joka yhdistyy myös Eevaan (*presumptuosissima Eva*, 1,4,2) ja Baabelin tornin rakentajiin (*presumendo, presumpsit* 1,7,3–4). Oppimattomat runoilijat ovat siis kehnoimmassa mahdollisessa seurassa. Danten kritiikin kohteena on tässä erityisesti Guittone d'Arezzo, joka yhdistyy tietämättömyyteen myös jatkossa (2,6,8).

omaksumista. Heitä runoilija Vergilius *Aeneiksen* kuudennessa kirjassa kutsuu jumalan lemmikeiksi, kiihkeän hyveen taivaaseen korottamiksi ja jumalten pojiksi, vaikka hän puhuukin kuvaannollisesti.

2,4,11 Todistettakoon siis vääräksi noiden tyhmyys, jotka ilman taitoa tai tietoa ja luottaen ainoastaan lahjoihinsa ryntäävät korkeimpien aiheiden kimppuun, joista tulisi laulaa korkeimmalla tavalla. Kavahtakoot sellaista röyhkeyttä. Jos he ovat luonnostaan tai laiskuuttaan hanhia, älkööt jäljitelkö tähtiä tavoittelevaa kotkaa.

2,5,1 De gravitate sententiarum vel satis dixisse videmur vel saltim totum quod operis est nostri: quapropter ad superbiam carminum festinemus.

2,5,2 Circa quod sciendum quod predecessores nostri[1] diversis carminibus usi sunt in cantionibus suis, quod et moderni faciunt: sed nullum adhuc invenimus in carmen sillabicando endecadem transcendisse, nec a trisillabo descendisse. Et licet trisillabo carmine atque endecasillabo et omnibus intermediis cantores latii usi sint, pentasillabum et eptasillabum et endecasillabum in usu frequentiori habentur, et post hec trisillabum ante alia.

2,5,3 Quorum omnium endecasillabum videtur esse superbius, tam temporis occupatione quam capacitate sententie, constructionis et vocabulorum; quorum omnium specimen magis multiplicatur in illo, ut manifeste apparet: nam ubicunque ponderosa multiplicantur, ‹multiplicatur› et pondus.

[1] Vrt. 1,12,4 *nostri predecessores*: ne, jotka runoilivat italiaksi ennen Danten aikalaisia, *moderni*.

Luku 2,5

2,5,1 Olen sanonut merkityksen syvällisyydestä tarpeeksi tai ainakin kaiken, mikä on tarpeen teokseni kannalta. On siis kiiruhdettava käsittelemään säkeiden ylväyttä.

2,5,2 On tiedettävä, että edeltäjämme käyttivät erilaisia säkeitä canzoneissaan aivan kuten aikalaisemmekin. Kenenkään ei kuitenkaan tiedetä säkeen tavumäärissä ylittäneen yhtätoista tai alittaneen kolmea tavua.[1] Vaikka italialaiset runoilijat ovat käyttäneet niin kolmitavuista säettä, yksitoistatavuista kuin kaikkia niiden välimuotoja, eniten he käyttävät viisi- ja seitsen- ja yksitoistatavuista sekä näiden jälkeen ennen muuta kolmitavuista.

2,5,3 Näistä kaikista yksitoistatavuinen on ylevin kestonsa osalta kuin myös kyvyltään sisältää ajatuksia, rakenteita ja sanoja. Näiden kaikkien säkeiden kauneus moninkertaistuu yksitoistatavuisessa, kuten on aivan selvää: aina kun painavat asiat moninkertaistuvat, moninkertaistuu myös kokonaispaino.

[1] Tässä Dante ei ota huomioon mitoista esimerkiksi aleksandriinia. Se koostui tyypillisesti 12 tavusta siinä muodossa kuin sitä käytettiin jo 1100-luvun ranskalaisessa epiikassa, *chanson de geste*. Danten rajaus perustunee siihen, että aleksandriini ei ollut tyypillinen lyriikan eikä etenkään canzonen mitta. Tosin Dante on antanut esimerkkejä pidemmistä runosäkeistä jo ensimmäisessä kirjassa: jaksossa 1,12,6 sisilialaisesta kansankielestä sekä jaksossa 1,11,5 milanolaisesta ja bergamolaisesta. Lyhyestä kolmitavuisesta säkeestä ks. 2,12,8.

2,5,4 Et hoc omnes doctores perpendisse videntur,
cantiones illustres principiantes ab illo; ut Gerardus
de B.:

Ara ausirez encabalitz cantarz;

quod carmen, licet decasillabum videatur, secun-
dum rei veritatem endecasillabum est: nam due
consonantes extreme non sunt de sillaba preceden-
te, et licet propriam vocalem non habeant, virtu-
tem sillabe non tamen ammictunt; signum autem
est quod rithimus ibi una vocali perficitur, quod
esse non posset nisi virtute alterius ibi subintellec-
te. Rex Navarre:

De fin amor si vient sen et bonté;

2,5,4 Tämän kaikki mestarit näyttävät ymmärtäneen aloittaessaan loistavat canzonensa yksitoistatavuisella. Näin Guiraut de Bornelh:

Nyt saatte kuulla täydellisiä lauluja.

Vaikka säkeessä näyttää olevan kymmenen tavua, se on tosiasiassa yksitoistatavuinen. Kaksi viimeistä konsonanttia eivät kuulu edeltävään tavuun, ja vaikka niillä ei olekaan omaa vokaalia, ne muodostavat silti tavun. Tästä todisteena on se, että riimi saadaan täydelliseksi yhdellä vokaalilla, mitä ei voisi tapahtua ellei tässä ajateltaisi olevan myös toinen vokaali.[1] Säe Navarran kuninkaalta:

Aidosta rakkaudesta tulee viisaus ja hyvyys.[2]

---

[1] Kahdessa ensimmäisessä Danten siteeraamassa oksitaanin- ja ranskankielisessä esimerkissä on itse asiassa kyseessä kymmentavuinen *decasillabo galloromanzo*. Dante yrittää luokitella nämä yksitoistatavuisiksi sillä perustella, että niissä todella olisi 11. tavu. Käytännössä Dantelle tuttu italian yksitoistatavuinen on kuitenkin tässä sama asia kuin muiden 10-tavuinen: paino on kummassakin aina 10. tavulla. Jos säe loppuu konsonanttiryhmään, kuten *cantarz*, on siihen Danten mukaan ymmärrettävä vokaali, siis *cantarez* (ks. Formisano 2012, 286 säkeen todellisesta muodosta; *ar auzirets … chantars*). Jos taas säe loppuu vokaaliin, on syynä yksitoistatavuisuuteen "paino ja sen syy". Kyseinen paino on jaksossa 2,7,5–6 mainittu *acutus* ja syy on synkopee, jonka tulosta on esimerkiksi sana *bonté* (vrt. 1,14,5).

[2] Kuuluisan runon säe on esiintynyt jo jaksossa 1,9,3, jossa viitataan myös Guinizellin runoon (tosin eri säkeisiin kuin tässä). *De fin amor* todistaa sanan *amor* käytöstä *oc, sì* ja *oïl* -kielissä. Danteen on saattanut tehdä vaikutuksen analogia seuraavaksi siteerattavan Guinizellin runon *Al cor gentil* kanssa: siinäkin yhdistetään rakkaus ja sydämen jalous.

ubi, si consideretur accentus et eius causa, endeca-
sillabum esse constabit. Guido Guinizelli:

Al cor gentil repara sempre amore.[1]

Iudex de Columpnis de Messana:

Amor, che lungiamente m'hai menato.

Renaldus de Aquino:

Per fino amore vo sì letamente.

Cynus Pistoriensis:

Non spero che giamai per mia salute.

Amicus eius:

Amor, che movi tua virtù da cielo.

[1] Danten sanamuoto poikkeaa yleisestä versiosta, jossa sanan
repara sijaan on *rempaira*. Dante on jo aiemmin (1,9,3) siteeran-
nut saman runon säkeet 3–4, nekin esimerkkinä sanasta *amor*.

Tämän kohdalla paino ja sen syy huomioon ottaen on selvää, että säe on yksitoistatavuinen. Guido Guinizelli runoilee:

Jalossa sydämessä asuu aina rakkaus.[1]

Tuomari Delle Colonne Messinasta:

Rakkaus, joka on minua kauan kiusannut.[2]

Rinaldo d'Aquino:

Kuljen niin iloisena hienon rakkauden tähden.[3]

Cino da Pistoia:

En toivo enää että pelastuksekseni.[4]

Hänen ystävänsä:

Rakkaus, joka lähetät voimasi taivaasta.[5]

[1] Danten tässä mainitseman säkeen on Saima Harmaja suomentanut: "Niin jaloon sydämeen on lempi suotu" (Tuulio 1945, 39).

[2] Sama säe oli jaksossa 1,12,2 esimerkkinä sisilialaisesta runoudesta, siellä ilman runoilijan nimeä.

[3] Sama säe toimi jaksossa 1,12,8 anonyyminä esimerkkinä apulialaisista, jotka ovat loistavia runoilijoita.

[4] Käännöksemme perustuu Danten sitaatin kontekstiin itse runossa. Runoon liittyvistä ongelmista ks. Montuori 2012 (Rime), 401.

[5] Dante, *Rime* 34 (Giunta). Runo on tärkeä Danten *amor*-käsityksen muovautumisessa ja solmukohdassa stilnovistisen nuoruuden ja *Commedian* välillä. Dante tuo säkeen esiin myös jaksossa 2,11,7 esimerkkinä rakenteesta, jossa jalassa (*pes*) on enemmän säkeitä ja tavuja kuin hännässä (*cauda*).

2,5,5 Et licet hoc quod dictum est celeberrimum carmen, ut dignum est, videatur omnium aliorum, si eptasillabi aliqualem societatem assumat, dummodo principatum obtineat, clarius magisque sursum superbire videtur. Sed hoc ulterius elucidandum remaneat.

2,5,6 Et dicimus eptasillabum sequi illud quod maximum est in celebritate. Post hoc pentasillabum et deinde trisillabum ordinamus. Neasillabum vero, quia triplicatum trisillabum videbatur, vel nunquam in honore fuit vel propter fastidium absolevit.

2,5,7 Parisillabis vero propter sui ruditatem non utimur nisi raro: retinent enim naturam suorum

2,5,5 Vaikka tämä säe näyttää kaikkein kunnianarvoisimmalta, kuten aiheellisesti on sanottu, se vaikuttaa vielä kauniimmalta ja täysin ylittämättömältä mikäli se jollakin tavalla yhdistyy seitsentavuiseen, kunhan se vain säilyttää hallitsevan aseman. Mutta tämä jää myöhemmin tarkemmin selvitettäväksi.[1]

2,5,6 Totean, että tuon kunnianarvoisimman yksitoistatavuisen säkeen jälkeen järjestyksessä toisena on seitsentavuinen. Sen perään sijoitan viisitavuisen ja sitten kolmitavuisen. Yhdeksäntavuinen taas, koska se näyttäisi olevan kolme kertaa kolmitavuinen,[2] ei joko ole koskaan ollut arvostettu tai on epämiellyttävyytensä takia jäänyt pois käytöstä.

2,5,7 Tavuluvultaan parillisia säkeitä taas emme niiden hienostuneisuuden puutteen tähden käytä kuin harvoin.[3] Ne säilyttävät lukujensa luonnon ja

[1] Ks. 2,12,4.

[2] Danten huomio on outo. Hänen omat yhdeksäntavuiset säkeensä (Tavonin mukaan vain ballatassa *Per una ghirlandetta*) eivät ole tulkittavissa kolme kertaa kolmitavuisiksi, eikä tällaista löydy juuri muiltakaan. Danten tuomio yhdeksäntavuiselle säkeelle onkin ehkä liitettävissä tiettyihin Guittone d'Arezzon runoihin ja Danten yleiseen kritiikkiin Guittonea vastaan (ks. Fenzi ja jaksot 1,13,1; 2,6,8).

[3] Danten väittämä päti uudempaan runouteen, mutta aiemmassa sisilialaisessa lyriikassa esimerkiksi oktonaaria eli kahdeksantavuista säettä esiintyi paljon.

numerorum, qui numeris imparibus quemadmodum materia forme subsistunt.

2,5,8 Et sic, recolligentes predicta, endecasillabum videtur esse superbissimum carmen: et hoc est quod querebamus. Nunc autem restat investigandum de constructionibus elatis et fastigiosis vocabulis; et demum, fustibus torquibusque paratis, promissum fascem, hoc est cantionem, quo modo viere quis debeat instruemus.[1]

---

[1] Rakenteita Dante käsittelee jaksossa 2,6, puolestaan sanoja luvussa 2,7 ja luvatun kimpun sitomista jaksossa 2,8. *Vieo* 'sitoa', vrt. selitykset lukuun 2,1.

ovat alisteisia parittomille luvuille, kuten aine on alisteinen muodolle.[1]

2,5,8 Yhteenvetona edellä sanotusta: yksitoistatavuinen näyttää säkeistä ylväimmältä ja juuri tätähän lähdimme selvittämään. Nyt on jäljellä ylevien rakenteiden ja korkeiden sanojen tutkiminen. Ja kun vitsat ja nyörit ovat viimein valmiina, opetan, miten tulee sitoa luvattu kimppu eli canzone.

---

[1] Ajatus siitä, että parittomat numerot ovat alisteisia parillisille ja aine on alisteista muodolle, on Tuomas Akvinolaisen tulkintaa pythagoralaisista. Danten tapa esittää retorista sisältöä koko ajan filosofisessa kehyksessä on *DVE*:n uutuus ja siksi huomattava.

2,6,1 Quia circa vulgare illustre nostra versatur intentio, quod nobilissimum est aliorum, et ea que digna sunt illo cantari discrevimus, que tria nobilissima sunt, ut superius est astructum, et modum cantionarium selegimus illis, tanquam aliorum modorum summum, et, ut ipsum perfectius edocere possimus, quedam iam preparavimus, stilum videlicet atque carmen, nunc de constructione agamus.

2,6,2 Est enim sciendum quod constructionem vocamus regulatam compaginem dictionum, ut «Aristotiles phylosophatus est tempore Alexandri». Sunt enim quinque hic dictiones compacte regulariter, et unam faciunt constructionem.[1]

2,6,3 Circa hanc quidem prius considerandum est quod constructionum alia congrua est, alia vero incongrua.[2] Et quia, si primordium bene discre-

---

[1] Dante selventää tässä rakenteen (*constructio*) käsitettä sanalla *compago* ja käyttää samassa yhteydessä myös adverbia *compacte* (myös 2,7,6; 2,9,3 ja 6). Rakenteen osalta taustalla vaikuttavat Priscianus (*Grammatici Latini* II 180,15 *compago*) ja keskiajan poetiikka.

[2] Priscianuksen vaikutusta näkyy myös käsitteiden *constructio congrua* tai *incongrua* (rakenteen kieliopillisuus tai kieliopin vastaisuus) käytössä. Dantella käsitteet eivät kuitenkaan ole tiukan kieliopillisia, vaan toimivat laajemmin retoriikan työkaluina. Sana *congruus* tarkoittaa oikeastaan 'yhteensopivaa': lauseenjäsenet on sovitettu oikein yhteen. Esimerkiksi predikaatti on subjektin luvussa; tai suvussa, luvussa ja sijassa taipuvat määreet ovat pääsanansa mukaisessa muodossa. Tässä *congruus* on käännetty "oikeaksi", sillä rakenne, jonka jäsenet ovat yhteensopivia, on oikein.

Luku 2,6

2,6,1 Pyrkimykseni liittyy loistavaan kansankieleen, joka on kaikkia muita jalompi. Olen jo erottanut kolme jalointa aihetta, jotka ovat loistavalla kansankielellä laulamisen arvoisia, kuten yllä olen osoittanut. Aiheiden muodoksi on jo valikoitu canzone, koska se on kaikista muodoista paras. Opettaakseni sitä perusteellisesti käsittelin jo sen elementeistä tyylin ja säkeen. Käsitelkäämme nyt lauserakennetta.

2,6,2 On tarpeen tietää, että lauserakenteeksi kutsun sanojen säännönmukaista liitosta, kuten: *Aristotiles phylosophatus est tempore Alexandri* – "Aristoteles filosofoi Aleksanterin aikaan". Tässä on siis viisi sanaa, jotka on liitetty yhteen säännönmukaisesti, ja ne muodostavat yhden lauserakenteen.

2,6,3 Tarkastellaan ensin sitä, että toiset lauserakenteet ovat oikein, toiset taas virheellisiä. Koska metsästämme vain parasta, silloin kun noudatetaan tekemieni erottelujen periaatetta, ei metsästyksessä ole mitään sijaa virheelliselle lauserakenteelle. Se ei ansaitse edes hyväksyttävyyden alinta askelmaa.

tionis[1] nostre recolimus, sola supprema venamur, nullum in nostra venatione locum habet incongrua, quia nec inferiorem gradum bonitatis promeruit. Pudeat ergo, pudeat ydiotas tantum audere deinceps ut ad cantiones prorumpant: quos non aliter deridemus quam cecum de coloribus distinguentem. Est ut videtur congrua quam sectamur.

2,6,4 Sed non minoris difficultatis accedit discretio priusquam quam querimus actingamus, videlicet urbanitate plenissimam.[2] Sunt etenim gradus constructionum quamplures: videlicet insipidus, qui est rudium, ut «Petrus amat multum dominam Bertam»; est et pure sapidus, qui est rigidorum scolarium vel magistrorum, ut «Piget me cunctis pietate maiorem, quicunque in exilio tabescentes patriam tantum sompniando revisunt»; est et sapidus et venustus, qui est quorundam superficietenus rethoricam aurientium, ut «Laudabilis discretio marchionis Estensis, et sua magnificentia preparata, cunctis illum facit esse dilectum»; est et sapidus et

---

[1] Tässä kohdin teksti on ongelmallinen. Osa editioista valitsee sanan *discretionis* sijaan *digressionis* (poikkeama).

[2] *Urbanitas* 'hienostuneisuus', jonka vastakohta on *rusticitas* (1,11,6; 2,1,6), molemmat 1,17,3.

Häpeä siis typeryksille, jotka toistuvasti uskaltavat rynnätä canzonen kimppuun. Heille nauramme kuten sokealle, joka yrittää erottaa värejä. On siis selvää, että metsästämme oikeaa lauserakennetta.

2,6,4 On kuitenkin vielä toinen erottelu, joka on vähintään yhtä vaikea ja joka on tehtävä ennen kuin löydämme etsimämme äärimmäisen hienostuneen lauserakenteen. On nimittäin useampia lauserakenteiden tasoja. Mauton lauserakenne on yleinen aloittelijoilla, kuten esimerkiksi: *Petrus amat multum dominam Bertam* – ”Petrus rakastaa rouva Bertaa paljon”. Puolestaan nipin napin hyvän maun mukainen lauserakenne on ominainen jäykille oppilaille tai opettajille: *Piget me cunctis pietate maiorem, quicunque in exilio tabescentes patriam tantum sompniando revisunt* – ”Minua enemmän kuin kaikkia muita säälittää jokainen, joka kuluttaa aikaansa maanpaossa ja vierailee isänmaassaan vain unissaan”.[1] Sekä hyvän maun mukainen että viehättävä lauserakenne on ominainen niille, jotka ovat omaksuneet retoriikan opit vain päällisin puolin, kuten esimerkiksi: *Laudabilis discretio marchionis Estensis, et sua magnificentia preparata, cunctis illum facit esse dilectum* – ”Esten markiisin kiitettävä arvostelukyky ja hänen aulis anteliaisuutensa tekevät hänestä kaikkien pitämän

---

[1] Mengaldon mukaan kyseessä on rakenteeltaan (mm. keinotekoinen sanajärjestys) ja rytmiltään hiottu periodi, josta kuitenkin puuttuu väriä. Kolmessa jäsenessä on kussakin sama määrä tavuja (12). Keskimmäinen on proosarytmi *velox* (*exílio tabescéntes*) ja sitä kehystää kaksi planusta (*pietáte maiórem – sompniándo revisunt*).

venustus etiam et excelsus, qui est dictatorum illustrium, ut «Eiecta maxima parte florum de sinu tuo, Florentia, nequicquam Trinacriam Totila secundus adivit».

2,6,5 Hunc gradum constructionis excellentissimum nominamus, et hic est quem querimus cum suprema venemur, ut dictum est.

2,6,6 Hoc solum illustres cantiones inveniuntur contexte, ut Gerardus:

Si per mos Sobretos non fos;

Folquetus de Marsilia:

Tan m'abellis l'amoros pensamen;

Arnaldus Danielis:

Sols sui che sai lo sobraffan che•m sorz;

miehen".[1] Hyvän maun mukainen, viehättävä ja vieläpä ylevä lauserakenne on tyypillinen loistaville proosakirjailijoille, kuten esimerkiksi: *Eiecta maxima parte florum de sinu tuo, Florentia, nequicquam Trinacriam Totila secundus adivit* – "Firenze, kun suurin osa kukista on pudonnut sylistäsi, suotta suuntaa Totila seuraavaksi Sisiliaan."[2]

2,6,5 Tätä lauserakenteen tasoa kutsun parhaaksi, ja kuten sanottu, tätä etsimme metsästäessämme parasta.[3]

2,6,6 Loistavat canzonet on muodostettu yksin tällä lauserakenteella, kuten Guiraut on tehnyt:

> Jos ei olisi Ainutkertaistani;

Folquet de Marseilla:

> Niin paljon ajatus rakkaudesta miellyttää minua;

Arnaut Daniel:

> Vain minä tunnen suuren surun, joka minussa nousee;

---

[1] Myös tässä periodissa on kolme jäsentä, nyt kuitenkin tavuluvultaan erilaisia: järjestys on taas *planus* (*marchiónis Esténsis*), *velox* (*magnificéntia preparáta*), *planus* (*facit ésse diléctum*). Rakenteen keinotekoisuus on hienovaraisempaa kuin äsken ja siihen kuuluu muun muassa verbi yksikössä, vaikka subjekteja on kaksi. Yksi tehokeinoista on sisällön ironisuus. Ks. selitykset lukuun 2,6.

[2] Proosarytmistä siirrytään nyt muihin keinoihin. Firenze esitetään neitona, jolta riistetään koristavat kukat. Tämä *transumptio* (metafora) yhdistää parhaan proosan ja canzonen, sillä se on myös canzonelle ominainen keino.

[3] Edellä 2,6,3.

Namericus de Belnui:

Nuls hom non pot complir addreciamen;[1]

Namericus de Peculiano:

Si con l'arbres che per sobrecarcar;

Rex Navarre:

Ire d'amor que en mon cor repaire;[2]

Iudex de Messana:

Ancor che l'aigua per lo foco lassi;[3]

Guido Guinizelli:

Tegno de folle empresa a lo ver dire;

Guido Cavalcantis:

Poi che di doglia cor conven ch'io porti;

Cynus de Pistorio:

Avegna che io aggia più per tempo;

amicus eius:

Amor che ne la mente mi ragiona.

2,6,7 Nec mireris, lector, de tot reductis autoribus ad memoriam: non enim hanc quam suppremam vocamus constructionem nisi per huiusmodi exempla possumus indicare. Et fortassis utilissimum foret ad illam habituandam regulatos vidisse poetas, Virgilium videlicet, Ovidium Metamorfoseos,

[1] Dante palaa tähän säkeeseen jaksossa 2,12,3.

[2] Todellisuudessa Gace Brulén runo.

[3] Jo edellä 1,12,2.

Aimeric de Belenoi:

Kukaan ihminen ei voi toteuttaa sopivasti;

Aimeric de Peguilhan:

Kuin puu joka liian kantamuksen takia;

Navarran kuningas:

Rakkaussurut jotka piiloutuvat sydämeeni;

Messinan tuomari:

Vaikka vesi jättää tulen takia;

Guido Guinizelli:

Totta puhuakseni, pidän tyhmänä;

Guido Cavalcanti:

Minulla täytyy olla murheinen mieli;

Cino da Pistoia:

Vaikka pitkän ajan kuluessa minua on;[1]

Hänen ystävänsä:

Rakkaus joka puhuu minulle mielessäni.[2]

2,6,7 Älä ihmettele, lukija, että niin monta auktoriteettia on palautettu mieleen. En näet pysty osoittamaan sitä, mitä kutsun parhaaksi lauserakenteeksi, muutoin kuin tällaisten esimerkkien kautta. Sen omaksumiseksi olisi ehkä hyödyllisintä lukea sääntöjä noudattavia runoilijoita, nimittäin Vergiliusta,

---

[1] Runossa Cino da Pistoia suree Beatricen kuolemaa.

[2] Dante käsittelee tätä canzonea myös *Conviviossa* (III) ja siteeraa alkusäkeen *Kiirastulessa* (2,112).

Statium atque Lucanum, nec non alios qui nisi sunt altissimas prosas, ut Titum Livium, Plinium, Frontinum, Paulum Orosium, et multos alios quos amica sollicitudo nos visitare invitat.[1]

2,6,8 Subsistant igitur ignorantie sectatores Guictonem Aretinum et quosdam alios extollentes, nunquam in vocabulis atque constructione plebescere desuetos.

[1] Tavonin mukaan viittaus *amica sollicitudo* voi liittyä Veronaan, jonka kirjastossa mainittuja teoksia tiedetään olleen. Dante oli Veronassa keväästä 1303 vuoden 1304 alkukuukausiin, ja siellä hän mahdollisesti sai suosituksia ja lukuideoita. Puolestaan Fenzi kääntää vanhan tulkinnan mukaan, jossa *amica sollicitudo* tarkoittaisi Danten omaa ystävällistä asennetta mainittuja klassikoita kohtaan. Ks. Tavoni ja Fenzi.

Ovidiuksen *Muodonmuutoksia*, Statiusta ja Lucanusta[1] sekä myös muita, jotka ovat synnyttäneet mitä korkeinta proosakirjallisuutta, kuten Titus Livius, Plinius, Frontinus, Paulus Orosius ja monia muita, joita ystävällinen huolenpito kutsuu minua lukemaan.

2,6,8 Lakatkoot siis tietämättömyyden seuraajat ylistämästä Guittone d'Arezzoa ja eräitä muita, jotka eivät koskaan ole lakanneet käyttämästä rahvaanomaista sanastoa ja lauserakennetta.[2]

[1] Lucanukseen turvauduttiin jo jaksossa 1,10,4 maantieteellisenä auktoriteettina.

[2] Guittonesta ks. jakso 1,13,1.

2,7,1 Grandiosa modo vocabula sub prelato stilo digna consistere successiva nostre progressionis presentia lucidari expostulat.

2,7,2 Testamur proinde incipientes non minimum opus esse rationis discretionem vocabulorum habere, quoniam perplures eorum maneries inveniri posse videmus. Nam vocabulorum quedam puerilia, quedam muliebria, quedam virilia; et horum quedam silvestria, quedam urbana; et eorum que urbana vocamus, quedam pexa et lubrica, quedam yrsuta et reburra sentimus. Inter que quidem, pexa atque yrsuta sunt illa que vocamus grandiosa, lubrica vero et reburra vocamus illa que in superfluum sonant; quemadmodum in magnis operibus quedam magnanimitatis sunt opera, quedam fumi: ubi, licet in superficie quidam consideretur ascensus, ex quo limitata virtutis linea prevaricatur, bone rationi non ascensus sed per altera declivia ruina constabit.

2,7,3 Intuearis ergo, lector, actente quantum ad exaceranda egregia verba te cribrare oportet: nam si vulgare illustre consideres, quo tragici debent uti poete vulgares, ut superius dictum est, quos informare intendimus, sola vocabula nobilissima in cribro tuo residere curabis.

Luku 2,7

2,7,1 Seuraavaksi on valaistava niitä suurenmoisia sanoja, jotka ovat sen arvoisia, että voivat esiintyä yhdessä parhaan tyylin kanssa.

2,7,2 Alkajaisiksi totean, että sanojen erottelu ei ole kaikkein vähäisin järjen työ. Sanoja on hyvin monen lajisia: jotkut ovat lapsenomaisia, toiset naisellisia ja jotkut miehekkäitä. Miehekkäistä sanoista osa on maalaismaisia, osa taas hienostuneita. Hienostuneiksi nimittämistäni sanoista jotkut ovat kammattuja ja siloisia, toiset taas karheita ja takkuisia.[1] Näistä kammatut ja karheat ovat niitä, joita kutsun suurenmoisiksi, kun taas siloisiksi ja takkuisiksi kutsun niitä, jotka ovat liiankin sointuisia – aivan kuten suurista teoista osa on suurenmoisuuden aikaansaannosta, osa vain hämäystä. Vaikka pinnallisesti katsoen suunta jälkimmäisissä näyttäisi olevan ylös, kuitenkin hyveen rajalinja ylitettäessä käy selväksi järkevälle tarkkailijalle, että kyseessä ei ole nousu vaan selvästi lasku alas toisen puolen jyrkännettä.

2,7,3 Katso nyt siis tarkasti, lukija, miten paljon sinun on seulottava puhdistaaksesi esiin parhaat sanat. Sillä jos mietit loistavaa kansankieltä, jota – kuten edellä tuotiin esiin – tulisi käyttää niiden tragediarunoilijoiden, joita tarkoituksemme on kasvattaa, pidät huolta, että seulaasi jää ainoastaan kaikkein ylevimpiä sanoja.

---

[1] Viitteeksi voi ajatella villa- ja silkkikankaita: muoto on ikään kuin ajatuksen vaate.

2,7,4 In quorum numero nec puerilia propter sui simplicitatem, ut *mamma* et *babbo*, *mate* et *pate*, nec muliebria propter sui mollitiem, ut *dolciada* et *place-vole*, nec silvestria propter austeritatem, ut *greggia* et *creta*[1], nec urbana lubrica et reburra, ut *femina* et *corpo*, ullo modo poteris conlocare. Sola etenim pexa yrsutaque urbana tibi restare videbis, que nobilissima sunt et membra vulgaris illustris.

2,7,5 Et pexa vocamus illa que, trisillaba vel vicinissima trisillabitati, sine aspiratione, sine accentu

[1] Jaksossa 2,7,6 käy ilmi, että jo tässä esitellyissä "karheissa" sanoissa esiintyy *gr-*, kuten sanassa *greggia* (sana esiintyy myös *Jumalaisessa näytelmässä*). Sana *creta* on käsikirjoituksissa monitulkintainen. Sen tilalle on luettu mm. *cetra* ja *et cetera*.

2,7,4 Näiden joukkoon et mitenkään voi sijoittaa lapsenomaisia sanoja niiden yksinkertaisuuden vuoksi, kuten esimerkiksi *mamma* (äiti) ja *babbo* (isä), *mate* (äiti) ja *pate* (isä).[1] Naiselliset sanat eivät kuulu ylevimpiin niiden pehmeyden takia[2] – kuten esimerkiksi *dolciada* (ihana) ja *placevole* (mukava) – eivätkä maalaismaiset niiden karkeuden tähden, kuten esimerkiksi *greggia* (lauma) ja *creta* (liitu). Sama koskee hienostuneita siloteltuja tai takkuisia sanoja kuten *femina* (nainen) ja *corpo*[3] (ruumis). Huomaat, että sinulle jäävät jäljelle ainoastaan kaupunkimaiset kammatut ja karheat sanat, jotka ovat kaikkein ylevimpiä ja kuuluvat loistavaan kansankieleen.

2,7,5 Nimitän "kammatuiksi" niitä sanoja, jotka lähes hiottuina jättävät puhujaan eräänlaisen peh-

[1] Ensimmäiset sanat ovat toscanalaisia mutta esiintyvät laajemminkin italiassa – myös Danten *Jumalaisessa näytelmässä* – eli kuuluvat ns. koomiseen sanastoon. Jälkimmäiset kaksi sanaa taas ovat paikallisia variantteja.

[2] Vrt. 1,14,2.

[3] Sanan *femina* huonous ilmeisesti perustui sekä sanan sisältöön että muotoon. Lyriikassahan esiintyy sana *donna*, jo trubaduuriperinteessä rakkauden jalo ja jalosukuinen kohde, Arvon Rouva (siis myös naimisissa oleva nainen). Puolestaan sana *femina* eli nainen yleensä oli liitettävissä röyhkeään Eevaan. Dante-kommentaarit tuovat myös esiin, että sana on *sdrucciolo* eli sen paino on antepenultimalla, tässä tapauksessa ensimmäisellä tavulla. Sanaan *corpo* soveltuvat myös raamatulliset merkitysyhteydet, minkä lisäksi se on äänteellisesti voimakas.

acuto vel circumflexo, sine *z* vel *x* duplicibus, sine duarum liquidarum geminatione vel positione inmediate post mutam, dolata quasi, loquentem cum quadam suavitate relinquunt: ut *amore, donna, disio, virtute, donare, letitia, salute, securtate, defesa.*

meyden vaikutelman. Ne ovat kolmitavuja[1] tai hyvin lähellä kolmitavuisuutta, ilman aspiraatiota,[2] akuuttia tai sirkumfleksistä painoa,[3] kaksoiskonsonantteja z ja x, likvidageminaattaa tai likvidan sijoittumista heti konsonantin jälkeen.[4] Tällaisia ovat esimerkiksi *amore* (rakkaus), *donna* (rouva), *disio* (kaipuu), *virtute* (hyve), *donare* (antaa), *letitia* (ilo), *salute* (terveys), *securtate* (turvallisuus), *defesa* (puo-

[1] Yksitavu, kaksitavu, kolmitavu ym. ovat runomittojen kannalta tärkeitä sanojen (ei siis säkeiden) tavulukuja. Tässä jaksossa käsitellään kolmitavua, jossa paino on keskimmäisellä tavulla (ei ensimmäisellä, kuten edellä sanassa *femina*, joka oli hienostunut "siloteltu" esimerkki). Tällainen kolmitavuinen sana täydentää tavallisimman rytmisen *clausulan* eli *planuksen*. Lähellä kolmitavua ovat Danten esimerkeistä kaksitavu *donna* ja nelitavu *securtate*, kun taas *disio* on runoudessa välillä kaksi- ja välillä kolmitavuinen.

[2] Kyseessä lienee sananalkuinen *h* (kuten sanassa *honore*) ja latinaa koskevan asian ulottaminen kansankieleen, jossa *h* ei todellisuudessa enää ääntynyt "aspiraationa".

[3] Ilmeisesti sekä akuutti että sirkumfleksi viittaavat sanoihin, joissa paino on viimeisellä tavulla. Itse asiassa näyttäisi olevan niin, että "siloisia" ovat sanat, joissa paino on kolmanneksi viimeisellä tavulla, "kammattuja" ovat sanat, joissa paino on toiseksi viimeisellä tavulla ja "karheita" ovat sanat joissa paino on viimeisellä tavulla. Tavoni ehdottaa, että Dante kutsuu akuutiksi viimeisen tavun painoa, joka on tulosta apokopeesta (sanan lopun jääminen pois) ja sirkumfleksiksi synkopeesta syntyvää (tavun jääminen pois sanan sisältä).

[4] Siis *ll*, *rr* tai *pl*, *tl*, *cl*, *bl*, *dl*, *gl*; *pr*, *tr*, *cr*, *br*, *dr*, *gr*.

2,7,6 Yrsuta quoque dicimus omnia, preter hec, que vel necessaria vel ornativa videntur vulgaris illustris. Et necessaria quidem appellamus que campsare non possumus, ut quedam monosillaba, ut *sì, no, me, te, se, a, e, i, o, u'*, interiectiones et alia multa. Ornativa vero dicimus omnia polisillaba que, mixta cum pexis, pulcram faciunt armoniam compaginis, quamvis asperitatem habeant aspirationis et accentus et duplicium et liquidarum et prolixitatis: ut *terra, honore, speranza, gravitate, alleviato, impossibilità, impossibilitate, benaventuratissimo, inanimatissimamente, disaventuratissimamente, sovramagnificentissimamente*, quod endecasillabum est. Posset adhuc inveniri plurium sillabarum vocabulum sive verbum, sed quia capacitatem omnium nostrorum carminum superexcedit, rationi presenti non videtur obnoxium, sicut est illud *honorificabilitudinitate* quod duodena perficitur sillaba in vulgari et in gra-

lustus).[1]

2,7,6 Edellä määriteltyjä lukuun ottamatta sanon karheiksi kaikkia sanoja, jotka ovat loistavan kansankielen kannalta joko välttämättömiä tai sitä koristavia. "Välttämättömiä" ovat ne, joita emme voi välttää, kuten jotkin yksitavut: esimerkiksi *sì* (kyllä), *no* (ei), *me* (minua), *te* (sinua), *se* (itseään), *a* (hänellä on), *e* (on; ja), *i* (minä; myös määräinen artikkeli), *o* (minulla on; tai), *u'* (missä), huudahdukset ja monet muut. "Koristeellisiksi" taas kutsun kaikkia monitavuisia sanoja, jotka sekoitettuna kammattuihin tekevät kokonaisuuden harmoniasta kauniin, vaikkakin niissä on aspiraation, painon, kaksoiskonsonanttien, likvidoiden tai monitavuisuuden tuottamaa karkeutta. Näin on esimerkiksi sanoissa *terra* (maa), *honore* (kunnia), *speranza* (toivo), *gravitate* (paino), *alleviato* (huojennettu), *impossibilità* (mahdottomuus), *impossibilitate* (mahdottomuus), *benaventuratissimo* (hyvin onnekkaasti), *inanimatissimamente* (hyvin elottomasti), *disaventuratissimamente* (hyvin onnettomasti) ja *sovramagnificentissimamente* (mitä suurenmoisimmin), joka on yksitoistatavuinen. Olisi mahdollista löytää vielä useampitavuinen sana tai nimi, mutta koska se ylittäisi kaikkien säkeidemme pituuden, se ei näytä kuuluvan käsillä olevaan aiheeseen – kuten tuo *honorificabilitudinitate*, joka saavuttaa 12

[1] Sanat ovat paitsi äänteellisesti ja muodollisesti "kammattuja", myös merkitykseltään tärkeitä ja esiintyvät tiuhaan Danten lyriikassa. Olennaista Danten lyyrisille tiloille on, että kammatut sanat vastaavat kolmen sarjoissa Danten kolmea *magnaliaa* (2,2,7) järjestyksessä *venus, virtus, salus.* Jokaisen sarjan ensimmäinen sana on yhden *magnalian* nimi (*amor* sanan *venus* sijaan).

matica tredena perficitur in duobus obliquis.

2,7,7 Quomodo autem pexis yrsuta huiusmodi sint armonizanda per metra, inferius instruendum relinquimus. Et que iam dicta sunt de fastigiositate vocabulorum ingenue discretioni sufficiant.

tavua kansankielellä ja *gramaticassa* kolmetoista kahdessa sijamuodossa.[1]

2,7,7 Jätän myöhemmin selvitettäväksi, miten mitallisissa säkeissä tulee soinnuttaa yhteen tällaiset karheat ja kammatut sanat. Riittäköön se, mikä jo on sanottu sanojen ylemmyydestä sille, jolla on arvostelukyvyn lahja.

[1] Toisin sanoen monikon datiivi ja ablatiivi *honorificabilitudinitatibus*, keskiajalla ja varhaisella uudella ajalla – muun muassa Shakespearella – esiintyvä "epäsana" (Botterill 1996, 100 viite 144).

2,8,1 Preparatis fustibus torquibusque ad fascem, nunc fasciandi tempus incumbit. Sed quia cuiuslibet operis cognitio precedere debet operationem, velut signum ante ammissionem sagipte vel iaculi, primo et principaliter qui sit iste fascis quem fasciare intendimus videamus.

2,8,2 Fascis iste igitur, si bene comminiscimur omnia prelibata, cantio est. Quapropter quid sit cantio videamus, et quid intelligimus cum dicimus cantionem.

2,8,3 Est enim cantio, secundum verum nominis significatum, ipse canendi actus vel passio, sicut lectio passio vel actus legendi. Sed divaricemus quod dictum est, utrum videlicet hec sit cantio prout est actus, vel prout est passio.

2,8,4 Et circa hoc considerandum est quod cantio dupliciter accipi potest: uno modo secundum quod fabricatur ab autore suo, et sic est actio, et secundum istum modum Virgilius primo Eneidorum dicit «Arma virumque cano»;[1] alio modo secundum quod fabricata profertur vel ab autore vel ab alio quicunque sit, sive cum soni modulatione proferatur, sive non: et sic est passio. Nam tunc agitur, modo vero agere videtur in alium, et sic tunc alicuius actio, modo quoque passio alicuius videtur. Et quia prius agitur ipsa quam agat, magis, immo pror-

---

[1] Vergilius, *Aeneis* 1,1.

Luku 2,8

2,8,1 Kun vitsat ja nyörit ovat nyt valmiina kimppua varten, on aika sitoa se yhteen. Koska työ täytyy aina nähdä mielessään ennen sen toteuttamista, kuten maali ennen nuolen tai keihään heittämistä, katsokaamme ennen kaikkea, mikä on tuo kimppu, jonka aiomme sitoa.

2,8,2 Tuo kimppu, kerrataksemme vielä, on siis canzone. Katsokaamme siis, mikä on canzone ja mitä tarkoitan sanoessani ”canzone”.

2,8,3 Sanan *cantio* todellisen merkityksen mukaan kyseessä on siis laulu tekona tai tekemisen kohteena, aivan kuten *lectio* on lukemista tekona tai sen kohteena. Mutta on syytä tarkentaa jo sanottua ja erottaa laulu tekona ja tekemisen kohteena.[1]

2,8,4 Nyt on otettava huomioon, että canzone voidaan ymmärtää kahdella tapaa. Ensinnäkin, teon ja tekijän merkityksessä canzone on toimintaa. Juuri tässä merkityksessä Vergilius toteaa *Aeneiksen* ensimmäisessä säkeessä *Arma virumque cano*, ”Laulan aseista ja miehestä”. Toisessa merkityksessä jo valmiiksi tehdyn canzonen esittää sen tekijä tai joku muu, joko musiikin säestyksellä tai ilman. Tällöin se on passiivista toimintaa. Yhdessä tapauksessa canzone on siis toiminnan kohteena, toisessa se näyttää ennemmin vaikuttavan johonkin. Yhdessä tapauksessa se on jonkun aktiivista toimintaa,

---

[1] Ks. luvun 2,8 selitykset siitä vaikeasti seurattavasta päättelystä, jolla Dante pyrkii erottamaan toisistaan laulun ”tekona” ja laulun ”tekemisen kohteena”.

sus denominari videtur ab eo quod agitur, et est actio alicuius, quam ab eo quod agit in alios. Signum autem huius est quod nunquam dicimus «Hec est cantio Petri» eo quod ipsam proferat, sed eo quod fabricaverit illam.

2,8,5 Preterea disserendum est utrum cantio dicatur fabricatio verborum armonizatorum vel ipsa modulatio. Ad quod dicimus quod nunquam modulatio dicitur cantio, sed sonus, vel thonus, vel nota, vel melos.[1] Nullus enim tibicen, vel organista, vel cytharedus melodiam suam cantionem vocat, nisi in quantum nupta est alicui cantioni; sed armonizantes verba opera sua cantiones vocant, et etiam talia verba in cartulis absque prolatore iacentia cantiones vocamus.

2,8,6 Et ideo cantio nichil aliud esse videtur quam actio completa dicentis verba modulationi armonizata: quapropter tam cantiones quas nunc tractamus, quam ballatas et sonitus et omnia cuiuscunque modi verba sunt armonizata vulgariter et regulariter, cantiones esse dicemus.

2,8,7 Sed quia sola vulgaria ventilamus, regulata linquentes, dicimus vulgarium poematum unum esse suppremum, quod per superexcellentiam cantionem vocamus: quod autem suppremum quid sit

[1] Vaikka esimerkiksi *t(h)onus* ja *melos* olivat myös teknisiä termejä, tässä Dante käyttää kaikkia hyvin yleisessä merkityksessä ja lähes synonyymeinä.

toisessa se näyttää olevan jonkun kokema toiminta. Koska canzone ensin tehdään ja vasta sitten se itse toimii, se näyttää ennemminkin – tai suorastaan välttämättä – saavan nimensä paremminkin sen mukaan, että se tehdään ja on jonkun tekemistä, kuin siitä, että se vaikuttaa muihin. Tästä merkkinä on se, että emme koskaan sano "Tämä on Petruksen canzone" tarkoittaen esittäjää vaan tarkoitamme ainoastaan tekijää.

2,8,5 Lisäksi on selvitettävä, kutsutaanko canzoneksi sanoista soinnillisesti laadittua rakennelmaa vai itse musiikkia. Tähän totean, että musiikkia ei koskaan sanota canzoneksi vaan ääneksi, säveleksi, nuotiksi tai melodiaksi. Yksikään puhallin-, kosketin- tai kieli-instrumentin soittaja ei kutsu melodiaansa canzoneksi, paitsi jos se on liitossa canzonen kanssa. Sen sijaan soinnillisten sanojen laatijat kutsuvat teoksiaan nimellä canzone. Sellaisia sanoja nimitämme canzoneksi silloinkin, kun ne ovat paperilla ilman esittäjää.

2,8,6 Canzone on täten sen henkilön loppuunsaatettu toiminta, joka asettelee sanoja soinnillisesti musiikkia varten. Kutsun siksi "lauluksi" sekä tässä käsittelemääni canzonea että ballataa, sonettia ja muita muotoja, jotka on luotu liittäen soinnillisesti sanoja yhteen kansankielellä tai säännönmukaistetulla kielellä.

2,8,7 Mutta koska tutkailen ainoastaan kansankielisiä teoksia ja sivuutan säännönmukaistetulla kielellä kirjoitetut, todettakoon, että kansankielisistä runoista yksi on korkein: se, jota sen ylivertaisuuden takia kutsumme canzoneksi. Canzonen ylemmyys

cantio, in tertio huius libri capitulo est probatum. Et quoniam quod diffinitum est pluribus generale videtur, resumentes diffinitum iam generale vocabulum per quasdam differentias solum quod petimus distinguamus.

2,8,8 Dicimus ergo quod cantio, in quantum per superexcellentiam dicitur, ut et nos querimus, est equalium stantiarum sine responsorio ad unam sententiam tragica coniugatio, ut nos ostendimus cum dicimus

> Donne che avete intelletto d'amore.

Quod autem dicimus "tragica coniugatio" est quia, cum comice fiat hec coniugatio, cantilenam[1] vocamus per diminutionem: de qua in quarto huius tractare intendimus.

2,8,9 Et sic patet quid cantio sit, et prout accipitur generaliter et prout per superexcellentiam vocamus eam. Satis etiam patere videtur quid intelligimus cum cantionem vocamus, et per consequens quid sit ille fascis quem ligare molimur.

[1] Latinan *cantilena* on italian *canzonetta* ja oksitaanin *chansoneta*. Kyseessä on 1200-luvulla tavallinen nimitys canzonelle, jonka säkeissä on vähemmän kuin 11 tavua ja jota voi luonnehtia helposti laulettavaksi.

on todistettu tämän kirjan kolmannessa kappaleessa. Ja koska se, mikä määriteltiin, näyttää olevan yhteistä useammille muodoille, otan uudelleen tarkasteltavaksi jo yleisellä tasolla määritellyn sanan. Erotan joidenkin erittelyjen kautta vain ja ainoastaan sen, mitä etsimme.

2,8,8 Sanon siis, että juuri etsimäni canzone, jota kutsutaan tällä nimellä sen ylivertaisuuden tähden, on samanlaisten stanzojen sommittelua yhteen ilman kertosäettä, traagisen tyylin mukaisesti ja sisällöltään yhtenäiseksi.[1] Osoitin tämän runoillessani:

Te Rouvat, jotka tiedätte rakkaudesta ...[2]

Sanon "traagisen tyylin mukainen sommittelu" siksi, että silloin kun sommitellaan koomisen tyylin mukaan, tätä kutsutaan diminutiivilla canzonetta. Sitä aion käsitellä tämän teoksen neljännessä kirjassa.

2,8,9 Täten on siis selvää, mitä on canzone sekä yleisessä merkityksessä että ylivertaisuutensa perusteella tässä "canzoneksi" kutsumassani merkityksessä. Näyttäisi myös olevan riittävän selvää, mitä tarkoitan sanoessani "canzone" ja mikä siis on se kimppu, jonka pyrimme sitomaan.

---

[1] Tässä kärki saattaa kohdistua trubaduuriperinteeseen, jossa stanza oli usein värsin itsenäinen.

[2] Yksi Danten kuuluisimmista lyyrisistä säkeistä, jonka Tyyni Haapanen-Tallgren suomentaa: "Ah naiset, joill' on tieto lemmen taian" (Dante, *Uusi elämä*, xix, s. 58). Dante palaa samaan säkeeseen jaksossa 2,12,3.

2,9,1 Quia, ut dictum est, cantio est coniugatio stantiarum, ignorato quid sit stantia necesse est cantionem ignorare. Nam ex diffinientium cognitione diffiniti resultat cognitio; et ideo consequenter de stantia est agendum, ut scilicet investigemus quid ipsa sit et quid per eam intelligere volumus.

2,9,2 Et circa hoc sciendum est quod hoc vocabulum per solius artis respectum inventum est, videlicet ut in quo tota cantionis ars esset contenta, illud diceretur stantia, hoc est mansio capax sive receptaculum totius artis. Nam quemadmodum cantio est gremium totius sententie, sic stantia totam artem ingremiat; nec licet aliquid artis sequentibus arrogare, sed solam artem antecedentis induere.

2,9,3 Per quod patet quod ipsa de qua loquimur erit congremiatio sive compages omnium eorum que cantio sumit ab arte: quibus divaricatis, quam querimus descriptio innotescet.

2,9,4 Tota igitur ars cantionis circa tria videtur consistere: primo circa cantus divisionem, secundo circa partium habitudinem, tertio circa numerum

2,9,1 Koska canzonessa on siis kyse stanzojen sommittelusta yhteen, tietämättömyys siitä, mikä on stanza, johtaa välttämättä tietämättömyyteen siitä, mikä on canzone. Sillä määritellyn tunteminen on seurausta määrittelevien tekijöiden tuntemisesta. Tästä seuraa, että on käsiteltävä stanzaa: mikä se on ja mitä haluamme sillä ymmärtää.

2,9,2 On tiedettävä, että sana "stanza" on keksitty ainoastaan runotaitoa ajatellen, jotta se, mihin koko canzonen taito sisältyy, olisi nimeltään stanza: koko taidon avara asunto tai tila.[1] Näet samoin kuin canzone on koko sisältönsä syli, siten stanza pitää helmoissaan koko runotaitoa; eikä seuraavien stanzojen sovi omaksua mitään uutta runotaitoon kuuluvaa, vaan niiden tulee mukautua ainoastaan edeltävän stanzan runotaitoon.

2,9,3 Tämän perusteella on selvää, että tarkoittamani stanza kokoaa tai liittää yhteen kaiken sen, minkä canzone omaksuu runotaidosta. Kunhan nämä on eritelty, etsimäni kuvaus selventyy.

2,9,4 Koko canzonen taito näyttää koskevan kolmea asiaa: ensimmäiseksi melodian jaottelua, toiseksi osien jäsentämistä sekä kolmanneksi säkeiden

---

[1] Danten etymologinen päättely perustuu keskiajan latinan *stantia*-sanan (vrt. lat. *stans*) merkityksiin kuten "tila", "näyttämö". Sanan ensisijaisempi merkitys liittyy seisomiseen ja seisahtumiseen. Tässä yhteydessä mielekäs on juuri *stantia* alkuperäisessä merkityksessä "tauko" ja sittemmin myös taukojen väli eli stroofi itsessään (ks. Tavoni).

carminum et sillabarum.

2,9,5 De rithimo vero mentionem non facimus, quia de propria cantionis arte non est. Licet enim in qualibet stantia rithimos innovare et eosdem reiterare ad libitum: quod, si de propria cantionis arte rithimus esset, minime liceret. Si quid autem rithimi servare interest huius quod est ars, illud comprehenditur ibi cum dicimus "partium habitudinem".

2,9,6 Quare sic colligere possumus ex predictis diffinientes et dicere stantiam esse sub certo cantu et habitudine limitata carminum et sillabarum compagem.

ja tavujen määrää.[1]

2,9,5 Riimiä en nyt mainitse, koska se ei kuulu yksinomaan canzonen tekniikkaan.[2] Mihin tahansa stanzaan näet voi keksiä riimejä ja niitä voi toistaa halunsa mukaan. Tämä ei olisi mahdollista, mikäli riimi olisi yksinomaan canzonen tekniikkaa. Mikäli tässä tekniikassa on tärkeä ottaa huomioon jotakin riimiin liittyvää, palaan siihen osien jäsentämistä käsittelevässä osassa.[3]

2,9,6 Voin nyt edellä sanotun perusteella koostaa määritelmän: stanza on tietyn melodian ja jäsentelyn rajaama säkeiden ja tavujen liitto.

[1] Nämä Dante tulee käsittelemään seuraavissa luvuissa (2,10–14).

[2] Sanaa "tekniikka" olisi voinut jo aiemmin käyttää osittain runotaidon sijaan.

[3] Viittaus on jaksoon 2,13,9–11.

2,10,1 Scientes quia rationale animal homo est et quia sensibilis anima et corpus est animal, et ignorantes de hac anima quid ea sit, vel de ipso corpore, perfectam hominis cognitionem habere non possumus, quia cognitionis perfectio uniuscuiusque terminatur ad ultima elementa, sicut magister sapientum in principio Physicorum testatur. Igitur, ad habendam cantionis cognitionem quam inhyamus, nunc diffinientia suum diffiniens[1] sub compendio ventilemus, et primo de cantu, deinde de habitudine, et postmodum de carminibus et sillabis percontemur.

2,10,2 Dicimus ergo quod omnis stantia ad quandam odam recipiendam armonizata est. Sed in modis diversificari videntur, quia quedam sunt sub una oda continua usque ad ultimum progressive,

---

[1] *Diffinientia-diffiniens*: keskiajan skolastisessa latinassa se, mitä ja millä määritellään kun pyritään kuvaamaan asian olemusta. Ks. *definio* (*diffinio*), Deferrari 1986, 261.

2,10,1 Emme voi täydellisesti tietää, millainen ihminen on vain sen tiedon perusteella, että ihminen on rationaalinen eläin ja että eläimellä on aistiva mieli sekä ruumis, mutta vailla tietoa siitä, mikä tämä mieli taikka ruumis on. Sillä minkä tahansa asian tunteminen täydellisesti edellyttää sen perimmäisten elementtien tuntemista, kuten viisaiden opettaja todistaa *Fysiikkansa* alussa.[1] Jotta siis saavuttaisin tavoittelemani canzonen tuntemuksen, selvitän nyt lyhyesti tekijöitä, jotka määrittävät sitä, mikä vuorostaan määrittää canzonen. Tarkastelen ensin melodiaa, sitten jäsentämistä sekä viimeiseksi säkeitä ja tavuja.

2,10,2 Jokainen stanza on soinnutettu ottamaan vastaan jokin melodia. Mutta stanzat näyttävät eroavan muodoiltaan, sillä jotkin stanzat etenevät yhden melodian merkeissä aina viimeiseen asti,[2] siis

---

[1] Aristoteles, *Fysiikka* 184a10 alkaen: "Kaikilla tutkimuksen aloilla, joilla on prinsiippejä, syitä tai elementtejä, ymmärtäminen ja tietäminen seuraavat näiden tuntemisesta, sillä ajattelemme tietävämme kunkin asian silloin, kun tunnemme sen ensimmäiset syyt ja prinsiipit ja olemme päässeet perille sen elementeistä"; suom. Tuija Jatakari & Kati Näätsaari.

[2] Danten kuvaus on sikäli ongelmallinen, että hän puhuu melodiasta kun kyseessä on todellisuudessa stanzan metrinen rakenne: näillä ei ollut tiukkaa suhdetta, vaikka Danten tapa esittää asia sellaisen edellyttäisikin. Kyseessä ovat oksitaanin *coblas dissolutas*, jollaiset canzonet eivät kuuluneet italialaiseen perinteeseen. Erityistapaus on Danten esimerkkisäe omasta tuotannosta *Al poco giorno*. Muita *Kansankielestä*-teoksessa esiintyviä ovat Bertran de Bornin runo (2,2,8) ja Arnaut Danielin kolme runoa (2,2,8; 2,6,6 ja 2,13,2).

hoc est sine iteratione modulationis cuiusquam et sine diesi – et diesim dicimus deductionem vergentem de una oda in aliam (hanc voltam vocamus, cum vulgus alloquimur).[1] Et huiusmodi stantia usus est fere in omnibus cantionibus suis Arnaldus Danielis, et nos eum secuti sumus cum diximus:

> Al poco giorno e al gran cerchio d'ombra.[2]

2,10,3 Quedam vero sunt diesim patientes, et diesis esse non potest, secundum quod eam appellamus, nisi reiteratio unius ode fiat, vel ante diesim, vel post, vel undique.

2,10,4 Si ante diesim repetitio fiat, stantiam dicimus habere pedes; et duos habere decet, licet quandoque tres fiant, rarissime tamen. Si repetitio fiat post diesim, tunc dicimus stantiam habere versus.[3] Si ante non fiat repetitio, stantiam dicimus habere frontem. Si post non fiat, dicimus habere sirma, sive caudam.

---

[1] Kansankielisessä poetiikassa *volta* oli sekä *stanzan* siirtymäkohta (Dantella *diesis*) että osa, joka seurasi tuota muutoskohtaa. Samoin *diesis* saattoi merkitä myös näitä jaettuja osia. On siis luontevaa, että Dante käyttää tässä sanaa *volta* itsestään *diesiksestä*. Kohta on tosin mahdollista tulkita myös niin, että *hanc voltam* ei viittaa sanaan *diesim* vaan sanaan *aliam*: siis *voltaan*, joka tarkoittaa *diesiksen* jälkeisen *stanzan* osia. Tästä osasta Dante hieman tuonnempana käyttää sanaa *versus*, mikä ei tee asiaa nykylukijalle yhtään yksinkertaisemmaksi. Ks. Tavoni; myös *ad loc.* 2,10,4.

[2] *Rime* 41 (Giunta). Dante palaa säkeeseen jaksossa 2,13,2.

[3] Nämä *versus* ovat siis yhtä kuin kansankielen *volte, diesiksen* jälkeisiä *stanzan* osia.

ilman toistuvaa melodiaa ja ilman diesistä. Diesik-
seksi kutsun yhdestä melodiasta toiseen johtavaa
siirtymää (josta puhumme kansankielellä termillä
"volta" eli käännös). Arnaut Daniel käytti tällaista
stanzaa lähes kaikissa canzoneissaan, ja seurasin
häntä runoillessani:

Lyhyelle päivälle ja varjon suurelle kehälle.

2,10,3 Toiset stanzat kuitenkin sallivat diesiksen.
Sen mukaisesti kuin diesiksen määrittelen, se ei voi
esiintyä muutoin kuin yhden toistuvan melodian
yhteydessä: melodia toistuu joko ennen diesistä
olevassa osassa, sen jälkeen tulevassa osassa tai
sekä että.

2,10,4 Jos melodia toistuu ennen diesistä, stanzalla
sanotaan olevan *pedes* eli jalat. Sillä sopii olla kaksi
jalkaa, vaikkakin joskus harvoin niitä on kolme. Jos
melodia toistuu diesiksen jälkeen, stanzassa sano-
taan olevan *versus* eli käännöksiä. Jos toistoa ei
esiinny ennen diesistä, stanzalla on *frons* eli otsa. Jos
taas toistoa ei esiinny diesiksen jälkeen, stanzalla on
sirma tai *cauda* eli häntä.

2,10,5 Vide ergo, lector, quanta licentia data sit cantiones poetantibus, et considera cuius rei causa tam largum arbitrium usus sibi asciverit; et si recto calle ratio te duxerit, videbis autoritatis dignitate sola quod dicimus esse concessum.

2,10,6 Satis hinc innotescere potest quomodo cantionis ars circa cantus divisionem consistat; et ideo ad habitudinem procedamus.

2,10,5 Huomaa siis, hyvä lukija, miten suuria vapauksia on suotu canzoneja runoileville ja mieti, miksi käytäntö sallii itselleen niin suuren harkintavallan. Jos järki ohjaa sinua kulkemaan oikeaa tietä, tulet näkemään, että vasta tunnustetun auktoriteetin arvovalta sallii sen vapauden, josta puhun.

2,10,6 Jo sanotusta on selvästi nähtävissä, millä tavalla canzonen tekniikka pohjautuu melodian jaoille. Siirryn seuraavaksi jäsentämiseen.

2,11,1 Videtur nobis hec quam habitudinem dicimus maxima pars eius quod artis est. Hec etenim circa cantus divisionem atque contextum carminum et rithimorum relationem consistit: quapropter diligentissime videtur esse tractanda.

2,11,2 Incipientes igitur dicimus quod frons cum versibus, pedes cum cauda vel sirmate, nec non pedes cum versibus, in stantia se diversimode habere possunt.

2,11,3 Nam quandoque frons versus excedit in sillabis et carminibus, vel excedere potest – et dicimus "potest" quoniam habitudinem hanc adhuc non vidimus.

2,11,4 Quandoque in carminibus excedere et in sillabis superari potest, ut si frons esset pentametra et quilibet versus esset dimeter, et metra frontis eptasillaba et versus endecasillaba essent.

2,11,5 Quandoque versus frontem superant sillabis et carminibus, ut in illa quam dicimus:

Traggemi de la mente Amor la stiva.

Luku 2,11

2,11,1 Siinä mikä lukeutuu tekniikkaan, näyttää jäsentämiseksi kutsuttu osa mielestäni tärkeimmältä. Se näet koostuu melodian jaottelusta, säkeiden sovittamisesta yhteen ja riimien suhteesta. Siksi sitä tulee käsitellä mahdollisimman huolellisesti.

2,11,2 Aluksi totean siis, että stanzassa voivat sijoittua eri tavoin otsa (*frons*) suhteessa käännöksiin (*versus*), jalat (*pedes*) suhteessa häntään (*cauda*) tai sirmaan, ja vieläpä jalat suhteessa käännöksiin.

2,11,3 Sillä joskus otsa on, tai voi olla, tavu- tai säeluvultaan pidempi kuin käännös. Sanon "voi olla" siksi, että en ole toistaiseksi nähnyt tällaista jäsentämistä.[1]

2,11,4 Joskus otsa voi olla säeluvultaan pidempi mutta tavuluvultaan lyhyempi kuin käännös. Näin on esimerkiksi silloin kun otsa on pentametri ja jokin säkeistä dimetri sekä otsan mitta on kuusitavuinen ja säkeen yksitoistatavuinen.

2,11,5 Joskus käännöksissä on enemmän tavuja ja säkeitä kuin otsassa, kuten tuossa jonka ilmaisen:

> Rakkaus määrää mieleni suunnan.[2]

---

[1] Dante tarkoittaa tässä italiankielistä lyriikkaa. Oksitaanirunoissa otsa voi olla pidempi. Myös jakson 2,11,6 toteamus on italian kohdalla lähinnä teoreettinen mahdollisuus, jollaisia Dante täydellisyyttä tavoitellen esittelee, vaikka hänellä ei ole tarjota niistä italiankielisiä esimerkkejä.

[2] Säe on Danten kadonneesta runosta. Tämä on ainoa kohta, jossa Dante kuvaa canzonen teknisiä ominaisuuksia perfektillä (*fuit, potuit*). Kirjoittamisesta siis on kulunut aikaa.

Fuit hec tetrametra frons, tribus endecasillabis et uno eptasillabo contexta; non etenim potuit in pedes dividi, cum equalitas carminum et sillabarum requiratur in pedibus inter se, et etiam in versibus inter se.

2,11,6 Et quemadmodum dicimus de fronte, dicimus et de versibus: possent etenim versus frontem superare carminibus, et sillabis superari, puta si versus duo essent et uterque trimeter, et eptasillaba metra, et frons esset pentametra, duobus endecasillabis et tribus eptasillabis contexta.

2,11,7 Quandoque vero pedes caudam superant carminibus et sillabis, ut in illa quam diximus:

Amor, che movi tua virtù da cielo.

2,11,8 Quandoque pedes a sirmate superantur in toto, ut in illa quam diximus:

Tämän otsa oli nelisäkeinen, jossa oli kudottu yhteen kolme yksitoistatavuista ja yksi seitsentavuinen säe. Sitä ei siis voinut jakaa jalkoihin, sillä niiden sisällä vaaditaan säkeiden ja tavujen samalukuisuus. Samoin on laita käännösten sisällä.[1]

2,11,6 Se, mitä sanon otsasta, pätee myös käännöksiin. Nekin voivat olla säeluvultaan otsaa pidempiä, mutta tavuluvultaan lyhyempiä: esimerkiksi jos on kaksi kolmisäkeistä käännöstä ja seitsentavuinen mitta, ja otsa puolestaan olisi viisisäkeinen, jossa on kaksi yksitoistatavuista ja kolme seitsentavuista yhteenkudottuina.

2,11,7 Joskus jalat sisältävät enemmän säkeitä ja tavuja kuin häntä.[2] Näin on laita jo mainitussa säkeessä:

Rakkaus, joka lähetät voimasi taivaasta.

2,11,8 Toisinaan sirma voittaa jalat kokonaisuudessaan, kuten tuossa jonka olen runoillut:

[1] Fenzi toteaa, että mikään säilynyt runo ei vastaa Danten tässä antamaa kuvausta: siis nelisäkeinen otsa (kolme yksitoistatavuista ja yksi seitsentavuinen). Käännöksistä voimme tietää vain sen, että tavuja täytyi olla yli 40 (otsan tavujen määrä) ja säkeitä yli neljä. Emme tiedä missä järjestyksessä otsan kolme yksitoistatavuista ja yksi seitsentavuinen säe olivat, mutta järjestyksestä riippumatta tällainen ei voinut jakautua jalkoihin, kuten käy selväksi tulevassa jaksossa 2,12,9.

[2] Kahdeksan säettä *vs.* seitsemän säettä; 80 tavua *vs.* 69 tavua Fenzin mukaan.

Donna pietosa e di novella etate.

2,11,9 Et quemadmodum diximus frontem posse superare carminibus, sillabis superatam, et e converso, sic de sirmate dicimus.

2,11,10 Pedes quoque versus in numero superant et superantur ab hiis: possunt enim esse in stantia tres pedes et duo versus, et tres versus et duo pedes; nec hoc numero limitamur, quin liceat plures et pedes et versus simul contexere.

2,11,11 Et quemadmodum de victoria carminum et sillabarum diximus inter alia, nunc etiam inter pedes et versus dicimus: nam eodem modo vinci et vincere possunt.[1]

2,11,12 Nec pretermictendum est quod nos e contrario regulatis poetis pedes accipimus, quia illi carmen ex pedibus, nos vero ex carminibus pedem constare dicimus, ut satis evidenter apparet.

2,11,13 Nec etiam pretermictendum est quin iterum asseramus pedes ab invicem necessario carminum et sillabarum equalitatem et habitudinem accipere, quia non aliter cantus repetitio fieri posset. Hoc idem in versibus esse servandum astruimus.

---

[1] Tässä Danten kieli on tarkoituksellisen "voittoisaa": substantiivi *victoria* saa vielä seurakseen verbin *vinco* sekä aktiivissa että passiivissa.

Nainen, lempeä ja nuori ...[1]

2,11,9 Samoin kuin otsa, myös sirma voi olla säeluvultaan suurempi mutta tavuluvultaan pienempi ja toisin päin.

2,11,10 Myös jalat voivat ylittää tai alittaa käännökset lukumäärässään. Stanzassa voi näet olla kolme jalkaa ja kaksi käännöstä tai kolme käännöstä ja kaksi jalkaa. Tämä lukumäärä ei ole sitova, sillä niin jalkoja kuin käännöksiä voi olla vielä useampia samalla tavalla yhteenkudottuina.

2,11,11 Kuten olen muiden kohdalla puhunut voitosta säe- tai tavuluvussa, nyt puhun samasta myös jalkojen ja käännösten kohdalla. Myös ne voivat samalla tavalla voittaa tai tulla voitetuiksi.

2,11,12 Eikä sovi ohittaa sitä seikkaa, että me käytämme sanaa *pes* (jalka) eri merkityksessä kuin säännönmukaisesti runoilevat. Sillä he sanovat säkeen koostuvan jaloista, me taas sanomme jalan koostuvan säkeistä, kuten kyllin selvästi käy ilmi.

2,11,13 Eikä sovi olla mainitsematta uudelleen sitäkään seikkaa, että kussakin jalassa on välttämättä oltava sama luku säkeitä ja tavuja, samoissa asemissa. Muutoin melodia ei voisi toistua. Väitän saman pätevän myös käännöksissä.

[1] Vrt. Danten teoksen *Uusi elämä* runot Beatricesta: "Ol' luonain neito nuori, lempeä" (suom. Tyyni Haapanen-Tallgren: xxiii, s. 77).

2,12,1 Est etiam, ut superius dictum est, habitudo quedam quam carmina contexendo considerare debemus: et ideo rationem faciamus de illa, repetentes proinde que superius de carminibus diximus.

2,12,2 In usu nostro maxime tria carmina frequentandi prerogativam habere videntur, endecasillabum scilicet, eptasillabum et pentasillabum; que trisillabum ante alia sequi astruximus.

2,12,3 Horum prorsus, cum tragice poetari conamur, endecasillabum propter quandam excellentiam in contextu vincendi privilegium promeretur. Nam quedam stantia est que solis endecasillabis gaudet esse contexta, ut illa Guidonis de Florentia

> Donna me prega,   perch'io voglio dire;

et etiam nos dicimus:

> Donne ch'avete intelletto d'amore.

Hoc etiam Yspani usi sunt – et dico Yspanos qui poetati sunt in vulgari *oc*.[1] Namericus de Belnui:

---

[1] Tässä ilmeisesti tarkoitetaan katalaanirunoilijoita. Kohta on mahdollista ymmärtää myös: "ja kutsun espanjalaisiksi niitä". Aimeric oli kotoisin Bordeaux'sta, mutta asui pitkään ja kuoli Kataloniassa.

Luku 2,12

2,12,1 Kuten edellä on sanottu, säkeiden yhteen kutomisessa on otettava huomioon tietynlainen jäsentäminen. Tehkäämme siitä siksi selkoa palauttaen myös mieleen, mitä jo sanoimme säkeistä.[1]

2,12,2 Italiankielisessä käytössä erityisesti kolmella säkeellä näyttää olevan etusija sikäli, että niitä käytetään muita useammin: nimittäin yksitoistatavuisella, seitsentavuisella ja viisitavuisella. Esitimmekin jo, että näistä seuraava on kolmitavuinen.

2,12,3 Runojen laadinnassa näistä ilman muuta määrällisen etusijan ansaitsee ylivoimaisuudessaan yksitoistatavuinen silloin kun pyrimme runoilemaan traagiseen tyyliin. Sillä on olemassa stanzan laji, joka iloitsee siitä, että se on kudottu kokonaan yksitoistatavuisista. Näin Firenzen Guido (Cavalcanti):

Jalo Rouva pyytää minua, sillä haluan sanoa.[2]

Minä puolestani runoilen:

Te Rouvat, jotka tiedätte rakkaudesta.[3]

Myös espanjalaiset ovat käyttäneet yksitoistatavuista – ja tarkoitan niitä espanjalaisia, jotka ovat runoilleet kansankielen oc-muodolla. Näin Aimeric de Belenoi:

---

[1] "Edellä" ja "jo" viittaavat jaksoon 2,11,1 ja lukuun 2,5.

[2] Ks. 2,12,8, jossa Dante siteeraa samaa säettä.

[3] Jo jaksossa 2,2,8 Dante mainitsi säkeensä esimerkkinä loistavasta runoudesta.

Nuls hom non pot complir adrecciamen.

2,12,4 Quedam est in qua tantum eptasillabum intexitur unum: et hoc esse non potest nisi ubi frons est vel cauda, quoniam, ut dictum est, in pedibus atque versibus actenditur equalitas carminum et sillabarum. Propter quod etiam nec numerus impar carminum potest esse ubi frons vel cauda non est; sed ubi hee sunt, vel altera sola, pari et impari numero in carminibus licet uti ad libitum.

2,12,5 Et sicut quedam stantia est uno solo eptasillabo conformata, sic duobus, tribus, quatuor, quinque[1] videtur posse contexi, dummodo in tragico vincat endecasillabum et principiet.

2,12,6 Verumtamen quosdam ab eptasillabo tragice principiasse invenimus, videlicet ‹Guidonem Guinizelli›[2], Guidonem de Ghisileriis et Fabrutium Bononienses:

[1] Tähän on ilmeisesti ajateltava jatkoksi *et cetera*, "ja niin edelleen", sillä Danten *stanzoissa* voi esiintyä seitsemänkin seitsentavuista (mm. *Poscia ch'Amor*, ks. 2,12,8), jopa yhdeksän (*Doglia mi reca*, ks. 2,2,8).

[2] Käsikirjoituksissa mainitaan tässä jaksossa vain Guido Ghislieri ja Fabbruzzo (ks. luvun 2,12 selitykset). Ihaillun Guinizellin säkeen ilmestyminen tähän yhteyteen on herättänyt kummastusta, ja uudempien editioiden linja vaihtelee (vrt. Fenzi 2012, CXIX Nota al testo 2,12,6: Fenzin editiossa Guinizelli ei ole mukana).

2,12,4 On myös stanza, johon on liitetty vain yksi seitsentavuinen. Tämä on mahdollista vain kun rakenteessa on otsa tai häntä,[1] sillä jaloissa ja käännöksissä noudatetaan säkeiden ja tavujen tasalukua, kuten jo edellä on todettu.[2] Tästä syystä säkeiden luku ei voi olla pariton silloin kun niissä ei käytetä otsaa tai häntää. Kunhan nämä löytyvät, tai vain toinenkin niistä, säkeissä saa käyttää parillista tai paritonta lukua mielensä mukaan.[3]

2,12,5 Samoin kuin stanza on muodostettavissa vain yhdestä seitsentavuisesta, näyttää olevan mahdollista kutoa stanza kahdesta, kolmesta, neljästä tai viidestä seitsentavuisesta, kunhan traagisessa tyylissä hallitsee yksitoistatavuinen ja sillä aloitetaan.

2,12,6 Olen kuitenkin löytänyt joitakuita, jotka ovat traagisessa tyylissä aloittaneet seitsentavuisella. Näin Guido Guinizelli, Guido Ghislieri ja Fabruzzo, kaikki Bolognasta:

[1] Jaloissa (*pedes*) ja käännöksissä on luonnollisesti kaikissa oltava seitsentavuinen, joten stanzassa ei voi silloin olla vain yhtä seitsentavuista. Yksi seitsentavuinen on mahdollinen, mikäli stanzassa on jakamaton osa, siis otsa tai häntä. Dantella on runoja, joissa yksinäinen seitsentavuinen esiintyy hännässä, ja tekniikkaa voi pitää hänen erikoisuutenaan.

[2] Edellä 2,11,5.

[3] Tässä on selkeästi virhe, joka selittynee niin, että Dante ei käytännössä tunnista stanzaa, jossa olisi kolme jalkaa tai käännöstä, vaikka hän on kuvannut sellaisen teoriassa, jaksossa 2,11,10. Tavoni huomauttaa vielä toisestakin "virheestä": tässä Dante tuntuu hyväksyvän stanzan, jossa on sekä otsa että häntä, vaikka kieltää sellaisen jaksossa 2,10,3.

> Di fermo sofferire

et

> Donna, lo fermo core

et

> Lo meo lontano gire

et quosdam alios. Sed si ad eorum sensum subtiliter intrare velimus, non sine quodam elegie umbraculo hec tragedia processisse videbitur.

2,12,7 De pentasillabo quoque non sic concedimus. In dictamine magno sufficit enim unicum pentasillabum in tota stantia conseri, vel duo ad plus ‹in pedibus›: et dico "pedibus" propter necessitatem qua pedibus versibusque coartantur.[1]

---

[1] Tässä jaksossa teksti on korruptoitunut. Seuraamme Tavonin ratkaisua, jossa mukana on *in pedibus* ja verbi *coartantur pro cantatur*. Tekstin ongelmista ja eri mahdollisuuksista ks. Tavoni.

Lujalla kärsimyksellä

ja

Rouva, lujan sydämen

ja

Kaukainen vaellukseni

sekä jotkut muut.[1] Mutta jos tutkitaan hienovaraisesti näiden merkitystä, huomataan tragedian etenevän pienoisen elegiahäivähdyksen merkeissä.[2]

2,12,7 Samaa ei voi sallia viisitavuisen säkeen kohdalla. Korkean tyylin runossa riittää, että yksi ainoa viisitavuinen sisällytetään koko stanzaan, tai korkeintaan kaksi jaloissa. Sanon "jaloissa" sen välttämättömyyden takia, jolla jalat ja käännökset sitovat niitä.[3]

---

[1] Ainoa kohta, jossa sitaatit toimivat varoittavina esimerkkeinä heikosta kompositiosta.

[2] Vrt. 2,4,6–6. Tässä mahdollisesti viitataan Horatiuksen *Runotaiteeseen* (95–98: "Toisaalta myös traaginen henkilö valittaa tuskaansa varsin usein arkikielellä: Telefos ja Peleus – kerjäläinen ja maanpakolainen – heittävät kumpikin sikseen onton paatoksen ja puolentoista jalan mittaiset sanat, jos haluavat valituksellaan riipaista katsojan sydäntä"; suom. Teivas Oksala & Erkki Palmén). Dante ei tässä ehkä ajattele yksioikoisesti tyylin kolmijakoa, vaan rakkausrunoudessa esiintyvää sisällöllistä vikaa, rakastuneiden kokemien tuskien esittämistä "elegisen häivähdyksen" kautta. Traagiseen tyyliin kuitenkin soveltuvat vain aiheet, jotka kuuluvat puhtaasti *magnalian* (2,2,7) piiriin.

[3] Käännöksemme "niitä" viittaa kahteen viisitavuiseen: korruptoitunutta kohtaa on käännetty vaihtelevasti riippuen myös valitusta lukutavasta.

2,12,8 Minime autem trisillabum in tragico videtur esse sumendum per se subsistens: et dico "per se subsistens" quia per quandam rithimorum repercussionem frequenter videtur assumptum, sicut inveniri potest in illa Guidonis Florentini

> Donna me prega

et in illa quam diximus

> Poscia ch'Amor del tutto m'ha lasciato.

Nec per se ibi carmen est omnino, sed pars endecasillabi tantum ad rithimum precedentis carminis velut econ respondens.

2,12,9 Hoc etiam precipue actendendum est circa carminum habitudinem, quod, si eptasillabum interseratur in primo pede, quem situm accipit ibi, eundem resumat in altero: puta, si pes trimeter primum et ultimum carmen endecasillabum habet et medium, hoc est secundum, eptasillabum, ‹et pes alter habeat secundum eptasillabum› et extrema endecasillaba. Non aliter ingeminatio cantus fieri posset, ad quam pedes fiunt, ut dictum est, et per consequens pedes esse non possent.

2,12,8 Sen sijaan on selvää, että kolmitavuista ei tule käyttää traagisessa tyylissä itsekseen. Sanon "itsekseen", sillä usein näkee, että kolmitavuinen on otettu mukaan riimien vastakaikuna,[1] kuten voi nähdä Firenzen Guidon runossa:

> Jalo Rouva pyytää minua[2]

ja omassa säkeessäni:

> Koska rakkaus on kokonaan hylännyt minut.

Kolmitavuinen säe ei näissä esimerkeissä ole itsenäisenä, vaan vain se yksitoistatavuisen osa, joka vastaa edellisen säkeen riimiin kuin kaiku.

2,12,9 Säkeiden jäsentämisessä tulee myös huomata erityisesti, että jos ensimmäiseen jalkaan sisällytetään seitsentavuinen, sillä on oltava toisessa jalassa sama asema kuin ensimmäisessä. Esimerkiksi jos kolmisäkeisen jalan ensimmäinen ja toinen säe ovat yksitoistatavuisia ja puolestaan keskimmäinen (eli toinen säe) on seitsentavuinen, myös toisen jalan toisen säkeen on oltava seitsentavuinen. Ulommat ensimmäinen ja kolmas säe ovat yksitoistatavuisia. Muutoin ei olisi mahdollinen se melodian toisto, jonka avulla jalat rakentuvat, kuten edellä on todettu. Tästä seuraisi, ettei voisi olla koko jalkoja.

---

[1] Kyseessä on säkeen sisäinen kolmitavuinen riimi.

[2] Guido Cavalcantin runoa siteerattiin jaksossa 2,12,3 esimerkkinä yksitoistatavuisista säkeistä koostuvasta runoista. Tällaisissa runoissa oli kuitenkin sisäisiä kolmitavuisten muodostamia riimejä. Nyt Dante asettaa Guidon runon pariksi omalle säkeelleen *Poscia ch'Amor del tutto m'ha lasciato*.

2,12,10 Et quemadmodum de pedibus, dicimus et de versibus. In nullo enim pedes et versus differre videmus nisi in situ, quia hii ante, hii post diesim stantie nominantur. Et etiam quemadmodum de trimetro pede, et de omnibus aliis servandum esse asserimus; et sicut de uno eptasillabo, sic de pluribus et de pentasillabo et omni alio dicimus.

2,12,11 Satis hinc, lector, elicere sufficienter potes qualiter tibi carminum habituanda sit stantia habitudinemque circa carmina considerandam videre.[1]

[1] Jakso 2,12,11 on sekä korruptoitunut että sijoitukseltaan epävarma. Se esiintyy käsikirjoituksissa myös jakson 2,12,8 lopussa.

2,12,10 Jaloista sanottu pätee myös käännöksiin. Sillä jalat ja käännökset eivät näytä eroavan muutoin kuin sijainniltaan. Ensimmäiset nimetään ennen, toiset jälkeen stanzan diesiksen. Sama mikä pätee kolmisäkeiseen jalkaan pätee myös kaikkiin muihin. Sen minkä sanon yhdestä seitsentavuisesta, sanon myös useammasta ja vieläpä viisitavuisesta ja kaikista muista.

2,12,11 Tästä voit, hyvä lukija, päätellä kylliksi, miten sinun on jäsenneltävä stanzat, ja nähdä, miten itse säkeiden jäsentelyä on suunniteltava.

2,13,1 Rithimorum quoque relationi vacemus, nichil de rithimo secundum se modo tractantes: proprium enim eorum tractatum in posterum prorogamus, cum de mediocri poemate intendemus.

2,13,2 In principio igitur huius capituli quedam resecanda videntur. Unum est stantia sine rithimo, in qua nulla rithimorum habitudo actenditur: et huiusmodi stantiis usus est Arnaldus Danielis frequentissime, velut ibi:

> Se•m fos Amor de ioi donar;

 et nos dicimus:

> Al poco giorno.

2,13,3 Aliud est stantia cuius omnia carmina eundem rithimum reddunt, in qua superfluum esse constat habitudinem querere. Sic proinde restat circa rithimos mixtos debere insisti.

Luku 2,13

2,13,1 Ottakaamme nyt asiaksemme riimien väliset suhteet kuitenkaan käsittelemättä tässä riimiä itsessään. Niiden varsinaisen käsittelyn nimittäin siirrän myöhemmäksi, kun tarkastelen keskityylin runoutta.[1]

2,13,2 Kappaleen aluksi on tarpeen rajata pois tiettyjä asioita. Yksi näistä on riimitön stanza, jossa ei noudateta mitään riimittelyä. Tällaisia stanzoja käytti usein Arnaut Daniel, esimerkiksi tässä:

> Jos rakkaus toisi minulle iloa

ja minäkin sanon:

> Lyhyelle päivälle[2]

2,13,3 Toinen pois rajattava on stanza, jonka kaikissa säkeissä on sama riimi.[3] Sen kohdalla on selvää, että jäsentelyn etsiminen on ylenpalttista. Jää siis jäljelle pysähtyä vuororiimien pariin.

---

[1] Siis puuttuvassa neljännessä kirjassa, vrt. 2,4,1.

[2] Kyseessä on sestina, jonka Dante mukautti italialaiseen runouteen tässä siteeraamansa Arnaut Danielin mallin mukaan (Kleinhenz 2010, 772–773). Sestinassa on kuusi stanzaa, joissa kussakin kuusi yksitoistatavuista säettä. Dante siteeraa samaa runoaan jo jaksossa 2,10,2, jossa hän mainitsee Arnautin mallinaan. Outoa kyllä, Dante ei tässä siteeraa sitä Arnautin runoa, joka todellisuudessa toimi hänen oman runonsa esikuvana (eli *Lo ferm voler*, ks. Formisano 2012, 303–304).

[3] *Cobla continuada* eli monoriimi, jota italialaisesta traditiosta ei löydy, mutta trubaduureilta kyllä.

2,13,4 Et primo sciendum est quod in hoc amplissimam sibi licentiam fere omnes assumunt, et ex hoc maxime totius armonie dulcedo intenditur.

2,13,5 Sunt etenim quidam qui non omnes quandoque desinentias carminum rithimantur in eadem stantia, sed easdem repetunt sive rithimantur in aliis, sicut fuit Gottus Mantuanus, qui suas multas et bonas cantiones nobis oretenus intimavit. Hic semper in stantia unum carmen incomitatum texebat, quod clavem vocabat; et sicut de uno licet, licet etiam de duobus, et forte de pluribus.

2,13,6 Quidam alii sunt, et fere omnes, cantionum inventores qui nullum in stantia carmen incomitatum relinquunt quin sibi rithimi concrepantiam reddant, vel unius vel plurium.

2,13,7 Et quidam diversos faciunt esse rithimos eorum que post diesim carmina sunt a rithimis eorum que sunt ante; quidam vero non sic, sed

2,13,4 Aivan ensimmäiseksi on tiedettävä, että lähes kaikki ottavat tässä itselleen hyvin suuren vapauden, ja tästä paljolti haetaan koko harmonian viehättävyyttä.

2,13,5 On nimittäin myös niitä, jotka eivät aina riimitä kaikkia säkeiden loppuja stanzan sisällä, mutta toistavat toisissa stanzoissa samoja päätteitä eli riimittävät stanzat.[1] Näin teki Gotto da Mantua,[2] joka esitti meille omalla suullaan monta hyvää canzoneaan. Hän kutoi aina stanzaan yhden yksinäisen säkeen, jota kutsui avaimeksi.[3] Ja kun on lupa yhden säkeen kohdalla, on lupa myös kahden ja ehkä useammankin.

2,13,6 Jotkut – itse asiassa melkein kaikki – canzone-runoilijat ovat sellaisia, että he eivät jätä stanzaan yhtäkään säettä ilman kumppania, vaan antavat säkeelle yhteensopivan riimin, joko yhden tai useamman.

2,13,7 Jotkut tekevät diesiksen jälkeisten säkeiden riimeistä erilaisia kuin diesistä edeltävistä. Toiset taas toistavat stanzan aiemman osan säeloppuja ja

---

[1] Riimejä ei siis ole yksittäisen stanzan sisällä, vaan stanzojen välillä, ja riimit toistuvat stanzoissa samoissa asemissa. Ks. kuitenkin Tavoni ja Fenzi eri mahdollisuuksista ja ongelmista.

[2] Tuntematon runoilija (Mantovan runoilijoista ks. myös 1,15,2).

[3] Termi *clavis* (avain, naula) kuului myös musiikin terminologiaan tai arkkitehtien ja puuseppien käsitteisiin. Kyseessä on siis stanzan sisällä yksin jäävä riimi, joka kuitenkin toistuu samassa asemassa muissa stanzoissa ja näin kiinnittää stanzat toisiinsa.

desinentias anterioris stantie inter postera carmina referentes intexunt. Sepissime tamen hoc fit in desinentia primi posteriorum, quam plerique rithimantur ei que est priorum posterioris: quod non aliud esse videtur quam quedam ipsius stantie concatenatio pulcra.

2,13,8 De rithimorum quoque habitudine, prout sunt in fronte vel in cauda videtur omnis optata licentia concedenda; pulcerrime tamen se habent ultimorum carminum desinentie si cum rithimo in silentium cadant.

2,13,9 In pedibus vero cavendum est; et habitudinem quandam servatam esse invenimus. Et, discretionem facientes, dicimus quod pes vel pari vel impari metro completur, et utrobique comitata et incomitata desinentia esse potest. Nam in pari metro nemo dubitat; in alio vero, si quis dubius est, recordetur ea que diximus in preinmediato capitulo de trisillabo,[1] quando, pars existens endecasillabi,

---

[1] Dante viittaa jaksoon 2,12,8.

kutovat ne toisen osan säkeisiin. Useimmiten tämä toisto sijoittuu toisen osan ensimmäisen säkeen loppuun. Sen useimmat riimittävät ensimmäisen osan viimeiseen säkeeseen. Tässä on ilmeisesti kyse itse stanzan kauniista ketjuttamisesta.

2,13,8 Riimien jäsentämisessä sen mukaan, ovatko ne otsassa vai hännässä, näyttää vallitsevan täydellinen vapaus. Tosin viimeisten säkeiden vaikutus on mitä kaunein, jos niiden loput on riimitetty toisiinsa, kun ne vaipuvat hiljaisuuteen.

2,13,9 Jalkojen kohdalla on tässä kuitenkin oltava varuillaan ja huomaamme, että on noudatettava jonkinasteista jäsentelyä. Erotellen totean, että jalka koostuu joko parillisesta tai parittomasta määrästä säkeitä. Kummassakin tapauksessa säeloppu voi olla yksinäinen tai sillä voi olla vastaavuus. Parillisen säeluvun ollessa kyseessä kukaan ei epäile tätä.[1] Mutta jos joku epäilee sen paikkansapitävyyttä parittoman tapauksessa, muistettakoon se mitä sanoin juuri edellisessä kappaleessa kolmitavuisesta, kun se

---

[1] Dante ei luultavasti ajattele kaksisäkeistä jalkaa, joka oli yleinen oksitaani- ja sisilialaisrunoilijoilla, mutta lähes tuntematon hänen omassa tuotannossaan. Tässä viitattaneen nelisäkeiseen jalkaan, jossa riimirakenne on tavallisesti *abbc* (jossa siis kaksi riimiä ja kaksi säettä ilman vastaavuutta) mutta myös *abba*.

velut econ respondet.

2,13,10 Et si in altero pedum exsortem rithimi desinentiam esse contingat, omnimode in altero sibi instauratio fiat. Si vero quelibet desinentia in altero pede rithimi consortium habeat, in altero prout libet referre vel innovare desinentias licet, vel totaliter vel in parte, dumtaxat precedentium ordo servetur in totum. Puta, si extreme desinentie trimetri, hoc est prima et ultima, concrepabunt in primo pede, sic secundi extremas desinentias convenit concrepare; et qualem se in primo media videt, comitatam quidem vel incomitatam, talis in secundo resurgat: et sic de aliis pedibus est servandum.

2,13,11 In versibus quoque fere semper hac lege perfruimur: et ”fere” dicimus quia propter concatenationem prenotatam et combinationem desinentiarum ultimarum quandoque ordinem iam dictum perverti contingit.

2,13,12 Preterea nobis bene convenire videtur ut que cavenda sunt circa rithimos huic appendamus capitulo, cum in isto libro nichil ulterius de rithimorum doctrina tangere intendamus.

osana yksitoistatavuista vastaa kuin kaiku.[1]

2,13,10 Mikäli ensimmäisessä jalassa sattuisi olemaan säeloppu ilman riimiä, pitää toisessa jalassa joka tapauksessa esiintyä sille riimipari. Mutta jos millä tahansa säelopulla on yhdessä jalassa vastaavuus, toisessa runoilija voi mielensä mukaan toistaa sen tai tuoda uusia säeloppuja joko kokonaan tai osin, kunhan säilytetään edeltävien järjestys kokonaisuudessa. Esimerkiksi jos kolmisäkeisen jalan äärimmäiset säeloput, siis ensimmäinen ja viimeinen, ovat riimissä keskenään ensimmäisessä jalassa, silloin toisen äärimmäiset säeloput sopii myös riimittää. Ja millainen onkaan keskimmäinen säeloppu – riimillinen tai ei – sellainen tulkoon myös toiseen. Sama pätee muihin jalkoihin.

2,13,11 Myös käännöksissä noudatamme lähes aina tätä lakia. Sanon "lähes" siksi, että edellä kuvattujen ketjutusten ja säeloppujen yhdistelyn vuoksi joskus tapahtuu niin, että sanottu järjestys kääntyy.[2]

2,13,12 Näiden lisäksi katson sopivaksi lisätä tähän kappaleeseen sen, mitä on varottava riimin kohdalla, sillä tässä kirjassa en aio käsitellä enempää riimien oppia.

---

[1] Kohta ei ole selkeä. Kun jalassa on neljä säettä, riimit saattavat toistua (*abba*) tai osin olla toistumatta (*abbc*). Kolmisäkeisissä taas yksi riimi näyttäisi välttämättä jäävän ilman vastaavuutta. Näin kuitenkin on vain, jos ajatellaan pelkästään säeloppuja. Säkeissä voi olla myös sisäinen riimi, kuten 2,12,8 ("vastaa edellisen säkeen riimiin kuin kaiku").

[2] Dante totesi jaksossa 2,9,5, että hän ei käsittele riimiä muutoin kuin osien jäsentelyn yhteydessä, eli juuri tässä.

2,13,13 Tria ergo sunt que circa rithimorum positionem potiri dedecet aulice poetantem: nimia scilicet eiusdem rithimi repercussio, nisi forte novum aliquid atque intentatum artis hoc sibi preroget: ut nascentis militie dies, qui cum nulla prerogativa suam indignatur preferire dietam. Hoc etenim nos facere nisi sumus ibi:

Amor, tu vedi ben che questa donna.

Secundum vero est ipsa inutilis equivocatio, que semper sententie quicquam derogare videtur. Et tertium est rithimorum asperitas, nisi forte sit lenitati permixta: nam lenium asperorumque rithimorum mixtura ipsa tragedia nitescit.

2,13,14 Et hec de arte, prout habitudinem respicit, tanta sufficiant.

2,13,13 On siis kolme asiaa, joita hovikelpoiseen tyyliin runoilevan sopii välttää riimien asettelussa: nimittäin liiallinen saman riimin hakkaaminen, paitsi jos suunnittelee siitä itselleen uutta ennennäkemätöntä tekniikkaa – aivan kuten ritarina ensimmäistä päivää, jota ei saa kuluttaa ilman mitään erityistä tekemistä. Juuri tätä olen tavoitellut seuraavassa:

Rakkaus, näethän että tämä nainen.[1]

Toinen hovikelpoisessa tyylissä vältettävä asia on juuri tuo turha kaksimielisyys, joka näyttää aina vievän jotakin sisällöltä. Kolmas on riimien karkeus silloin, kun siihen ei ole sekoitettu pehmeyttä. Sillä traaginen tyyli saa loistoa pehmeiden ja karkeiden riimien sekoituksesta.

2,13,14 Tämä riittäköön tekniikasta sikäli kuin se liittyy jäsentelyyn.

[1] Mm. Tavonin ja häntä seuraten Fenzin mukaan tämä ei ole Danten itsekritiikkiä, vaan hän esittää erikoislaatuisen runonsa onnistuneena teknisenä kokeiluna.

2,14,1 Ex quo ‹duo› que sunt artis in cantione satis sufficienter tractavimus, nunc de tertio videtur esse tractandum, videlicet de numero carminum et sillabarum. Et primo secundum totam stantiam videre oportet aliquid; deinde secundum partes eius videbimus.

2,14,2 Nostra igitur primo refert discretionem facere inter ea que canenda occurrunt, quia quedam stantie prolixitatem videntur appetere, quedam non. Nam cum ea que dicimus cuncta vel circa dextrum aliquid vel sinistrum canamus – ut quandoque persuasorie quandoque dissuasorie, quandoque gratulanter quandoque yronice, quandoque laudabiliter quandoque contemptive canere contingit –, que circa sinistra sunt verba semper ad extremum festinent, et alia decenti prolixitate passim veniant ad extremum ...

2,14,1 Kun nyt olen käsitellyt aivan riittävästi kahta canzonen tekniikkaan liittyvää asiaa, näyttäisi olevan kolmannen aika: säkeiden ja tavujen määrän. Ensin on katsottava asiaa stanzan kokonaisuuden näkökulmasta, sitten sen osien.

2,14,2 Ensimmäiseksi on tehtävä ero niiden asioiden välillä, joista on runoiltava, sillä jotkin aiheet näyttävät vaativan pitkää stanzaa, toiset eivät. Sillä kun laulamme sisällön aina joko myönteisessä tai kielteisessä sävyssä – joskushan on aihetta laulaa suostuttelevasti, toisinaan taas päinvastaisessa tarkoituksessa, joskus onnitellen joskus ironisesti, joskus kiittäen joskus halveksuen – kielteisten sanojen tulee aina kiiruhtaa kohti loppua, ja toisten taas pikku hiljaa tulla päämääräänsä sopivaan tahtiin ...

Selitykset luvuittain

I Kirja

Luku 1,1

Teoksen aloitus on todistus siitä, mihin Dante keskiajan retoriikan omaksuneena kirjoittajana kykeni ja miten hyvin hän hallitsi kirjoitusoppaiden opit esipuheiden laadinnasta. Dante luo vahvan kuvan pimeydestä, johon hän itse tuo valon, vieläpä tarjoilee suun makeaksi.[1]

Nojaten ajalle ominaiseen skolastiikan argumentointiin ja totuuksiin, jotka oletetaan lukijan tuntemiksi, Dante tähdentää, että minkään teorian ei tarvitse "todistaa" vaan riittää kun se "selittää", mikä on sen aihe, *subiectum*. Tuomas Akvinolaisen mukaan "[k]aikissa tieteissä oletetaan aiheen keskeinen olemus",[2] toisin sanoen tieteellisen keskustelun aihe on jo olemassa oleva tai olemukseltaan tietynlainen. Dante antaakin teoksensa aiheelle vain "lyhyesti" oman kansankielen määritelmänsä.

Aiheen tieteellisyyttä Dante korostaa myös käyttäessään toistuvasti sanoja *doctrina* (opetus, oppi, tieto, tiede, myös oppineisuus) ja vielä verbiä *doctrino*. Olemme kääntäneet nämä teoriaksi ja teorian omaksumiseksi. Latinan kohdalla kyse on kielen oppimisesta, jota säätelevät tiukat yhteiset sään-

---

[1] Aistikuvista ks. Vaahtera 2019.

[2] *Summa theologiae* Ia q. 1 a. 7 arg. 1.

nöt ja menetelmät.

Alkujakson muista tärkeistä sanoista *gramatica* tarkoittaa Dantella kielen alistamista säännöstöön: kieltä kulttuurisena, muuttumattomana välineenä. Tämä on Danten aikalaistodellisuudessa latina normina, mutta hänen visioimassaan kielten tulevaisuudessa *gramatica* voi myös olla kansankieli.[1] Suhde latinaan määritti eron kansankieleen, sillä latina ei ollut kenenkään äidinkieli ja sen opetus oli tarjolla vain etuoikeutetuille. Danten tässä yhteydessä käyttämät sanat *regula* (viivoitin, mittakaava, ohje, sääntö) ja verbi *regulor* sisältävät ajatuksen mallista ja siihen perustuvasta ohjeellisesta toiminnasta. Dante kirjoittaa myös niistä, jotka keksivät kieliopin tai loivat *gramatican* (1,9,11 ja 1,10,1).[2] Tämä Danten kuvailema *gramatica* pohjaa (oppineiden)

[1] Scaglione 1990, 307.

[2] Latinan säännönmukaisuudesta 1,9,11; 2,4,3; 2,6,7; 2,8,6–7; 2,11,2. Danten ajatukset *gramaticasta* on yhdistetty keskiajan (esi)modistien ajatteluun, vaikka tutkijat eivät ole asiasta yksimielisiä. *Modistae* olivat spekulatiivisen kieliopin (*grammatica speculativa*) edustajia, joille keskeinen oli ajatus kaikkia luonnollisia kieliä yhdistävästä universaalista kieliopista: tämä heijasti todellisuuden rakennetta. Sellaisen harjoittajan tuli olla sekä grammaatikko että filosofi. Grammaatikko jätti kielenulkoisen maailman huomiotta ja keskittyi siis esimerkiksi lauseen kohdalla siihen, oliko se kieliopillisesti oikein – mahdollisesti järjettömästä sisällöstä riippumatta. Filosofin tuli ottaa huomioon myös kielenulkoinen maailma. Universaalissa kieliopissa yhdistyivät siis kieliopillisuus ja totuus. Modisteista ja Danten *gramatica*-käsityksestä: Corti 1981; Eco 1993, 50–53; Ascoli 2008, 136–149; Scaglione 2010, 451–452. Latinan ohella Dante mainitsee *gramaticana* myös kreikan ja nimenomaan oppineiston kreikan (1,1,3). Sen sijaan kreikka puhuttuna äidinkielenä yhdistyi Bysanttiin (vrt. 1,8,2; 1,8,4).

konsensukseen. Kun nyt teoksen tarkoituksena on perustella parhaaseen kirjallisuuteen soveltuva kansankieli, sen tulisi olla *gramatican* tapaan yhteinen ja säädelty, hyvällä ja oppineella tavalla.[1]

Toisin kuin *gramatica*, Danten arvostama kansankieli *vulgaris locutio* omaksutaan lähtökohtaisesti jäljittelemällä. Ajatus ei ollut uusi, mutta tutkielman ensimmäinen kirja käsittelee kansankieltä ja sen olemusta poikkeuksellisen laajasti.[2] Vasta jaksossa 1,11 Dante rajaa aihetta ja ottaa käsiteltäväksi myös runouden kielet.

Kansankielen jalous perustuu Danten mukaan sen ajalliseen ensisijaisuuteen, universaalisuuteen ja luonnollisuuteen. Ajatus luonnon ylivoimaisuudesta keinotekoiseen nähden oli yleinen skolastiikassa, samoin aikaisemman paremmuudesta myöhempään nähden. Tuomas Akvinolainen kiteyttää:

Kuten filosofi [Aristoteles] sanoo teoksensa *de caelo* toi-

---

[1] Vrt. retoriikan klassikko Quintilianus (n. 35–n. 100 jaa.), *Puhujan kasvatus* 1,6,27: "on eri asia puhua latinaa ja eri asia puhua kieliopillisesti". Ajatuksena on, että latina, Quintilianuksen äidinkieli, ei ole kieliopillisesti täysin säännönmukainen.

[2] Quintilianus korostaa lapsen hoitajien tärkeyttä lapsen kielenoppimisen kannalta (*Puhujan kasvatus* 1,1,5): "Edes pikkulasta ei niin ollen pidä päästää tottumaan puhetapaan, josta hänen on kuitenkin opeteltava myöhemmin luopumaan"; suom. Aulikki Vuola. Jäljittelystä myös kirkkoisä Augustinus (354–430), *Tunnustukset* 1,8. Vaikka Dante mainitsee lapset teoksensa alussa, hän ei kehittele kielen varhaisen oppimisen teemaa. Itse asiassa loistavan kansankielen, *vulgare illustren*, käyttäjät ovat luopuneet omasta varhaisemmasta kansankielen versiostaan (esim. 1,12,9).

sessa kirjassa, se mikä ei ole luonnon mukaista on myö-
hempää kuin se mikä on luonnon mukaista.[1]

Sen sijaan teoksessaan *Convivio* Dante mainitsee
latinan jalompana kuin kansankielen juuri siksi, että
latina on muuttumaton.[2] Ristiriidan selittänee erilai-
nen asiayhteys ja myös teosten perättäisyys. Dante
on vasta *Convivion* ensimmäisen kirjan kirjoitettuaan
keskittynyt kansankielen luonnollisuuden arvoon.
Luonto tulee suoraan Jumalalta, kun taas *ars* jäljitte-
lee luontoa. Sekä *Kansankielestä* että *Convivio* puolus-
tavat lopulta kansankielen asiaa, mutta eri keinoin.
Jaksossa 1,1,3 tulee esiin sana *habitus*, 'hallinta'.
Filosofisena taustana on aristoteelinen *heksis*, eli
mielelle ominainen tapa toimia.[3] Myös puhetaidon
klassikko Cicero tiivistää teoksessaan *De inventione*
1,36 ("Aiheiden löytämisestä", n. 80 eaa.):

> Kutsumme habitukseksi mielessä tai ruumiissa olevaa
> tietyn asian pysyvää ja ehdotonta hallintaa, kuten tietyn
> hyveen tai taidon omaksumista tai jonkin tieteen omak-
> sumista, tai myös jotakin tiettyä ruumiillista kyvykkyyttä,
> joka ei ole luonnon suomaa vaan harjoittelulla ja uutte-
> ruudella saavutettua.

[1] *Summa theologiae* IIIa q. 34 a. 3 ad 1; vrt. Aristoteles *Taivaasta*
286a19.

[2] *Convivio* 1,5,7: "latina on ikuinen ja muuttumaton". Hieman
edempänä (*Convivio* 1,5,10) Dante mainitsee *DVE*:n kirjoitta-
misen tulevana tapahtumana.

[3] Ks. Aristoteles, *Nikomakhoksen etiikka* 1103b15–25 ja seli-
tykset s. 220; suom. Simo Knuuttila. *Heksis* tarkoittaa harjoi-
tuksella aikaan saatuja käyttäytymistottumuksia. Dantella
habitus esiintyy myös käsiteparissa *mores* & *habitus* (ks. 1,9,6;
2,1,5).

Hallinta on tärkeää myös Danten etsimän jaloimman kansankielen kannalta, jota ei latinan tapaan opita koulussa.

Luku 1,2

Toinen luku jatkaa *locutio*-käsitteestä korostaen puhekyvyn inhimillistä luonnetta. Puhe on välttämätön vain ihmislajille, siksi ainoastaan ihmisellä on puhekyky. Saman totesi jo Aristoteles *Politiikka*-teoksessaan:

> On selvää, miksi ihminen on enemmän valtiollinen olento kuin mikään mehiläinen tai muu laumaeläin. Kuten sanoimme, luonto ei tee mitään turhaa. Eläimistä vain ihmisellä on kyky puhua. (1253a8–10; suom. A. M. Anttila.)

Miksi kieli sitten on välttämätön? Danten, skolastikkojen sekä platonistisen perinteen mukaan syynä on kommunikaatio.[1] Liittämällä kommunikaation puhekyvyn (*locutio*) käsitteeseen Dante etenee sen todistamiseen, että enkeleillä ei ole puhetta. Tämä taivaallinen taso kielen teoriassa voi yllättää nykylukijan, mutta Dantelle kannanotto oli toisaalta luon-

---

[1] *DVE* 1,3,2; 2,1,8. Vrt. Rosier-Catach 2011, Glossaire *s.v. locutio*, 302–303. Danten käsitys saattoi olla peräisin keskiajalla suosittusta Platonin *Timaios*-dialogista. Sen osittain 300-luvulla latinaksi kääntänyt Calcidius mukaili Platonia ja käytti sanaa *communicatio*, jolle ei löydy vastinetta Platonilta (*Plato Latinus*, Translatio 47c , s. 44, 25 Waszink; vrt. Platon, *Timaios* 47c). Myös kommentaarissaan Calcidius viittaa puhujaan ja kuulijaan (*Plato Latinus*, Commentarius cap. 267, s. 272, 9–10 Waszink).

teva ja toisaalta se erotti hänet esimerkiksi Tuomas Akvinolaisen ajattelusta.

Enkelien yhteydessä Dante puhuu Jumalasta peilinä, ja samaan aiheeseen hän palasi suurteoksensa *Jumalaisen näytelmän* kolmannessa *Paratiisi*-osassa.[1] Teologien mukaan enkelit puhuivat keskenään joko peilin eli Jumalan kautta, tai luonnostaan. Kohta on hyvä esimerkki siitä, miten Dante toisaalta omaksuu argumentointiinsa tuttuja ja hyväksyttyjä asioita, toisaalta soveltaa asiat mieleisikseen tekemättä tästä erityistä numeroa. Kyllä, enkelit paljastavat toisilleen ajatuksensa peilin kautta tai suoraan, ja ei, enkelit eivät puhu eikä heillä ole kieltä.[2] Dante ennakoi mahdolliset vastaväitteet ja kumoaa ne hylkäämättä kuitenkaan arvovaltaisia lähteitä täysin.

Danten käsitys enkeleistä voisi olla peräisin Tuomas Akvinolaiselta, mutta vain tiettyyn pisteeseen asti. Tuomaksen (ja Danten) mukaan enkelit eivät tarvitse kommunikointiin merkkiä tai välittäjää. Mutta Tuomas esittää edelleen, että enkeleille ei ole tarpeen ulkoinen, äänen kautta — *per vocem* — tapahtuva puhe, vaan heillä toimii sisäinen puhe, *locutio interior*.[3] Tätä Dante ei enää hyväksy, vaan

---

[1] *Paratiisi* 15,61–63; 26,103–108 ”Kuvastimessa totuuden sen näen, / mi kaiken heijastavi niin kuin on se”; suom. Eino Leino.

[2] Tätä Dante korostaa myös jaksossa 1,3,1.

[3] *Summa theologiae* Ia q. 107 a. 1 ad 2: ”ulkoinen puhe, joka tapahtuu äänen kautta, on meille välttämätön ruumiin aiheuttaman esteen takia. Ja siksi enkelit eivät sitä tarvitse, vaan heille riittää sisäinen puhe.” Erona ihmisten ja enkelien välillä on Tuomas Akvinolaisen mukaan ihmisten kehollisuus ja

hänen mukaansa enkeleillä ei ole puhetta ollenkaan. Näin Dante rajaa ajatuksen enkelien "sisäisestä" puheesta oman *locutio*-käsitteensä ulkopuolelle.

Dante poikkeaa useammankin kerran teologien totutuilta poluilta ja esittää tulkintoja, jotka olivat mahdollisesti hänen omiaan. Tämä ei tarkoita sitä, että kristinusko ei olisi suunnannut hänen ajatteluaan. Päinvastoin, Dante perusteli itselleen tärkeimpiä asioita juuri uskonnon kautta ja ammensi *Raamatusta* tukea todisteluilleen. *Raamatun* kertomus Bileamin aasista (4. Moos. 22:28–33) saa todistaa, että puhe on ominaista vain ihmiselle. Osana samaa argumenttia Dante mainitsee käärmeen, joka puhui Eevalle. Dante sovelsi tutun tarinaparin omiin tarkoituksiinsa. Jo kirkkoisä Augustinus mainitsi *Raamatun* aasin ja käärmeen kuvatessaan puheen eri ilmenemismuotoja.[1]

Dante esittää tässä osiossa käsiteparin *locutio–vox* eli ihmisen puhe ja ääni. Äänen kaksi alalajia ovat edelleen *vox distincta* ja *vox simplex*, eli artikuloitu ääni erotuksena eläinten äänestä. Eläimillä on ääni luonnostaan, ilman ulkopuolisten voimien

enkelien läpinäkyvyys. Tähän Dantekin viittaa seuraavassa luvussa.

[1] Augustinus, *De Genesi ad litteram* 11,29: "Sillä niin puhui käärme ihmiselle, kuten aasi, jonka selässä Bileam istui, puhui ihmiselle, paitsi että ensimmäinen oli paholaisen työtä, toinen enkelien." Puheena on syntiinlankeemukseen johtanut kiusaus, mitä tarkastellessaan myös Tuomas Akvinolainen siteeraa Augustinuksen em. kohtaa (*Summa theologiae* IIa IIae q. 165 a. 2 ad 4).

välintuloa.[1] Teoksessaan *Sielusta* Aristoteles erottaa "ääntelyn" (*fōnē*) vain sielulliselle oliolle kuuluvana merkityksellisenä "äänenä" (*psofos*).[2] Teoksessaan *Politiikka* hän erottaa edelleen äänen ja kielen tai puheen (*fōnē – logos*), samassa yhteydessä, jossa hän toteaa, että eläimistä vain ihmisellä on kyky puhua:

> Pelkkä ääni voi tosin ilmaista tuskaa ja mielihyvää, ja sen vuoksi muillakin eläimillä on ääni [...]. Puhekyky sen sijaan on edullisen ja haitallisen sekä oikean ja väärän ilmoittamista varten. (1253a10–15; suom. A. M. Anttila.)[3]

Luku 1,3

Nyt Dante erottaa toisistaan järjen ja luonnollisen vaiston. Tämä nivoutuu erotteluun toiminnan (*actio*) ja toiminnan kohteena olemisen (*passio*) välillä. On eroja siinä, mitkä aktioista ja passioista ovat ominaisia ihmiselle yksilönä ja toisaalta ihmiselle lajina (*species*) eli eläimenä. Keskiaikaisen keskustelun lähtökohtana oli erityisesti persialainen filosofi Avicenna, joka laati kattavat kommentaarit Aristo-

[1] Vrt. 1,2,7, jossa esiintyy myös vastapari *locutio* (*loquor*) ja *sonus* (*sono*).

[2] Aristoteles, *Sielusta* 420b7–8 ja 30–34.

[3] Vrt. Tuomas Akvinolaisen kommentaari Aristoteleen *Politiikkaan*: *Sententia libri Politicorum* I lect. 1 n. 28: "Sillä vaikka joillakin muillakin eläimillä on ääni, vain ihmisellä kaikista eläimistä on puhe. Sillä vaikka jotkin eläimet toistavat ihmispuhetta, ne eivät varsinaisesti puhu, sillä ne eivät ymmärrä mitä sanovat, vaan toistavat nuo äänet jonkinlaisen harjoituksen jälkeen. Puheen ja yksinkertaisen äänen välillä on näet ero."

teleen teoksiin. Dante mahdollisesti tunsi Avicennan ajatuksia luonnollisesta vaistosta Albertus Magnuksen ja Tuomas Akvinolaisen kautta.

Dante palaa jo luvussa 1,2 viitattuun enkelien läpinäkyvyyteen, mikä mahdollistaa kielettömän ajatusten välittämisen. Sen sijaan ihminen kehollisena oliona tarvitsee kommunikointiin merkin, joka on sekä järkiperäinen että aistein havaittava (*signum rationale & sensuale*). Merkillä on siis sekä merkitys että aistein havaittava (kuultava) muoto.

Kysymys kielen luonteesta oli antiikin kielitieteen ytimessä. Onko kieli sopimukseen perustuva eli konventionaalinen, kuten Aristoteles ajatteli, vai luonnollinen? Jos se on luonnollinen, sanat ovat välttämättä luonnostaan oikein ja oikeita nimiä asioille. Ajatus esiintyy jo Platonin dialogissa *Kratylos*.[1] Danten käsite *signum* on yhdistetty Aristoteleesta lähtevään ajatteluun, joka Boethiuksen (n. 480–524) ja Augustinuksen kautta on pääpiirteissään myös skolastinen ja modistien omaksuma traditio. Tässä traditiossa *signum* on yhtä kuin *dictio* eli sana, ja kieli muodostuu useista sanoista (*signa*).

Danten ja aristoteelisten skolastikkojen välillä tuntuisi kuitenkin olevan ero sikäli, että Danten *signum* on yksikössä. Se tarkoittaa kieltä tai puhetta ja on synonyymi sanalle *locutio*.[2] Käsillä olevassa

---

[1] Nimihenkilö Kratylos arvelee asioiden nimien olevan luonnostaan (*fysei*) oikein, Hermogenes taas väittää nimien perustuvan sopimukseen (*thesei*). Kysymys asetetaan heti dialogin alussa Sokrateen tuomaroitavaksi kun Hermogenes kysyy häneltä: "millä tavoin asioiden nimitykset ovat oikeita?" (Platon, *Kratylos* 384a; suom. Marja Itkonen-Kaila).

[2] Ks. Tavoni *ad loc.* 1,3,3.

luvussa 1,3 sanan *signum* kääntäminen ei tuota ongelmaa: se on yksinkertaisesti merkki, jota teos käsittelee, siis kansankieli.[1]

Luku 1,4

Kautta aikojen filosofeja, kielitieteilijöitä ja teologeja on askarruttanut sama kysymys kuin Dantea tässä luvussa: mikä oli maailman ensimmäinen kieli? Millä kielellä lausahdettiin kaikkien aikojen ensimmäiset sanat?

Dante jäsentää mutkikasta aihetta turvautuen erityiseen avainkysymysten menetelmään. Keskiajan runousoppiin se oli jo ennen Dantea omaksuttu klassisen retoriikan *circumstantiae*-tekniikasta. Esimerkiksi Johannes de Garlandian (n. 1195–1272) *Parisiana poetriassa* eli "Pariisin runousopissa" neuvotaan kirjoittajalle keinot, joiden avulla hän löytää tulevalle tekstilleen aiheet (*inventio*). Aineistoa kertyy vastaamalla seuraaviin kysymyksiin:

ubi missä? (henkilöhahmot luontevine toimintaympäristöineen)
quid mitä? (henkilöiden toiminta)
quale millainen? (ominaisuudet)
ad quid miksi?
qualiter miten? (esityskeinot).[2]

Johannes de Garlandian ja mahdollisesti Danten lähteitä olivat keskiajan kommentaarit Ciceron

[1] Ks. edellä alaviite latinankieliseen jaksoon 1,2,3.

[2] Johannes de Garlandia, *Parisiana poetria* 1,86–380; vrt. Mehtonen 2003, 81–85.

varhaisteokseen *De inventione* sekä anonyymiin teokseen *Rhetorica ad Herennium*. Keskiaika oli kommentaarien kulta-aikaa ja Cicero kouluissa paljon käytetty klassikko. Ciceron nimeämät *locus, tempus, occasio, modus, facultas* (esim. *De inventione* 1,38) olivat muovautuneet seitsemän kysymyksen sarjaksi viimeistään 300-luvulla Marius Victorinuksen Cicero-kommentaarissa.[1]

Dante ehtii vastata kysymyksistä vain kolmeen ennen kuin *Kansankielestä* katkeaa kesken toisen kirjan. Yllättävä ja monimutkainen on tässä luvussa Danten vastaus siihen, kuka oli kaikkien aikojen ensimmäinen puhuja ja mitä hän sanoi:

> 1) *Genesiksen* eli *Ensimmäisen Mooseksen kirjan* mukaan näyttäisi siltä, että ensimmäisenä puhui nainen eli Eeva. 2) Todellisuudessa ensimmäisenä puhui Aadam, ja hän lausui silloin Jumalan nimen.

Vielä 1600–1700-luvuilla oppineet kiistelivät "aadamismista", siitä mikä oli Aadamin ja Eevan käyttämä ensimmäinen kieli. Jo ennen Dantea muun muassa modistit, jotka edustivat skolastista (spekulatiivista) kielioppia, olivat lähestyneet kysymystä aadamisesta kielestä juuri kielellisenä, ei teologisena kysymyksenä.

Danten ensimmäisen väitteen Eevasta ensimmäisenä puhujana tekee erikoiseksi se, että *Genesis*

---

[1] *Explanationes in Ciceronis rhetoricam* ("Ciceron *De inventione* -teoksen kommentaari") 1,21: *quis: persona, quid: factum, cur: causa, ubi: locus; quando: tempus; quemadmodum: modus; quibus adminiculis: facultas* (kuka: henkilö, mitä: teko, miksi: syy, missä: paikka, milloin: aika, millä tavoin: tapa, millä neuvoin: mahdollisuus).

näyttäisi antavan toisenlaisen kuvan maailmankaik-
keuden ensimmäisistä puhetapahtumista. Sen jäl-
keen kun lukijalle on moneen otteeseen tähdennet-
ty, mitä Jumala sanoi, kerrotaan, miten ihminen eli
mies kutsui eläimiä (1. Moos. 1:20) ja mitä hän
sanoi naisen luomisen jälkeen (1. Moos. 2:23). Vas-
ta näiden repliikkien jälkeen käärme puhuu naiselle
ja nainen vastaa (1. Moos. 3:1–2). Dante siis ohittaa
tarkoitushakuisesti monta puheaktia jo ennen kuin
hän ryhtyy argumentoimaan *Genesistä* vastaan siinä,
miksi ei ole syytä pitää Eevaa maailmankaikkeuden
ensimmäisenä puhujana. Jumalan ja käärmeen puhe
jätetään sikseen, sillä Dantea selvästi kiinnostaa
vain ihmispuhe, *locutio*. Aadam kuitenkin nimesi
eläimet ennen kuin käärme puhui Eevalle. Miksi
tätä ei lueta ensimmäiseksi puhetapahtumaksi?

Eläinten nimeäminen ei ole kommunikaatiota
Danten tarkoittamassa mielessä. Tarvitaanhan
myös *ad quem* eli se, jolle puhutaan (vrt. 1,2,3;
1,3,2). Myöhemmin Dante tuntuu epäsuorasti viit-
taavan tähän nimenantoon sanoessaan, että olisi
mieletöntä ajatella ihmisen nimenneen mitään
muuta ennen Jumalaa (1,4,4). Joka tapauksessa
Dantelle käärmeen ja Eevan vuoropuhelu on en-
simmäinen inhimillinen puhetapahtuma *Genesiksen*
kertomuksessa – näin siitä huolimatta, että tässäkin
toinen osapuoli on eläin, ei ihminen.[1]

Entä Danten toinen väite Aadamista ensim-
mäisenä puhujana? Onko se siis Raamatun vastais-
ta järkeilyä? *Genesis* raportoi Eevan puheesta ennen

[1] Danten ovelasta monimerkityksisyydestä luomisasiassa ks.
Mehtonen & Vaahtera 2015.

kuin mainitsee muita inhimillisiä puhetapahtumia, mutta ei väitä hänen puhuneen ensimmäisenä. Danten mukaan ei olekaan uskottavaa, että nainen olisi puhunut ensimmäisenä. Dante liikkui luontevasti misogyynisessä perinteessä, johon kuuluivat jo Paavalin kehotus naisten vaikenemisesta seurakunnan kokouksissa (1. Kor. 14:35–36) ja esimerkiksi kirkkoisä Tertullianuksen (n. 155 – n. 240) suorat sanat naiselle: "[E]tkö tiedä olevasi Eeva? [...] Sinä olet paholaisen ovi."[1] Danten omaksuma tapa käyttää Raamattua on velkaa myös Augustinuksen teokselle *De Genesi ad litteram* ("Genesiksestä kohta kohdalta"), jota Dante seurailee luvuissa 1,4–6. Raamattua tulkitaan niin, että kukaan ei voi esittää sen vastaisia ajatuksia, ja pyhän sanan epäjohdonmukaisuudet paikataan todennäköisin selityksin. Augustinus myös valaisee, mitä varten nainen luotiin: jos olisi tarvittu vain apulainen tai seuraa ensimmäiselle ihmiselle, kaksi miespuolista ystävystä olisi toki ollut sopivampi ratkaisu. Tällöin toisen ei kuitenkaan olisi ollut luontevaa totella toista. Nainen sopi hyvin tähän tarkoitukseen, olihan hänet luotukin miehen jälkeen.[2] Tämä näkyi myös nimissä ja etymologioissa. Eevan nimi eli Uuden testamentin kreikaksi *Heua*, jonka Aadam antoi, yhdistettiin vastasyntyneen tuskaa merkitsevään voihkaisuun *heu* 'voih' Dante käyttää sanaa kirjoittaes-

[1] Tertullianus, *De cultu feminarum* ("Naisten laittautumisesta") 1,1–2.

[2] Ks. Augustinus, *De Genesi ad litteram* 9,5 alkaen; myös Tavoni *ad loc.* 1,4,3.

saan ihmiskunnan häpeällisestä kunnianmenetyksestä (1,7,1).[1]

Dante pääsee vihdoin toteamaan, että ensimmäinen ihmisen puhetapahtuma oli Aadamin lausuma *El*, Jumalan hepreankielinen nimi.[2] Kirjailija palasi aiheeseen *Jumalaisen näytelmän* osassa *Paratiisi* (26,134–138), jossa heprea ei enää olekaan ensimmäinen kieli: Jumalan ensimmäinen nimi on "I", vasta sitten heprean "El". Eron selittää Danten mukaan kuolevaisten kielen vaihtelevuus (*l'uso d'i mortali*).[3]

Tässä luvussa Dante myös siirtyy käyttämään sanaa *ydioma*, joka viittaa konkreettisiin ja tiettyhin kieliin. Aiemminhan hän käytti termiä *locutio* tarkoittaen ihmissuvun yleistä puhekykyä.[4] Jaksossa

---

[1] Hugutio de Pisa antaa nimelle Eva merkityksiksi 'elämä', 'onnettomuus' ja 'voih!'. Voihkaisu ei tosin ole nyt *heu*, vaan *ve* (E 154 *Eva*).

[2] Tätä selostaessaan Dante käyttää *DVE*:ssa muutoin harvinaista yksikön ensimmäistä persoonaa ikään kuin korostaen omaa neuvokkuuttaan Raamatun tulkinnassa: 1,4,4 *non titubo*; vrt. myös 1,4,1 *existimo*.

[3] Dante sovelsi Aadamin kielen ja *Genesiksen* tulkinnassa erityisesti Augustinusta. Danten mukaan kieli, jota puhuttiin ennen Baabelin tornin sekasortoa, oli Jumalan luoma ja muuttumaton. Augustinus taas katsoi, että jos olikin olemassa alkuperäinen aadaminen kieli, se katosi Baabelin tornin myötä ja oli turha yrittää selvittää, mikä tämä kieli oli (ks. Law 2003, 101). *Jumalaisessa näytelmässä* (*Paratiisi* 27) Dante joka tapauksessa seuraa skolastikkoja ja erityisesti Tuomas Akvinolaista sanoessaan, että aadamisen kielen loi, tietysti, Aadam yhdessä Jumalan kanssa. Vrt. Mazzocco 1993, 160–168; Rosier-Catach 2011, Glossaire *s.v. variation*.

[4] Rosier-Catach, Glossaire *s.vv. locutio* & *ydioma*.

1,4,5 on tekstin ongelmia, jotka vaikuttavat myös suomennokseen. Steven Botterill kääntää:

> [...] if, as I said above, the first man spoke in the form of an answer, was that answer addressed to God?

Kysymys ei kuitenkaan tunnu olevan siitä, oliko kyseessä vastaus Jumalalle, vaan siitä, oliko kysymyksessä ylipäätään vastaus. Danten päätelmä on, että ensimmäinen ihminen saattoi hyvinkin vastata puheellaan johonkin Jumalan merkkiin ilman, että Jumala oli puhunut. Koska Jumala kykenee erottamaan suuria asioita (kuten maailman elementtejä luomistyössään), hän kykenee erottamaan myös pieniä asioita (kuten äänteitä; vrt. 1,1,2). "Erottaminen" voi tässä yhteydessä tuntua oudolta sanavalinnalta, mutta se oli Dantelle luonteva.[1] Jo antiikista lähtien tieteiden menetelmiin oli kuulunut kyky tehdä erotteluja ja jakaa ilmiöitä yhä pienempiin osiin. Tässä käytössä verbi ja vastaava substantiivi *distinctio* sopii usein kääntää "jäsentelyksi". Verbi *distinguo* esiintyy usein myös puhetaidon ja puhumisen yhteydessä.[2] Tutkielman alussahan ilmaisu *vox distincta* tarkoitti artikuloitua ääntä (1,2,6).

[1] Ks. esim. Tuomas Akvinolainen *Summa contra gentiles* ("Summa pakanoita vastaan") lib. 2 cap. 39–45.

[2] Antiikissa verbi *distinguo* tai substantiivi *distinctio* tarkoitti mm. puheen jaksottamista (esim. Cicero *Orator* 53) ja välimerkkejä (Donatus, *Grammatici Latini* IV 372, 15 alkaen).

Luku 1,5

Danten vastaukset edellisessä luvussa asetettuihin kysymyksiin ovat selkeitä, kunnes päästään selvitykseen paikasta, jossa kaikkien aikojen ensimmäinen puheakti tapahtui. Oltiin *joko* Paratiisissa *tai* Paratiisin ulkopuolella (1,5,3). Tarkoituksellisen avoimeen ja moniselitteiseen "vastaukseensa" Dante liittää vielä uuden kysymyksen: missä paikassa ihmiseen puhallettiin henki? Se ei ehkä ollutkaan sama paikka kuin missä Aadam luotiin.[1]

Keskiajalla ajateltiin yleisesti, että Aadam luotiin maallisen paratiisin ulkopuolella. Näin toteaa myös kirkkoisä Augustinus, jota Dante tässä osassa teostaan seuraa. Vaikka Augustinus käsittelee ihmisen luomista ja hengen puhaltamista tähän kahtena erillisenä tapahtumana, hän ei tee samanlaista voimakasta kahtiajakoa kuin Dante.[2]

Verbi *effutio*, jonka Dante on valinnut kaikkien aikojen ensimmäisen puheen kuvaukseen, merkitsee puheen yhteydessä lähinnä 'lörpöttelyä'. Toisaalta verbi tarkoittaa 'vuodattamista' ja 'irralleen päästämistä', ja tämä vastannee Danten ajatusta, vaikka samanaikainen mielleyhtymä lörpöttelevästä alkuihmisestä sopii dantelaiseen ironiaan enemmän kuin hyvin.[3] Ensin Jumala puhaltaa ihmiseen hen-

---

[1] Olemme selvitelleet toisaalla Danten mieltymystä mutkikkaisiin kieltoilmaisuihin, ks. Mehtonen & Vaahtera 2015.

[2] Ks. Tavoni *ad loc.* 1,5.

[3] Hugutio de Pisa F 64, 14 *futio, effutio*: "*effutio* [...] eli puhua turhaan tai vuodattaa kokonaan".

gen, sitten ihminen vuodattaa ilmoille kaikkien aikojen ensimmäisen puheen.

Dante mainitsee myös ilon, jota kielen käyttäminen ihmiselle tuottaa. Kyse on järkiperäisestä toiminnasta, joka on Jumalan tahto. Danten kohdalla tuon ilon voi olla aistivinaan silloinkin, kun lopputulos välittyy lukijalle oppineina maneereina.

Luku 1,6

Mikä oli se kieli, jota ensimmäinen puhe edusti? Puhuja oli mies, ”jolla ei ollut äitiä eikä äidinmaitoa, ei lapsuutta eikä nuoruutta”.[1] Nämä ominaisuudet erottavat Aadamin muista ihmisistä. Häneltä siis puuttui luonnollinen kansankieli, joka opitaan jäljittelemällä.

Luvussa 1,6 alkaa muotoutua teema jalon kansankielen metsästyksestä. Luvusta 1,11 alkaen se kuljettaa argumenttia, joka huipentuu loistavan kansankielen löytymiseen. Danten mukaan jokaisen Tuppukylän asukkaat ylistävät mielellään omaa kieltään. Sävy muuttuu katkeraksi, kun puheeksi nousee menetetty rakas Firenze ja sen kieli (1,6,3; vrt. 1,13,1–2). Dante nostaa lukijan mieleen toisen onnettoman maanpakolaisen, Ovidiuksen kohtalon mukailemalla tämän säettä isänmaasta, joka löytyy kaikkialta.

Maantieteestä Dante mainitsee jaksossa 1,6,3 kuuluisan Sarnusjoen ilmeisesti luullen, että Firen-

---

[1] Jo 500–700-lukujen Raamattu-tietouteen liittyvässä muistisäännössä arvuuteltiin: ”Kuka kuoli mutta ei syntynyt?”; *Ioca monachorum* (Hamman col. 926–927).

zen Arnojoki oli roomalaisten Sarnus eli nykyinen Sarno Campaniassa. Jälkimmäinen esiintyy kunnioitetun Vergiliuksen *Aeneis*-eepoksessa (7,738). Virhe periytyi roomalaiselta historioitsija Paulus Orosiukselta, jonka pääteos *Historiae adversum paganos* ("Historiateos pakanoita vastaan") oli keskiajalla tärkeä maantieteen lähde.[1]

Jaksossa 1,6,4 Dante kuvaa, miten Jumala loi ihmisen kera *certam formam locutionis*, minkä olemme kääntäneet "tietynlaiseksi puheen muodoksi". Ratkaisu ei ole yksiselitteinen. Antoiko Jumala ihmisille tietyn kielen valmiina? Vai kenties kyvyn luoda kieli, joka noudattaa tiettyjä periaatteita? Danten mukaan *forma* tarkoittaa sanastoa, syntaksia ja ääntämistä.[2] Ensimmäinen kieli oli Danten mukaan heprea, jota kaikki puhuivat Baabelin tornin rakentamiseen asti.[3]

Luku 1,7

Kielten syntyä kuvatessaan Danten traktaatti ottaa kiihkeästi kantaa ihmissuvun taipumukseen tehdä

[1] Orosius (4,15,2) mainitsee Sarnuksen, vaikka hänen selostamassaan historiallisessa tilanteessa kyseessä oli Arnus eli Arno. Asiayhteys on joen tulvamaaston vaikea ylitys ennen Trasimenus-järven taistelua, jossa Hannibal voitti roomalaiset. Orosius siteeraa samassa yhteydessä ko. Vergiliuksen säkeen.

[2] Mengaldon tulkinnan mukaan ääntämisen sijaan kyseessä on morfologia; vrt. Mengaldo *ad loc.* 1,6,4 ja selityksemme lukuun 1,17. Jaksossa 1,6,4 esiintyvä sana *prolatio* esiintyy myös kohdassa 1,14,2, missä se viittaa selvästi ääntämykseen.

[3] Baabelin tornin merkityksestä Fyler 2015; Holmes 2015/2016, 92–93.

syntiä sekä kyvyttömyyteen oppia Jumalan rangaistuksista. Erityisesti kolme lankeemusta ja niitä vastaavat rangaistukset esitetään kovenevassa järjestyksessä: karkotus Paratiisista, vedenpaisumus sekä sekasorto, joka koitti sen jälkeen kun Baabelin torni oli rakennettu. Lienee paljolti Danten oma mielipide, että ihmiskunnan kovin rangaistus synnistä on Baabelin kieltensekoitus. Valinta kertoo siitä, miten painava asia *locutio* on Danten tutkielmassa.

Luvussa 1,7 mainittu tarina Nimrod-jättiläisestä Baabelin tornin alullepanijana perustunee kirkkoisä Augustinukseen.[1] Rakennustyöhön osallistuivat lähes kaikki lukuun ottamatta hepreaa puhuvia juutalaisia. Danten innoittajana tässä kohdassa oli Vergiliuksen kuvaus Karthagon rakentamisesta (*Aeneis* 1,420 alkaen). Myös erään Venetsian San Marco -kirkon mosaiikin on arveltu inspiroineen kuvausta.[2]

Samassa yhteydessä 1,7,4 esiintyvät käsitteet *ars, natura* ja *naturans* eli inhimillinen taito, luonto ja sen luoja. Skolastiikassa *natura naturans* on Jumala ja *natura naturata* on luotu luonto ja maailma: ensimmäinen on aktiivinen, toinen passiivinen.[3] Ajatus, että ihmisen taito voisi ylittää kumpaakaan näistä, oli Dantelle mahdoton.

[1] Augustinus, *De civitate Dei* ("Jumalan valtiosta") 16,4: "Sillä Baabel tarkoittaa 'Sekasorto'. Tästä voidaan tehdä se johtopäätös, että jättiläinen Nimrod oli sen perustaja." Ks. Major 2018, 55–56.

[2] Tavoni *ad loc.* 1,7,4 ja *ad loc.* 1,5,3.

[3] Ks. myös *illuminans-illuminata* 1,17,2.

Tämä mielenkiintoinen luku käsittelee kaaosta ja sekasortoa Baabelin tornin sorruttua. Tapahtuman ja sen seurausten maantiede on taas moniselitteinen. Heti luvun alussa esiintyy käsite *clima*, jolla Dante esimerkiksi *Conviviossa* tarkoittaa yhtä seitsemästä maapallon alueesta. Tässä sana kuitenkin viitannee kirkkoisien oppien mukaiseen neljään pääilmansuuntaan ja asutun alueen neljään osaan.

Myös orgaaniset vertaukset kukoistavat: viiniköynnöksen (Psalmit 80:9–12) kautta päästään "ihmislajin alkujuureen", joka on Aadam ja Eeva. Tästä ensimmäisestä istutetusta kasvista lähtee oksa, joka juurtuu jonkin matkan päähän ja kasvattaa puolestaan *siitä paikasta* (*ab inde*, *DVE* 1,8,1) oksia, jotka taas juurtuvat.

Euroopan asuttamisesta puhuessaan Dante epäröi. Olivatko sekasorron jälkeiset tulijat kenties paluumuuttajia? *Genesiksen* tarina on ristiriitainen. Ihmiskunta oli tarinan mukaan ennen tornia yhtenäinen (1. Moos. 11:1), mutta jo aiemmin on kerrottu kansojen ja kielten hajaannuksesta, joka noudattaa Nooan kolmen pojan genealogiaa (1. Moos. 10:2–32). Ratkaisuksi Danten tuntemat lähteet (Augustinus, Isidorus Sevillalainen) esittivät niin kutsutun *recapitulatio*-teorian. Sen mukaan *Genesis* 11 palaa takaisin aikaan, jona kaikilla ihmisillä oli yhteinen kieli, siis aikaan ennen Nooan poikien hajaantumista. Ratkaisu ei kuitenkaan ole aukoton, eikä selvästikään täysin tyydytä Dantea.[1]

---

[1] Esim. Rosier-Catach 2011, Glossaire *s.v. Babel.*

Dante kuvaa Euroopan kolme alkuperäistä kieltä, joista kukin on *ydioma* eli erityinen, tietyn ihmisryhmän kieli. Nämä ovat Baabelin tornin jälkeisiä sekasorron kieliä, Jumalan (rangaistuksena) antamia. Näistä jakaantuvat edelleen eri kansankielet (*diversa vulgaria*), jotka ovat siis Danten oman ajan kieliä. Danten versio korostaa omintakeisesti ja tärkeällä tavalla Baabelin tornin jälkeistä kielten variaatiota ja siihen liittyen ihmisluontoa. Ihmiset luovat oman luontonsa mukaisesti uusia kieliä niistä kielistä, jotka syntyivät sekasorron tuloksena. Tornin tarina on keskeinen Danten *Kansankielestä*-teoksessa: ihmisen luonnosta juontuva variaatio on perimmäinen syy siihen, että Italiassa olisi nyt luotava uusi yhtenäinen kansankieli.

Teos *Kansankielestä* yhdistää aikansa maantieteeseen liittyvät käsitykset ja kielet. Danten Euroopassa on kaksi toisiaan seuraavaa kielellistä kolmijakoa, joiden kuvauksessa Dante soveltaa maantieteellis-ensyklopedista mallia. Sen edeltäjiin lukeutuivat muun muassa Paulus Orosius ja Isidorus.[1] Danten kieliryhmät ovat seuraavat:

(1) Pohjoisessa lähinnä englantia ja saksaa puhuvien ryhmä. Siihen päätyivät mukaan myös slaavit ja unkarilaiset (Danten mainitsemat "maiootilaiset suot" ovat Asovan-meri). Jaon perusteluksi on arveltu sitä, että Bolognan yliopistossa nämäkin kansallisuudet kuuluivat teutoniseen kansakuntaan eli osakuntaan (*natio*) ja osasivat ainakin auttavasti saksaa.

[1] Maantieteestä *DVE*:ssa esim. Scott 2004, 213–230; Bruni 2012.

(2) Itäinen ryhmä. Tässä kreikkalaisten osuus on erikoinen: maantieteellinen alue ulotetaan Aasiaan, mitä selittää Danten tuntema Bysantin imperiumi.

(3) Dantea kiinnostaa eniten kolmas kieliryhmä ja siitä syntyneet kolme kansankieltä.

> *oc*-kieli eli käytännössä katalaani ja oksitaani[1]
> *oïl*-kieli eli pohjois-Ranskan kieli
> *sì*-kieli eli italia.

Kolmijakoisuus tässä viimeisessä ryhmässä luo analogian Euroopan kielten alkuperäiseen kolmijakoon ja tekee luontevaksi ryhmän tarkemman tarkastelun. Perinteistä kolmijakoa kolmeen pyhään kieleen heprea, kreikka ja latina Dante ei esitä, sillä sille ei ollut käyttöä hänen argumentoinnissaan.[2] Danten antamat esimerkit kolmen kielen yhteisistä sanoista (1,8,5) ovat suomennettaessa ongelmallisia. Tulisiko sanat säilyttää käännöksessä latinaksi vai kääntää? Päädyimme Rosier-Catachin lailla kääntämään ne.

Luku 1,9

Luvussa marssitetaan esiin *eloquentes doctores*, kaunopuheisuuden mestarit, eli käytännössä ne, jotka

[1] Vaikka Dante nimeää *oc*-kielen puhujat "hispaaneiksi", hän ei tarkoita espanjalaisia. Ks. Rosier-Catach 2011, Glossaire *s.v. Lingua oc.*

[2] Kolme pyhää kieltä esiintyvät esimerkiksi Brunetto Latinilla (*Tresor* 3,1,3). Hänen mukaansa ennen Baabelin tornia kaikkien yhteinen kieli oli heprea, joka sekasorron jälkeen sai rinnalleen latinan ja kreikan. Brunetto yhdistää nämä kolme pyhää kieltä myös maantieteeseen: idässä heprea, keskellä kreikka ja lännessä latina. Ks. myös Fyler (2015, 420–421) hepreasta suhteessa Baabelin torniin ja kolmesta pyhästä kielestä.

runoilevat hienosti kansankielellä ja käyttävät arvokkainta eli traagista tyyliä. Lukijalle tarjotaan myös ensimmäiset runonäytteet, joiden tekijät ovat "Navarran kuningas" eli Thibaut IV (1201–1253) sekä jo mainitut trubaduurimestari Guiraut de Bornelh ja stilnovistien isä Guido Guinizelli. Runoilijat on esitelty tarkemmin erillisessä liitteessä.

Guiraut de Bornelh on useaan otteeseen Danten ylistyksen kohteena ja malliesimerkkinä myös moraalisesta runoudesta (vrt. 2,2,8; 2,5,4; 2,6,6). Sen sijaan Danten *Jumalaisessa näytelmässä* Guiraut ja muut runoveljet joutuvat huonohkoon valoon. Päähenkilö-Dante kohtaa kiirastulessa Guido Guinizellin, jonka kanssa käydään keskustelua muista pätsissä kärventyvistä "äidinkielen sepistä".[1] Dante pitää heihin välimatkaa kuumottavien lieskojen vuoksi ja jättää heidät taakseen jatkaessaan vaellustaan kohti paratiisia.

Dante siteeraa tässä luvussa Guido Guinizellin kuuluisaa runoa *Al cor gentil*, joka oli koko uuden tyylilajin filosofinen perusta: käsitteellinen, vaikea ja oppinut. Nyt lauletaan suohon aiemman trubaduurilyriikan maallinen rakkaus ja konkreettinen nainen sen kohteena. Guido Guinizellin runossa rakkaus on henkinen voima, joka on vain jalolla sydämellä.

Kolmas tässä osassa mainittu kaunopuheisuuden mestari Thibaut oli todellakin Navarran kuningas. Hän on ainoa Danten mainitsema ranskalaisen *oïl*-kielen edustaja. Dante siteeraa Thibaut'lta saman

---

[1] *Kiirastuli* 26,115–120; ks. selitykset lukuun 2,11.

runosäkeen kahdesti (lisäksi vielä yhden säkeen, jota Dante virheellisesti pitää Thibaut'n runona).[1]

Luvussa 1,9 nousee esiin yksi koko teoksen tärkeimmistä kieltä koskevista ajatuksista: teoria luonnollisen kielen muuttumisesta (*variatio*).[2] Sitä oli käsitelty jo varhaisemmassa runousopin ja retoriikan perinteessä (Horatius, Quintilianus), mutta Danten ote on omaperäinen. Muutos on juuri se piirre, joka tekee kansankielestä paremman kuin latina. Rosier-Catachin mukaan koko *Kansankieles-tä*-teoksen suurin oivallus on kielellisen variaation tunnistaminen luonnollisen kielen piirteeksi.[3]

Muutos on sekä synkronista että diakronista, sekä ajassa että paikassa ilmenevää. Kieltä koskevassa ajattelussa kielen diakroniseen muuttumiseen ei antiikissa yleensä otettu kantaa. Varsinkin retoriikan ja poetiikan piirissä esiintyi kuitenkin käsite *usus* tai *consuetudo*, jolla viitataan yleiseen kielenkäyttöön. Puhuttiin myös "vanhoista" ja "uusista" sanoista, mikä luonnollisesti edellytti, että kieli on jossakin vaiheessa muuttunut ja muuttuu jatkossakin. Horatius vertaa sanojen kohtaloa niin puto-

---

[1] *DVE* 1,9,3 ja 2,5,4 sekä 2,6,6 (todellisuudessa Gace Brulén säe). Runoilijasta ja Danten *oïl*-kielelle suomasta tilasta ks. Rosier-Catach 2011, Glossaire *s.v. Lingua oïl.*

[2] Trabant (2010, 27) tuo esille, miten variaatio esiintyy niin verbin, substantiivin, adjektiivin kuin adverbinkin hahmossa (*variari, variatio, varietas, variabilis, variatus, varie*). Eniten osumia on juuri luvussa 1,9.

[3] Rosier-Catach 2011, Glossaire *s.v. variatio.* Ks. myös Rosier-Catach 2010, 38 siitä, miten variaatio Danten käsitteenä on tulkittu joko myönteisessä tai kielteisessä valossa. Rosier-Catach itse puoltaa positiivista tulkintaa.

aviin lehtiin kuin kuolevaisiin ihmisiin: ratkaisevaa sanojen kannalta on se, mitä käytäntö, *usus*, vaatii.[1] Cicero ohjeistaa, että vanhoja sanoja ei tule käyttää vastoin yleistä kielenkäyttöä. Quintilianus oivalsi, että uudet sanat voivat aluksi tuntua karkeilta, mutta kielenkäyttö pehmentää ne. Yleinen kielenkäyttö on sekä Ciceron että Quintilianuksen mielestä itse asiassa tärkein hyvän latinan kriteeri.[2] Kielen muuttuminen tulee siis esiin yksittäisten sanojen ja kirjallisen ilmaisun yhteydessä, mutta ei nouse muuten keskustelun aiheeksi.

Dante tutustuttaa lukijan myös aristoteelis-skolastiseen käsitepariin *mores et habitus*. Sanan (ja Danten) moniselitteisyys näkyy nykytulkinnoissa, joissa *habitus* on tässä ymmärretty milloin konkreettiseksi vaatetukseksi, milloin filosofis-moraaliseksi olemukseksi.[3] Päädyimme käännökseen "olemus" tietoisina ratkaisun epämääräisyydestä. Sana kuitenkin sallii väljemmän merkityskentän kuin sanan *habitus* käyttö kääntämättömänä suomenkielisessä tekstissä. Ensimmäisessä luvussahan Dante käytti sanaa "hallinnasta", kuten tuli esiin jaksossa 1,1,3 ja sitä koskevissa selityksissä.

[1] Horatius, *Runotaide* 60–72.

[2] Cicero, *Puhujasta* 3,170; Quintilianus, *Puhujan kasvatus* 8,3,32 ja erityisesti 1,6; esimerkkejä Vaahtera 1998, 106 alkaen; Horatiuksen pohdinnoista uusiin sanoihin liittyen Vaahtera *ibid.* 177–178. Horatius ihmettelee, miksi hän ei saisi luoda uusia sanoja: "On ollut ja aina on oleva luvallista laskea liikkeelle tämän päivän leimalla merkitty sana" (*Runotaide* 58–59; suom. Teivas Oksala & Erkki Palmén).

[3] Vrt. 1,9,6; myös 1,11,2 roomalaisista; 1,16,3 italialaisista ja 2,1,5 yhteensopivuudesta.

Kolmesta kielestä *oc, oïl* ja *sì* viimemainittu alkaa nyt nousta lähemmän tarkastelun arvoiseksi. On outoa, että ranskankielinen kirjallisuus rajoittuu tässä vain proosan käsittelyksi, vaikka se oli enimmäkseen runoutta. Jaksossa 1,10,2 Dante mainitsee teokset, joissa Raamatun kertomuksiin yhdistyy muinaisten troijalaisten ja roomalaisten tekoja. Kuvausta vastaa esimerkiksi suosittu teos *Li fet des Romains*, jossa yhdistyvät luomiskertomus, maallinen historia sekä roomalaiset kirjailijat kuten Sallustius, Suetonius ja Lucanus. Teos sai suosiota Italiassa muunnelmana *Fatti di Cesare*, "Caesarin urotyöt". Teoksesta on lyhyt Tyyni Tuulion suomentama näyte antologiassa *Italian kirjallisuuden kultainen kirja.*[1] Myös Danten omassa tuotannossa ja historiakäsityksessä olennaista oli pyhien ja maallisten kertomusten rinnakkaisuus.

Jaksossa 1,10,2 Dante mainitsee myös Arthur-perinteen, mikä 1300-luvun taitteen Italiassa tarkoitti yhtäältä ranskankielistä proosaa, jota käännettiin ranskasta italiaksi – esimerkiksi arturiaanisia proosaromansseja kuten *Tristan* ja *Lancelot* – ja toisaalta kirjallisuutta, jota italialaiskirjoittajat laativat ranskan kielellä, kuten Merlinin profetiat ja *Meliadus.*[2]

Runoilijoista mainitaan varhainen oksitaanitrubaduuri Peire d'Alvernhe, joka ei esiinny muualla tutkielmassa. Juristi-runoilija Cino da Pistoian puo-

---

[1] Tuulio 1945, 61–63.

[2] Cornish 2011, 77.

lestaan tapaamme peräti kuudesti, yleensä "ystävän-
sä" eli Danten seurassa, kuten nyt ensimmäistä
kertaa tässä luvussa.

Jaksoissa 1,10,4–5 laajennetaan Italian maan-
tietoa. Dante kuvaa Italian karttaa paremminkin
lännestä itään kuin pohjoisesta etelään ja vieläpä
niin, että itä on "ylhäällä". Hänen karttansa on siis
lähinnä Paulus Orosiuksen tai Isidorus Sevillalaisen
kartta.[1] Danten nimeämiä alueita ei voi suoraan
yhdistää nykykarttaan. Esimerkiksi Apulia on ny-
kyinen Puglia, Basilicata, Calabria ja Campania.
Danten Italiassa on ainakin neljätoista kielellistä
aluetta, kaikki tietenkin *sì*-kieleen kuuluvia. Vaikka
alueiden esittely on selkeästi kieliin perustuva, on
käsittely myös poliittisesti motivoitua. Italian yhtei-
nen kielellinen tekijä on nimettävissä (*sì*), mutta
poliittinen yhtenäisyys on vain haave. Dantelaisessa
maantieteessä *Latium* on koko Italia (ei siis Lazio)
ja adjektiivi *latius* merkitsee 'italialaista' (*vulgare la-
tium*). Danten epätavallisen ratkaisun taustalla on
niin politiikka kuin kielipolitiikka. Kuten Tavoni
huomauttaa, *Roma* on näin vain Rooman kaupunki,

[1] Ks. Bruni 2012, 246. Dante seurasi antiikista keskiajalle
periytynyttä näkemystä universumista, jossa kaiken keskipis-
teenä oli Maa. Maan asuttu osa käsitettiin "T O" -mallissa
O:n sisään asetetuksi T:ksi. T:n vaakaviiva vastaa O:n hal-
kaisijaa ja pystyviiva on säde, joka lähtee O:n keskipisteestä.
Halkaisija ja säde vastaavat kolmea mannerta rajaavia vesiä.
Ylimpään puoliympyrään eli itään (ei siis pohjoiseen) sijoittuu
maanpäällinen Paratiisi ja Aasia. Halkaisijan alapuolella on
vasemmalla Eurooppa, oikealla Afrikka. Gregorio (Goro)
Dati (1362–1435) laati suositun runon *Sfera*, jossa kuvaa em.
Maan: "Un T dentro ad un O mostra il disegno …". Tämä on
T O -mallin ensimmäinen esiintymiskerta.

eikä sitä ympäröivä Lazio tunnu olevan olemassakaan. Mikä tärkeintä, Danten Italiassa ei ole ollenkaan Kirkkovaltiota. Danten nimitys italian kielelle, *vulgare latium*, puolestaan tuo esiin italian yhteyden latinan kieleen.[1]

Yhtenä Italian maantieteen kuvauksen lähteenä Dante mainitsee roomalaisen runoilijan Marcus Annaeus Lucanuksen (39–65 jaa.). Hän esiintyy Danten tuotannossa peräti 50 kertaa. Tässä Dante oli aikansa lapsi. Keskiajan oppilaitoksissa luettiin ahkerasti ja varustettiin kommentaarein Lucanuksen eeppistä sotarunoelmaa *Pharsalia* eli *Bellum Civile* ("Farsaloksen taistelu" eli "Kansalaissota"). Danten *Jumalaisessa näytelmässä* Lucanus päätyi, monien muiden "pakanallisten" kirjailijoiden seurassa, limboon eli Helvetin ensimmäiseen piiriin.[2]

Luku 1,11

Luvun lähtökohtana on *variatio*: alkuperäinen *sì*-kieli on muuntunut lukuisiksi kieliksi. Luvussa 1,6 Dante aloitteli jo metsästys-vertauksen käyttöä ja nyt hän jäljittää toden teolla Italian loistavaa kansankieltä. Metsästäjän on aluksi raivattava "ryteikköjä" ja kitkettävä "rikkaruohoja" Italian kansankielten pusikoista.

[1] Tavoni 2011, Introduzione 1088. Jo Isidorus Sevillalainen oli liittänyt sanan *Latium* koko Italiaan (*Etymologiae* 14,4,18), joten Danten ratkaisu ei ole aivan ennen kuulumaton.

[2] *Helvetti* 4,90. Schnapp 2010. Vrt. myös jakso 2,6,7, jossa Lucanus on esimerkki sääntöjä noudattavasta runoilijasta.

Roomalaisten kansankieli saa kyseenalaisen ensimmäisen sijan kritiikin kohteena ja raivattavien kielten joukossa. Rooman kieli on Danten korvissa niin kammottavaa, että hän on keksinyt uuden latinan sanan sen kuvaamiseen: *tristiloquium* tarkoittaa suorastaan murheellisen surkeaa kieltä (1,11,2). Roomalaiset eivät varmaan itsekään asettaneet itseään ensimmäiseksi juuri kieliasiassa. Ainakaan tällaisesta ei ole säilynyt tietoa, eivätkä 1200-luvun vähäiset roomalaiset kansankieliset aikaansaannokset antaneet omakehuun aihetta. Siksi Danten kommentti roomalaisista, jotka asettavat itsensä kaikessa ensimmäiselle sijalle, tuntuu tässä yhteydessä epäreilulta.

Kyse lienee politiikasta, kuten kansankielten aseman parantamisessa kautta aikain. Danten nuolenkärki on suunnattu paavi Bonifatius VIII:tta vastaan, mahdollisesti kahdestakin syystä. Bonifatiuksen paavillinen bulla *Ad Unam Sanctam* (1302) julisti paavin ja kirkon valtaa maallisen vallan yli ja tällaista yhteiskuntajärjestystä Dante vastustaa ponnekkaasti teoksessaan *Monarchia*. Lisäksi Bonifatius saattoi olla osallisena, kun Dante karkotettiin Firenzestä.[1] *Jumalaisessa näytelmässä* Dante tulee kirjoittamaan, miten Bonifatius oli tehnyt Roomasta veren ja löyhkän viemärin (*cloaca di sangue e puzza*).[2] Löyhkä liittyy myös nyt käännettävässä teoksessa

[1] Bonifatius VIII:n politiikasta ja tilanteen kärjistymisestä aina paavien siirtymiseen Avignoniin, esim. Deanesly 1969, 165 alkaen.

[2] *Paratiisi* 27,25–26. Puhuja on Pietari, joka ei varsinaisesti mainitse paavin nimeä ja joka käyttää Roomasta ilmaisua "hautausmaani" (*cimitero mio*).

Roomaan, tai paremminkin roomalaisiin, kun kaupunki tai kaupunkilaiset saavat Danten tuntemaan suorastaan aistillista inhoa.[1] Paha haju yhdistyi keskiajalla ja tietysti jo Raamatussa syntiin, joten Danten närkästyksessä on moraalinen aura. Tosin voi kuvitella, millaisen vaikutelman keskiajan rappeutunut ja raunioitunut Rooma teki vaeltajaan, jos hän siellä kävi. Danten tuotannosta löytyy myös Rooma, jolla on loistokas ja suuri menneisyys. *Kansankielestä* viittaa roomalaisten maineteoista kertovaan kirjallisuuteen, *Convivio*-teoksessa taas Firenze mainitaan Rooman kauniina tyttärenä.[2]

Dante niputtaa yhteen milanolaiset, bergamolaiset ja heidän naapurinsa, joiden pilkaksi sepitetyn säkeen hän siteeraa. Tieltä raivataan myös aquileialaiset (friulilaiset) ja istrialaiset, eivätkä maaseudun asukkaatkaan säästy. Maalaismaisuus ja kaupunkilaisuus asettuvat toistuvasti vastakkain ja rinnakkain, mikä yhdistyy myös erityisiin kielellisiin esitystyyleihin (vrt. 1,17,3; 2,1,6).

Luku 1,12

Dante on nyt tehnyt likaisimman työn, ja kielten pudotuspeli etenee finalistien keskinäiseen vertailuun. Tähän yhdistyy Danten poliittista maantietoa ja käsityksiä hallitsijuudesta. Lukijalle aletaan tuottaa italialaisen runouden historiaa, joka huipentuu

[1] Vaahtera 2019, 253–257.

[2] *DVE* 1,10,2; *Convivio* 1,3,4. Roomalainen kolonia Florentia perustettiin 40- tai 30-luvulla eaa. Danten suhteesta Roomaan esim. Davis 2010.

Danteen, vaikka osansa saavat myös sisilialaiset (1,12), toscanalaiset (1,13) ja bolognalaiset (1,15). Kustakin ryhmästä nostetaan esiin yksi avainhahmo. Myöhemmin toisessa kirjassa näkökulma laajenee myös ranskalaiseen ja oksitaanirunouteen, kun alkaa mestari Guiraut de Bornelhista Danteen päättyvä säekavalkadi (2,5–6).

Tässä luvussa siteeratut kaksi ylevän tyylin sisilialaista (1,12,2) ja kaksi apulialaista esimerkkisäettä (1,12,8) ovat ainoat, joiden tekijää ei tutkielmassa mainita. On ehdotettu, että Dante haluaa painottaa kyseisen runouden kollektiivista korkeaa laatua, kun taas muut nimeltä mainitut runoilijat ovat yksittäisiä tapauksia. Dante myös tarkoituksella yhdistää sisilialaiset ja apulialaiset, vaikka he todellisuudessa teoksen kirjoitusaikana 1300-luvun alussa kuuluivat jo eri valtakuntiin. Nimettöminä siteeratut sisilialaiset säkeet ovat Guido delle Colonnen (n. 1210–1287), joka oli sisilialaisen koulukunnan avainhahmo.[1] Apulialaiset säkeet puolestaan ovat peräisin sisilialaisen koulun perustajalta ja sonetin mestarilta, Giacomo (Iacopo) da Lentinilta (n. 1210–1260), jonka nimeä Dante ei edes mainitse tarkoitushakuisessa historiikissaan, sekä Rinaldo d'Aquinolta (toimi 1240-luvulla), joka on maineessa jäänyt veljensä, filosofi-teologi Tuomas Akvinolaisen varjoon.

Myös Danten painotukset Italian maantieteen kuvauksessa ovat kielipoliittisia. Ihailun kohteena on menneisyyden jakamaton Sisilia ja keisari Fred-

---

[1] Vrt. 2,5,4; Danten kansankielisen lyriikan historiasta ks. Barolini 1984, 91–95.

rik II (vallassa 1245 asti).[1] Fredrikin pojan Manfredin Dante mainitsee "jalosukuiseksi" (*benegenitus*), vaikka todellisuudessa Manfred oli Fredrikin avioton lapsi, eikä Dante mainitse Manfredin valtaannousuun liittyviä vähemmän imartelevia seikkoja.[2] Fredrik II:n loisteliaaseen hoviin Palermossa saapui Provencesta runoilijoita ja Sisiliasta tuli keskus ensimmäiselle italiankieliselle lyyriselle koulukunnalle. Runouden luonne muuttui, sillä yhden hallitsijan hovissa ei ollut sijaa Provencen kirjailijoiden kärkevimmälle poliittiselle satiirille. Suuri osa Sisilian runoilijoista oli Fredrikin hovin virkamiehiä tai oikeuslaitoksen palvelijoita.[3] Danten poliittis-poeettinen argumentointi halusi yhdistää jalouden ja oikeudenmukaisuuden erityiseen kieleen ja sillä laadittuun runouteen. Fredrik II ja Manfred ovat loistavia, kuten myös se kansankieli, joka on Danten sydämenasiana.

Vuoden 1302 Caltabellottan rauhan tuloksena Sisilian valtakunta jakautui kahtia ja hallitsijoiksi tulivat Aragonian Fredrik III (Sisilian kuningas) ja Kaarle II, Anjoun herttua (Napolin kuningas).[4]

[1] Ks. Shepard 2010.

[2] Hohenstaufenien vastustajat toivat ilmi juuri Manfredin aseman aviottomana lapsena ja raportoivat hänen nousseen valtaan surmaamalla isänsä, velipuolensa ja muita sukulaisiaan. Ks. Balfour 2010, 589.

[3] Barolini 2007, 14.

[4] Sisilian jakautumisen tuloksena *Regnum Trinacriae* oli varsinainen Sisilia ja *Regnum Siciliae* entisen valtakunnan mantereen puoleinen osa. Tämä on taustana 1800-luvun "molempain Sisiliain kuningaskunnan" synnylle (*Regno delle due Sicilie*).

Näihin hallitsijoihin "joutavine soittimineen" Dante viittaa halveksivasti. Heidän seurassaan viihtyvät musta guelfi Azzo (VIII d'Este, Ferraran markiisi), joka tuli sulkemaan Bolognan vuonna 1306 Firenzen valkoisilta guelfeilta, sekä Johannes (Giovanni I, Monferraton hallitsija), joka oli liian liberaali ja "plebeiji" hallitsija. Näitä käsittelevä jakso alkaa hävyttömyyttä ilmaisevalla huudahduksella *racha, racha!*

Sisilialaisen kansankielen huonona piirteenä Dante mainitsee verkkaisuuden. Siihen toki syyllistyvät vain tavalliset sisilialaiset, eivät Danten ihailemat runoilijat. Mihin Dante tähtää mainitsemalla samassa yhteydessä (1,12,4–6), että juuri Sisilian runouden ansiosta *kaikkea italialaista* runoutta kutsutaan sisilialaiseksi? Väitteelle ei löydy muualta tukea. Kyse on paljolti siitä, että Dante *haluaa kutsua* runoutta sisilialaiseksi. Kohdan olennainen asia on runoilu kansankielellä ja se, että tämä runoilu edustaa ylevää tyyliä. Danten on kyettävä erottamaan toisistaan (Sisilian) runouden ansiokkuus ja sisilialainen kansankieli päästäkseen argumentoimaan, että loistava kansankieli ei asu vain yhdellä Italian alueella.

Dante kuitenkin tunsi sisilialaisen runouden vain sen toscanisoidussa muodossa, sillä alkuperäinen muoto oli runouden saadessa suosiota syntyalueensa ulkopuolella kadonnut nopeasti, noin puolessa vuosisadassa. Juuri tähän tietämättömyyteen perustui Tavonin mukaan Danten teoria italialaisesta korkeasta kansankielestä, joka tuoksuu kaikkialla mutta joka ei asusta missään erityisessä paikassa. Päinvastoin kuin Dante esitti ja ilmeisesti

uskoi, hänen tuntemansa lyyrinen runous oli siis pääasiallisesti toscanisoidussa muodossa silloinkin, kun se ei ollut alun perin toscanalaista.[1] Niinpä hänen siteeraamansa esimerkki "verkkaisesta" sisilialaisesta kansankielestä, jota hän ei puhutussa muodossa tuntenut, oli sekin luultavasti peräisin runoudesta, Cielo d'Alcamon (toimi 1230–1250) canzonesta. Tämä teksti kuuluu niihin, jotka eivät tulleet toscanisoiduiksi, koska sen sisältämässä henkilöhahmojen dialogissa oli aineksia myös alemmasta tyylirekisteristä.

Luvun lopussa esiintyy jatkossa keskeinen ajatus: tarve erkaantua (*divertere*) omasta paikallisesta kansankielestä.[2]

Luku 1,13

Tehtyään selväksi, että sisilialaisen runouden ylemmyys ei perustu sisilialaiseen kansankieleen, Dante tekee tässä luvussa pesäeron toscanalaisiin edeltäjiinsä. *Stilnovistit* eli Dante itse, Guido Cavalcanti, Lapo Gianni (toimi 1290–1328) ja Cino da Pistoia ovat täysin eri maata kuin luvussa käsitellyt muut toscanalaiset. Siirtymä on taas taktinen: poliittisesta ihanteesta (Fredrik II ja Manfred) Dante vie lukijan ajatukset poliittiseen kunniattomuuteen, valtakunnan tasolta kaupunkitasolle.

[1] Tavoni *ad loc.* 1,12,6.

[2] Verbin *diverto* välittämä ajatus erkaantumisesta on tärkeä Danten teesin kannalta. Se liittyy siirtymään erityisestä yleiseen (Mehtonen & Vaahtera 2015, 405). Vrt. 1,13,5.

Silmätikuiksi joutuvat nyt myös ne, jotka turhanpäiväisesti ylentävät oman kielensä. Yllättävin on Danten tuomio Guittone d'Arezzolle, joka oli toscanalaisen koulun avainhahmo ennen Guido Guinizellia, sen jälkeen kun lyriikka oli Sisilian jälkeen noussut kukoistukseen Toscanassa. Dante oli paljossa velkaa Guittonelle. Tärkeä oli myös Bonagiunta da Lucca (n. 1220–1296), joka toi Toscanaan Sisilian hovissa syntyneen rakkausrunouden.[1] Luccan kielimaisemaan Dantella oli tilaisuus tutustua maanpakolaisena siellä vuosina 1311–1312. Muita mainittuja nimiä ovat Gallo da Pisa (ser Gallo di ser Agnello), joka runoili 1200-luvun puolivälissä, Mino Mocato (da Siena), joka on ilmeisesti Bartolomeo Mocati, jolta tunnetaan oksitaaniksi runoilleelta Raimbaut de Vaqueirasilta osaksi omittu canzone, sekä "Brunetto da Firenze" eli Danten opettajahahmo Brunetto Latini. Tätä Dante ei siis ilmeisesti runoilijana arvosta. Kaikkien mainittujen kirjoittajien helmasynti on se, että he käyttävät paikallista kieltä.

Dante antaa esimerkkejä myös toscanalaisten rumasta puheesta (*turpiloquium*; vrt. roomalaisten *tristiloquium*). Esimerkit ovat ilmeisesti proosaa, vaikka jotkut tutkijat ovat halunneet nähdä ne myös säkeinä ja niiden lukutavat ovat osin epäselviä johtuen käsikirjoitusten eroista.[2]

---

[1] Tästä Martinez 2010; ks. myös *Jumalainen näytelmä, Kiirastuli* 24,19–63, joka on merkittävä aiempien runotyylien katselmus.

[2] Tästä ja murteellisuuksista ks. Tavoni *ad loc.* 1,13,2.

Metsästys jatkuu nyt Apenniinien toisella puolella, Romagnassa. On kyse tärkeästä kohteesta, jossa Dante ilmeisesti asui laatiessaan teosta *Kansankieles-tä*. Poliittisista syistä Dante ei Romagnasta puhuessaan tuo esille sitä, että se kuului paavin valtaan.[1]

Danten maantieteellis-poliittisia kannanottoja ei ole aina helppo hahmottaa. Danten mukaan "vasemmalla" eli idänpuoleisessa Italiassa vallitsee kielellinen kahtiajako pehmeään romagnalaiseen ja karkeaan lombardialaiseen. Tämä jako ei Tavonin mukaan voi olla Danten empiirisesti havaitsema, vaan hän on kehitellyt sen korostaakseen Bolognan keskeisyyttä alueiden rajalla.[2]

Dante ottaa asiakseen puhua tässä yhteydessä erityisesti Forlìn kaupungista, jossa hänen mukaansa on "nuori" kaupunkihallinto. Väittämä tarkoittaa mahdollisesti sitä, että vanha Forlì päätyi sotaisien vuosien 1282–1283 jälkeen uuteen vakaaseen hallintoon.[3]

Jo edellä on käynyt ilmi, että tärkeä edellytys kirjailijoiden valiokaartiin pääsyssä oli kirjoittajan erkaantuminen omasta paikallisesta kielestään ja yhdistyminen johonkin suurempaan, yleisempään. Tähän seurueeseen liitetään nyt myös faenzalaiset Tommaso da Faenza ja Ugolino Bucciòla, jotka runoilivat 1200-luvun puolivälissä. Venetsialaisista

---

[1] Ns. *Patrimonium Sancti Petri.*

[2] Vrt. Bolognan kielen ylistys 1,15,5; Tavoni 2015, 96 alkaen.

[3] Tarkemmin esim. Tavoni *ad loc.* 1,14,3. Ordelaffien suku vakiinnutti valtansa kaupungissa juuri *DVE*:n kirjoitusaikaan.

taas Aldobrandino Padovano (toimi 1290–1300)
on ainoa, joka on pyrkinyt erkaantumaan omasta
äidinkielestään. Dante mahdollisesti tunsi kyseisen
juristi-runoilijan, joka vaikutti Firenzessä vuosina
1291–1292 Danten vielä asuessa siellä. Ainakin
näiden kahden kesken oli runollista kommunikoin-
tia sonettien välityksellä.

Jaksossa 1,14,5 esiintyy runsaasti kieleen liitty-
vää terminologiaa: *sincopare* (painottoman keskita-
vun jääminen pois), *participium*, *denominativum* (tässä
adjektiivista johdettu substantiivi), *apocopare* (sanan
lopun jääminen pois), vieläpä adjektiivin *barbarus*
superlatiivi *barbarissimum*. Viimeinen viitannee bar-
barismiin, jo antiikin kielitieteiden tuntemaan poik-
kemaan sanatasolla. Barbarismia oli esimerkiksi
sanan virheellinen ääntäminen, erotuksena solesis-
mista eli virheestä lauseen (syntaksin) tasolla.[1] Kes-
kiajan kirjoitusoppaisiin termit periytyivät erityisesti
antiikin retoriikasta.

Danten suhde kielen variaatioon on mielen-
kiintoisen epäselvä: paikoin muuntelu on arvokas
asia, mutta paikoin se tuntuu tuottavan kieleen
virheitä. Vaikka esimerkiksi ilmaisu *barbarissimum*
on tulkittavissa sivistymättömyydeksi yleensä, tässä
terminologiaa muutenkin uhkuvassa luvussa olem-
me säilyttäneet sanan teknisyyden. Oppineisuut-
taanhan Danten kaltainen kriitikko korostaa myös
käyttämällään jargonilla.

---

[1] Toisaalta sana *barbarus* voi viitata yleisesti sivistyneisyyden
vastakohtaan. Käänsimme kohdassa 1,12,7 verbin *barbarizo*
"sivistymättömäksi puhumiseksi".

Sisilialaisten ja toscanalaisten runoilijoiden jälkeen Danten uusi kirjallisuushistoria ottaa käsittelyyn bolognalaiset. Ylistääkö Dante Bolognan kieltä siitä syystä, että teosta kirjoittaessaan hän mahdollisesti oli maanpaossa juuri Bolognassa? Kehutut bolognalaiset ovat joka tapauksessa Danten mukaan omaksuneet kansankieleensä aineksia naapureiltaan. Samoin on laita mantovalaisen kansankielen, jonka runoilija Sordello (n. 1200–1270) hylkäsi. Tämä kuuluisin italialaisista trubaduureista kirjoitti oksitaaniksi jouduttuaan lähtemään Veronan hovista Provenceen poliittisen skandaalin vuoksi.[1] Sordellon suhde kieleensä on nyt Danten mukaan hylkääminen (*desero*), ei erkaantuminen (*diverto*) kuten useissa aiemmissa kohdissa, joissa kuvataan runoilijoiden suhdetta paikalliseen murteeseensa ja äidinkieleen (*materna locutio*, vrt. 1,6,2; 1,12,9; 1,14,7). Sordello hylkääkin Danten mukaan isänkielen (*patrium vulgare*), mikä viittaa italialaiseen kansankieleen yleensä. Myös *Jumalaisessa näytelmässä* esiintyvä Sordello, "sielu ypö yksinäinen" ja "varjo umpimieli"[2], on vielä modernissakin kirjallisuudessa esiintyvä vertauskuva varjomaiselle irrallisuudelle ja yksinäisyydelle.

---

[1] Sordellon lisäksi muita oksitaaniksi runoilleita italialaisia olivat mm. Terramagnino de Pisa, Lanfranc Cigala ja Bonifacio Calvo (Sordellosta ks. Shapiro 2010). Sordellon merkityksestä myöhemmässä kirjallisuudessa Caselli 2005, 50–53; Holmes 2015/2016.

[2] *Kiirastuli* 6,58–75; suom. Eino Leino.

"Äidinkieli" ei siis näytä tarkoittavan tässä italiaa yleensä, vaan kunkin alueen omaa varianttia italiasta. "Isänkieli" taas on italia yleisesti käsitettynä, toisin sanoen *sì*-kieli erotettuna kahdesta muusta romaanisten kielten ryhmästä. Latina ei tähän jaotteluun mahdu ollenkaan. Antiikissa tunnettiin vain isänkieli,[1] ja vielä Danten aikana oman kielen yhdistäminen äitiin oli verrattain uusi ajatus. Kun äidinkieli tulee käsitteenä käyttöön, se viittaa usein juuri kansankieleen ja isänkieli latinaan.[2]

Termi *garrulitas*, jonka Dante liittää lombardialaisiin (1,15,3–1,15,4), tarkoittaa ilmaisun (ylenpalttista) vuolautta ja monisanaisuutta. Luvun viesti on, että vaikka bolognalaisten kansankieli on miellyttävää, se ei ole Danten etsimä loistava kansankieli. Olennaistahan Danten argumentille on, että etsinnän kohde ei löydy mistään yhdestä paikasta. Todisteeksi siteerataan säkeitä bolognalaisilta runoilijoilta, jotka eivät ole runoilleet omalla kansankielellään: Danten ihailema runoilija ja ghibelliini Guido Guinizelli; Guido Ghislieri, josta emme tiedä juuri muuta kuin sen, että Ghislierien suku mahdollisesti oli guelfeja; Fabbruzzo (todennäköisesti Fabbruzzo di Guiduccio Lambertazzi, k. 1273); ja valkoinen guelfi Onesto (n. 1240–1303), jonka merkitys Dantelle perustunee siihen, että Onesto oli "runovaih-

---

[1] Vrt. Cicero, *De finibus bonorum et malorum* ("Hyvän ja pahan korkeimmasta asteesta") 1,4: *sermo patrius*, jolloin vastakohtana on kreikka. Cicero puolusti latinan käyttöä vakavammissakin aiheissa kuten filosofiassa ja ansioitui filosofisen sanaston kääntämisessä.

[2] Ks. esim. Szpiech 2012, 69–70; Fögen 2000, 54 alkaen.

dossa" Cino da Pistoian kanssa, jonka ystävänä Dante haluaa esiintyä.[1] Danten siteeraamista säkeistä kaksi, Guido Ghislierin ja Fabbruzzon, nousee uudestaan esiin jaksossa 2,12,6, mutta siellä kielteisessä valossa.

Luvun lopun viittaukset kaupunkeihin kuten Alessandria ovat poliittisia. Alessandria ei ollut lähellä rajaa, eikä sen kieleen vaikuttanut ranska sen enempää kuin oksitaani.

Luku 1,16

Metsästyksen ensimmäinen vaihe on päättynyt saaliitta. Luvun alussa käy ilmi, että jäjitetty kohde on pantteri, jonka tuoksu tuntuu kaikkialla, mutta jota ei löydy mistään. Ajatus pantterin hienosta tuoksusta oli vanha ja Danten aikalaisille tuttu niin bestiaareista, ensyklopedioista kuin lyriikastakin. Kontekstina on usein rakkaus, mutta hyväntuoksuinen pantteri on myös Jumalan tai Kristuksen symboli. Tämä näyttää olevan Danten merkitysyhteys. Luvussa luodussa aistimaailmassa tuoksu liittyy niin kansankieleen kuin Jumalaan, sillä Danten käyttämä verbi hänen verratessaan kansankielen ja Jumalan aistittavuutta (1,16,5) on sama kuin pantterin yhteydessä eli *redolere*, 'tuoksua '.

Alkaa uusi metsästys, tällä kertaa järjen voimin ja skolastisesti päätellen. Dante todistelee ensin yleisesti, että kaikissa kategorioissa on aina yksi, johon muut kategoriat vertautuvat. Tästä hän päätyy vähitellen loistavan kansankielen, *vulgare illustren*,

1 Montuori 2012 (Rime), 371.

perustavaan asemaan muihin kansankieliin nähden. Tämä koko tutkielman ajatusrakennelman kivijalka periytyi jo Aristoteleelta. Koska Dante etenee tässä osiossa paikoin varsin vaikeaselkoisesti, siteerattakoon ensiavuksi Aristoteleen *Metafysiikkaa*:

> Tästä syystä myös yhtenä oleminen on jakamattomana olemista eli olemista sellaisena, joka on juuri tämä, itsenäinen ja erillinen olio joko paikkaan, muotoon tai ajatteluun nähden, tai kokonaisena ja jakamattomana olemista, mutta erityisesti kunkin suvun ja ennen muuta kvantiteetin ensimmäisenä mittana olemista, sillä siitä termin käyttö on laajentunut koskemaan muita asioita. [...] Kaikissa näissä tapauksissa mitta ja prinsiippi on jokin yksi ja jakamaton, sillä myös viivojen mittaamisessa yhden jalan pituutta sovelletaan jakamattomana. Kaikkialla nimittäin mitaksi pyritään saamaan jokin yksi ja jakamaton, ja tällainen on se, joka on yksinkertainen joko kvaliteettiin tai kvantiteettiin nähden. (1052b18–35; suom. Tuija Jatakari, Kati Näätsaari & Petri Pohjanlehto.)

Järkiperäinen menetelmä tuottaa tulosta: Dante pystyy luvun lopuksi ilmoittamaan aiheena olevan kansankielen määreet eli ominaisuudet. Kansankieli on loistava (*illustre*), kardinaalinen (*cardinale*), hovillinen (*aulicum*) ja kuriaalinen (*curiale*). Näihin hankaliin termeihin on käännöstyössä jouduttu palaamaan yhä uudestaan.[1] Ei ole selvää, mihin ominaisuuksiin adjektiivit viittaavat ja kommentoijasta riippuen niissä painottuvat hieman erilaiset sisällöt.

Vain "loistava" on selvältä tuntuva ratkaisu sanan *illustre* suomennokseksi. Myös käsitteen *car-*

---

[1] Myös Mehtonen & Vaahtera 2015.

dinale Dante selittää jaksossa 1,18,1 tavalla, joka valaisee kohtuullisesti, mistä on kyse. Vastaako suomen sana "kardinaalinen" sitten tätä sisältöä yksiselitteisesti, on eri asia. Päädyimme kuitenkin siihen, sillä sana ei ole suomeksikaan aivan vieras. Puhutaan "kardinaali-ilmansuunnista" ja Danten kansankielen neljä attribuuttia on tutkimuksessa yhdistetty myös "kardinaalihyveisiin", jotka ovat viisaus, oikeudenmukaisuus, kohtuullisuus ja rohkeus (*prudentia, iustitia, temperantia, fortitudo*).[1]

Vaikeimpia ovat lopulta sanat *aulicum* ja *curiale*. Ensiksi mainitun kohdalla on selvää, mihin se viittaa, mutta suomenkielinen vastine puuttuu. Toisen kohdalla taas ei ole selvää edes se, mitä Dante sanalla tarkoittaa. Esimerkeistä käy ilmi, että hän ei tarkoita niitä neljää "kuriaalista" tai kuuriaan soveltuvaa tyyliä, jotka 1200-luvun runousoppinut Johannes de Garlandia erotti runouden tyyleistä. Neljä kuriaalista tyyliä viittasivat virkamiesten, kirkon ja koululaitoksen (rytmilliseen) proosaan. Näitä olivat "gregoriaarinen" eli paavin kuurian ja hovien proosa; "ciceroninen" eli akateeminen tyyli; sekä kirkkoisiin viittaavat "hilariaaninen" ja "isidoriaaninen" tyyli.[2] Dante yhdistää konstailematta aiemman

---

[1] Hyveiden perusta on Platonin ja Aristoteleen ajattelussa, mutta nimitys kardinaalihyveet, *virtutes cardinales*, tulee kirkkoisä Ambrosiukselta (n. 339–397); *Expositio Evangelii secundum Lucam* ("Luukkaan evankeliumin selitys") 5,49 ja 62. Jo antiikin retoriikassa taitavan puhujan moraaliseen peruskuntoon liitettiin *iustitia* (oikeus), *prudentia* (viisaus), *fortitudo* (rohkeus) ja *temperantia* (maltti). Esim. Cicero, *De inventione* 2,159–165. Näistä *iustitia* mainitaan *DVE*:n jaksossa 1,17,2.

[2] Johannes de Garlandia, *Parisiana poetria* 5,402–467.

latinankielisen kirjallisuuden ja kirkollisen proosan käsitteistöä kansankielen maallisiin yhteyksiin.

Danten *aula* on se hovi, joka puuttuu hajanaisen Italian hallinnosta: paikka, jossa loistava kansankieli olisi kotonaan, jos sellainen paikka olisi olemassa. Hieman keinotekoiselta vaikuttava sana "hovillinen" säilyttää sen konkreettisen paikan tunnun, jota Dante tapailee – eikä Dante varmasti olisi kavahtanut uutta tai outoa sanaa. Harkitsimme myös adjektiivia "kuninkaallinen", mikä kuitenkin hukkaa tärkeän yhteyden paikkaan tai tilaan. Paikoin olemme käyttäneet myös sanaa "hovikelpoinen". Olihan jo trubaduurien laulurunous soinut Pohjois-Italian hoveissa 1100-luvun lopulta lähtien. Nyt Danten tehtävänä oli abstrahoida paikka italiankielisille seuraajille.

Danten *curia* ei ole paikka, vaan se näyttää ennemmin viittaavan ihmisiin, jotka toimisivat Danten haaveilemassa yhteiskunnassa. Se ei ole paavin kuuria, sillä hovin (*aula*) tavoin myös *curia* puuttuu Italiasta (ks. 1,18). *Curia* on hallinnollista ja oikeudellista tai yleisemmin virallista toimintaa harjoittavien ihmisten joukko. Olemme valinneet (ruotsinnoksen tapaan) käännöksen "kuriaalinen" ja myöntäneet siltä osin tappiomme käsitteen kanssa painiskellessa. Ajatus kuitenkin on, että kuriaalisuus täydentää hovillisuutta: komeat huoneet saavat asukkaansa, kielen muoto sisällön ja merkityksen. Danten poliittis-poeettisen ajattelun tiheä käsitteistö liittää tässä kielenkäyttöön valtiomuodon ja sen toimijat.

Kansankielistä parhain on vihdoin löydetty, ja nyt keskitytään "loistavuuteen" sen ominaisuutena tai määreenä. Kolme muuta ominaisuutta joutuvat odottamaan seuraavaan lukuun 1,18. Modernin lukijan kannalta tässä on epäsuhdan aineksia, sillä "loistavuus" määrittyy lopulta yksinkertaisesti vain erinomaisuudeksi. Sen sijaan lyhyemmin esitetyt kansankielen muut piirteet ovat kuin salaperäisten apteekkilaatikoiden etikettejä. Dante raottaa laatikoita vain osittain, joten koko sisältöä voi vain arvailla.

Käännöksessämme esiintyvät kansankielen "määreet" voisivat olla myös "adjektiiveja". Toisaalta Danten *adicientes* ja *adicimus* (1,17,1 ja 2) sekä *adiectione* (1,18,1) vain hipaisevat varsinaista terminologiaa eli hän ei käytä sanaa *adiectivum*.[1] Danten suhde ajan kielitieteelliseen ajatteluun onkin osin epäselvä. Retoriikan ja runousopin aiheet liikkuvat lähellä grammatiikkaa, mutta Dante ei erityisen innokkaasti käytä puhtaasti kieliopillisia termejä. Tämä hämärtää välillä merkitysyhteyksiä, sillä pelissä ovat samanaikaisesti sekä kielitieteen termit että runoilijan vapaus, *licentia poetica*.

---

[1] Adjektiiveista tuli oma sanaluokkansa vasta 1700–1800-luvuilla (lähtökohtana abbé Girard, *Les Vrais Principes de la Langue françoise* 1747). Varhaiskeskiajalla luetuista grammaatikoista esimerkiksi Donatus (300-luku, kirkkoisä Hieronymuksen opettaja) kutsuu adjektiiveja vielä nimellä *adiecta nominibus* "nomineihin lisätyt" (*Grammatici Latini* IV 374,2 alkaen), vaikka useimmilla muilla grammaatikoilla ja Priscianuksella esiintyykin (*nomen*) *adiectivum*, tulevan sanaluokan nimitys.

Loistava kansankieli kuvaillaan käyttäen käsiteparia *illuminans* & *illuminatum*, jonka olemme suomentaneet "valaiseva & valaistu". Kuten aiemmin sanaparissa *natura naturans* (luova luonto, eli Jumala) & *natura naturata* (luotu luonto; 1,7,4), myös *illuminans* on aktiivinen ja *illuminatum* passiivinen. Kansankieli sekä valaisee omalla valollaan että loistaa heijastamaansa valoa.[1] Taustalla vaikuttaa jo jaksossa 1,16,5 esitetty ajatus, jonka mukaan ylhäältä tuleva hyvä välittyy aina alemmas, tasolta tasolle, ja alempi tulee aina ylemmän kaltaiseksi.[2] Tällä tavalla loistava kansankielikin "korottaa omansa kunnialla ja maineella".

Danten sarja *vocabula, constructiones, prolationes* ja *accentus* viittaa sanoihin, rakenteisiin, ääntämykseen ja puheen nuottiin.[3] Maalaismainen "nuotti" oli jo antiikin reetorien mainitsema kielen pahe. Ciceron mukaan *rustica asperitas* eli maalaismainen karkeus äänenkäytössä on piirre, jota on syytä välttää.[4] Maalaiskielen vastakohtana esiintyy Dantella, kuten myös Cicerolla ja Quintilianuksella, urbaani kieli. Paikannimiin ja murteisiin liittyvien kommenttien taustalla on vahvoja kielellisiä ja poeettisia arvotuksia. Läpi Danten teoksen toistuu eri merkityksissä

---

[1] Vrt. Tavoni *ad loc.* 1,17,2.

[2] Vrt. uusplatonistisen filosofian emanaatioprosessi ja Plotinos (n. 204–270); ks. Thesleff & Sihvola 1994, 410–412.

[3] Mengaldo (*ad loc.* 1,17,3) kuitenkin näkee tässä sarjan sanat, rakenteet, morfologia (tai päätteet, *desinenze*) ja ääntäminen. Sana *prolatio* tarkoittaa toisaalta yleisesti juuri ilmaisua tai esittämistä. Ks. jo 1,6,4 edellä.

[4] Cicero, *Puhujasta* 3,44–45.

maaseudun ja kaupungin ero. Jaksossa 1,17,3 tyylitermi *rusticanus* (vs. *urbanus*) selvästi viittaa epäsuotaviin "maalaismaisiin" ääntämistapoihin. Jaksossa 2,6,4 Dante käyttää sanaa *urbanitas*, hienostuneisuus. Se kuului jo klassisen retoriikan käsitteistöön muun muassa Quintilianuksen teoksessa *Puhujan kasvatus*.[1] Dante käyttää sitä erityisesti lauserakenteen tarkastelun yhteydessä.

Luku 1,18

Nyt selostetaan kansankielen määreistä kolme viimeistä: kardinaalinen, hovillinen ja kuriaalinen. Kardinaalinen pohjaa Danten mukaan – ja aivan perustellusti – sanaan *cardo* 'saranatappi '.[2] Etymologinen selitys painottaa kardinaalisuuden ytimessä olevaa ajatusta (saranan tapaan) ohjaavasta periaatteesta ja auktoriteetista: jokaisessa yhteisössä tarvitaan johtaja. Saman ajatuksen Dante tuo esiin myös teoksissaan *Convivio* ja *Monarchia*, ja sitä tähdentää jo Aristoteles teoksessaan *Politiikka*:

> Kun on olemassa jokin useista osista kokoonpantu yksi kokonaisuus, olivatpa osat erottamattomia tai erillisiä, kaikissa tapauksissa ilmenee sekä hallitseva että hallittu osa. Tämä pitää paikkansa elävien olentojen keskuudessa niiden koko luonnon perusteella. (1254a29 alkaen; suom. A. M. Anttila.)

Danten mukaan kaikessa ihmiselämässä, perheen tasolta valtakunnan tasolle, tulee aina olla yksi joh-

---

[1] *Puhujan kasvatus* 6,3,17; 6,3,104–108.

[2] Näin myös Hugutio de Pisan sanakirjassa: C 46, 3 *cardinalis*.

tava prinsiippi.[1] Tämä on sovellettavissa myös kansankieleen. Jaksossa 1,18,1 Dante loihtii vertauskuvan raivaus- ja istutustyössä uurastavasta perheenisästä. Kieli on jatkuvan muutoksen alaista. Nyt huomion kohteena on tavallisen kielenkäytön sijaan taidekieli, runous.

Neljästä kansankielen määreestä erottuu kaksi paria. "Loistava" ja "kardinaalinen" kuvaavat valitun kansankielen asemaa muiden kansankielten joukossa. Puolestaan "hovillinen" ja "kuriaalinen" tarkentavat valitun kielen poliittista luonnetta. Jälkimmäinen pari liittyy ajatukseen Italian valtakunnasta, jota käytännössä ei ole. *Aula* on ensisijaisesti paikka, palatsi tai hovi; *curia* taas kattaa ihmiset, jotka tuossa valtakunnassa ja hovissa toimivat tärkeissä tehtävissä.[2] Italiassa ei ole hovia (*aula*), jossa sen asukkaat voisivat puhua loistavaa kansankieltä. Juuri tästä syystä tuo kieli harhailee suojattomana. "Hovillinen" kuvaa epäsuorasti, Danten sitä erikseen artikuloimatta, myös trubaduurilyriikan ja *fin'amorin* tiloja Etelä-Ranskan ja Italian aatelisten mesenaattien suojissa tai niistä karkotettuna.

Viittaus Danteen itseensä tuon kielen "kodittomana" käyttäjänä on tietysti selvä. Mutta koska *curia* ei tässä ole paikka vaan sen jäsenet (*membra*), Italiassa on *curia*. *Curiale* tai "kuriaalinen" viittaa tarkemmin joidenkin laatuvaatimusten täyttämiseen. Puolestaan määre *aulicum*, "hovillinen", on

<hr>

[1] *Monarchia* 1,5,2–3.

[2] Vrt. Hugutio de Pisa C 46, 23 *curia:* "Samoin sanasta *cura* tulee *curia*, koska siellä huolehditaan ja hoidetaan hallintoasioita".

oikeastaan hovi*kelpoinen*. Kieli täyttäisi hovin vaatimukset, mikäli hovi olisi olemassa. Dantella sana viittaa myös laajemmin ylemmyyteen tai parhaimmuuteen.

Käsitteiden ymmärtämistä ei helpota se, että ne tuntuvat välillä tarkoittavan aivan samaa asiaa. Olemme tarkastelleet toisaalla Danten *Kansankielestä*-teoksen voimallista tilan retoriikkaa, jossa kukoistavat erilaiset keksityt ja todelliset, konkreettiset ja abstraktit paikat. Tässä käsitteistössä *aula* ja *curia* ovat tärkeitä.[1]

Luku 1,19

Ensimmäisen kirjan päätöksessä Dante kokoaa johdonmukaisesti yhteen tutkielmansa osia. Hän on nyt toteuttanut asettamansa tehtävät eli tarkastellut kansankieltä, joka on jalompaa kuin latina. Varmuuden vuoksi kansankielen ominaisuudet vielä toistetaan ja tähdennetään, että sitä käyttivät runoilijat. On syytä huomata, että vaikka Dante ensimmäisen kirjan alussa lupasi käsitellä kansankielistä *eloquentiaa*, aiheena on pääasiassa itse kansankieli, *vulgaris locutio* (1,1,5).

Päätösjakso siis pohjustaa toista kirjaa, kun Dante lupaa edetä nimenomaan kansankielisen *eloquentian* yksityiskohtiin. Näistä hän ehtii ennen toisen kirjan keskeytymistä käsitellä vain kolme (2,1 kuka? 2,2 millä perusteella? 2,3–14 miten?).

[1] Mehtonen & Vaahtera 2015.

II KIRJA

Toisessa kirjassa vaihtelevat jäykän skolastinen esitystapa ja lyyriset säkeet. Keskiajan filosofian ja retoriikan päättelysääntöjä noudattaa esitystapa, joka alkaa kysymyksellä (*queramus*), minkä jälkeen puntaroidaan puolesta (*quod sic*) ja vastaan (*quod non*). Toisinaan tarkkaamatonta lukijaa johdatellaan ensin yhteen suuntaan, kunnes vasta-argumentti vetää maton alta, kuten käy esimerkiksi jaksossa 2,1,4.

Aiheet, joita Dante luvatusti käy nyt käsittelemään, ovat

kenen sopii käyttää loistavaa kansankieltä (2,1,2–2,2,1); millaisten aiheiden käsittelyyn se soveltuu (2,2,2); ja miten sitä käytetään (2,3 alkaen).

Tärkeänä piirteenä nousee esiin arvokkuus (*dignitas*).

Toinen kirja on selkeästi runousoppi, johon Dante on valinnut esimerkkejä hyvin tunnetuilta kirjailijoilta. Siteeratut säkeet eivät aina ole mukana erinomaisuutensa tähden, vaan valaisemassa jotain teknistä seikkaa, jonka valistunut lukija pystyi sijoittamaan runon kokonaisuuteen.

Luku 2,1

Kuten tutkielman alussa, myös toisessa kirjassa Dante panostaa retorisiin keinoihin, erityisesti etymologioiden ja harvinaisten sanojen viljelyyn. Jaksossa 2,1,1 hän käyttää itsestään ja kaltaisistaan oppineista runoilijoista erikoista sanaa, partisiippia

verbistä *avieo* 'liittää yhteen', tässä asiayhteydessä siis liittää yhteen sanoja.[1] Painokkaammin Dante tutkii sanaa teoksessa *Convivio*, jossa *avieo*-verbi annetaan mahdollisena etymologiana sanalle *autor*.[2] Sana tarkoittaisi siis runoilijoiden luovaa toimintaa. Danten kohdeyleisö tunsi myös sanan *vates* (runoilija, tietäjä) etymologian, jonka Hugutio de Pisan *Derivationes* esittää: *vates* tulee juuri verbistä *vieo* (sitoa, palmikoida).[3]

Yhtä konkreettinen on aloitusjaksossa esiintyvä verbi *carmino* 'kartata', joka kuuluu villankäsittelyn piiriin. Aikalaislukija sai taas tilaisuuden muistaa tai olla muistamatta Hugution sanakirjan antaman yhteyden sanojen *carmen* (runo, laulu) ja *carmino* välillä.[4] Käsitteellisistä knopeista ja etymologioista punoutuu tärkeä teema: kirjoittaminen käsityönä, sanojen yhdistely pujotteluna, solmimisena ja sitomisena. Tähän palataan tulevissa luvuissa.

Jo Horatius oli ottanut runousopissaan kantaa siihen, onko ansiokkaasta runosta kiittäminen luontoa vai koulutusta ja todennut, että "molemmat tarvitsevat toistensa tukea ja ovat sovussa keske-

---

[1] Vrt. yhtä lailla harvinainen *vieo* jaksossa 2,5,8.

[2] *Convivio* 4,6,3–4.

[3] Yhtenä lähteenä on Varron *De lingua Latina* (7,36): "Vanhat kirjoittajat nimittivät runoilijoita sanalla vates: tämä sana tulee siitä että he sitoivat [*vieo*] säkeitä".

[4] Hugutio de Pisa C 44, 4 *carmen* & 6 *carmino*.

nään".[1] Teema on keskeinen koko nyt alkavassa toisessa kirjassa.[2]

Keskiajan estetiikassa arvokkuus ja sopivuus olivat tärkeitä käsitteitä. Ne liittyivät niin mielen kuin kielen hyveisiin ja paheisiin. Jakso 2,1,6–9 on pakahtua sopivuuden käsitteestä, sillä verbi *convenio* (ja kerran myös kielteinen adverbi *inconvenienter*) esiintyy peräti 13 kertaa. Jollei itse toistoa pidä ongelmana – ja miksi pitäisi, kun kerran Dante pyrkii iskostamaan lukijan mieleen tieteellistä, ei mitä tahansa soveliaisuutta – sopivuuteen ei liity käännöspulmia.

Toisin on laita arvokkuuden kanssa, josta saamme jo kohdassa 2,1,7 esimakua. Se solmiutuu monimutkaisesti tyylin ja sisällön harmoniaan, yhteensopivuuteen tai jatkuvuuteen. Sopivuus ja arvokkuus ulottuivat Dantella myös rumien naisten arvosteluun. Jo kirkkoisä Tertullianus oli tuominnut naisten koreat vaatteet ja korut yleisesti, mitä Dante hieman kohdentaa: rumien naisten on turha koristautua. Kyseessä on toki vertaus eikä elämänohje naisille, mutta viimeistään tässä vaiheessa käy selväksi, että ensimmäisen kirjan aloituksessa mainitut naiset eivät kuulu teoksen yleisöön – eivät edes *fin'amorin* kohteet eli kauniit ja ihanat naiset. Kuten jo aiemmin on käynyt ilmi, *Kansankielestä* antaa ristiriitaisia viestejä kohdeyleisöstään.

---

[1] Horatius, *Runotaide* 410–411; suom. Teivas Oksala & Erkki Palmén.

[2] Ks. 2,1,5 ja 8 *ingenium* ja *scientia*; 2,4,10–11 *ingenium* ja *ars / scientia* ja ajatuksen huipentumana jaksossa 2,6,3 *ydiotas*.

Luku 2,2

Alkujaksot ovat piinallista käännettävää Danten uppoutuessa käsitteen *dignitas* analyysiin (2,2,2–5). Tavoni pohtiikin aiheellisesti, miksi mutkikkuus on tarpeen, kun lopputuloksena on vain toteamus, että yksin parhaat aiheet ovat parhaan kansankielen arvoisia![1] Lukija ei voi olla ymmärtämättä, että tässä ovat kyseessä *erityiset* arvokkuudet tai arvoisuudet, kun taas aiemmin kyseessä oli arvokkuus ylipäätään (2,1,7). Dante vertailee erilaisia ominaisuuksia sen mukaan, onko niitä jossakin esiintymässä vähemmän, enemmän vai peräti eniten.

Kun suomennosta yrittää sujuvoittaa, tekstistä katoaa se sanojen teknisyys, jota skolastikko-Dante kuitenkin rakasti. Seuraamme siksi alkutekstiä melko uskollisesti: on kyse painavista sanoista ja käsitteistä sekä 1300-luvun alun kirjallisesta työskentelystä, joka ilmiönä ja instituutiona oli vasta muovautumassa.

Mitä on olla "jonkin arvoinen" (*dignus*)? Kyse ei ole samasta asiasta kuin "olla arvokas", vaan dantelaisittain "jonkin arvoinen" on ilmiö, johon kuuluu "arvokkuus" (ks. erityisesti 2,2,2). Kulmikasta päättelyä keventää itseironia, jota kuitenkin on luvassa vasta urakan jälkeen: "Nyt olen *ponnistellen* selvittänyt sen, ketkä ja mitkä aiheet ovat hovikelpoisen kansankielen arvoisia".[2]

Käsittely on järkeenkäypä aikalaisyhteyksissään. Runous ja musiikki eivät olleet vain mielihy-

[1] Tavoni *ad loc.* 2,1,1.

[2] *DVE* 2,4,1; kursiivi lisätty.

vää ja viihdettä. Italialaisissa hoveissa ja oppineiston piireissä tunnettiin Aristoteleen ajatus musiikista etiikan ja hyvän kansalaisuuden kasvattajana – ajatus, jota korostettiin myös prinssien ja hovimiesten kasvatuskirjallisuudessa.[1] Danten oli nyt yhdistettävä nimenomaan loistava kansankieli menneisiin ja tuolloisiin etiikan, lyriikan ja musiikin yhteisöihin.

Tätä toteuttaessaan Dante siteeraa runosäkeitä maineikkailta oksitaani- ja italialaisrunoilijoilta. Bertran de Born, Arnaut Daniel, trubaduureista suosituin Guiraut de Bornelh ja Danten ystävä Cino da Pistoia edustavat loistavaa kansankieltä, jota he tässä luvussa valaisevat erityisesti käsittelemiensä aihepiirien näkökulmasta. Vasta tuonnempana siirrytään lyriikan rakenteisiin ja muotoihin. Dante on valinnut hyvin esimerkkinsä. Kolme ensiksi mainittua nimeä edustavat trubaduurilyriikkaa. Siinä aseisiin, sodanlietsojiin ja sotisopiin suhtauduttiin sekä satiirisesti arvostellen että ylistäen. Bertran de Born runoili sodasta ritarihyveiden huipentumana, ja tutkijoista Formisano onkin luonnehtinut aihepiiriä jopa "sodan ja teurastuksen estetiikaksi".[2] Danten erittäin korkea käsitys Arnaut Danielista tulee selväksi myös *Kiirastulessa*, jossa Arnaut – ainoana koko *Jumalaisen näytelmän* henkilöistä – puhuu omalla kielellään.[3] Guiraut de Bor-

<hr>

[1] Gallo 1995, 7–8 *et passim.*

[2] Formisano 2012, 310.

[3] *Kiirastuli* 26, 115 alkaen ja 140–147.

nelhin tuotanto koostuu mitä erilaisimmista runolajeista, mutta moraalinen sävy on vallitseva.[1]

Luvun jälkipuoli käsittelee myös ihmisen kognitiota ja aristoteelisen skolastiikan teoriaa sielusta eli kognitiosta prinsiippinä. Dante esittää ihmissielun jaon kolmeen pyrkimykseen: vegetatiiviseen (joka tavoittelee hyödyllistä, *utile*), animaaliseen (joka tavoittelee miellyttävää, *delectabile*) ja rationaaliseen tai järkiperäiseen (tavoitteena kunnollisuus, *honestum*). Keskiajan skolastiikan kautta näkemys palautui Aristoteleen määritteisiin sielusta: "ravinnon käyttäminen, aistimiskyky, ajattelukyky ja liike".[2] Dante sivuaa aihetta myös *Conviviossa*, jossa mainitaan kolmeen sielun ominaisuuteen liittyvät verbit elää, aistia ja järkeillä (*vivere, sentire* ja *ragionare*).[3]

Luku 2,3

Kirjallisuuden sisällön arvokkuudesta edetään muotoihin ja lajeihin. Dante mainitsee niitä laskevassa järjestyksessä, arvokkaimmasta lähtien: canzone, ballata ja sonetti eli latinaksi *cantio, ballata* ja *sonitus*.

[1] Formisano 2012, 276 alkaen.

[2] Aristoteles, *Sielusta* 413b12; suom. Kati Näätsaari.

[3] *Convivio* 3,2,10–14. Vaikka Dante viittaakin jaksossa Aristoteleeseen, hänen esityksensä on huomattavan yksinkertaistettu. Jaottelu esiintyy muun muassa Brunetto Latinilla (*Tresor* 2,6,1): "Ihmisen sielulla on kolme kykyä: yksi on vegetatiivinen ja se on yhteinen puille ja kasveille [...] toista kutsutaan aistilliseksi ja se on yhteinen kaikille eläimille [...] kolmatta kutsutaan rationaaliseksi ja siinä ihminen eroaa kaikesta muusta, että millään muulla ei ole rationaalista sielua."

Arvokkain on canzone, traagisen tyylin muoto. Sitä vaalivat sekä suuret oksitaanimestarit että italialaiset runoilijat, mutta Danten tarkastelu tuo esiin suuria muutoksia muodon kehityksessä.

Ballata oli alun perin tanssilaulu, joka kehittyi oksitaanin *ballatas*-muodosta. Italialaisten runoilijoiden ballataa Dante vertaa canzoneen jaksossa 2,3,5. Osa hänen omista ballatoistaan oli muodoltaan epäsäännöllisiä, joten ilmeisesti 1300-luvulla runomuoto ei ollut tiukasti säännelty.

Ballata ja sonetti olisivat päässeet tarkempaan käsittelyyn teoksen neljännessä osassa, jota ei koskaan tullut.[1] Keskiajan tyylinteoriassa ballata ja sonetti liittyvät niin kutsuttuun keskityyliin ja matalaan tyyliin. Sonetti oli sisilialaisten luoma,[2] italialainen ballata puolestaan nuorin näistä kolmesta runouden muodosta. Sen taitaja oli etenkin Guido Cavalcanti, jonka lyriikkaa ja filosofiaa ovat ylistäneet kirjailijakollegat keskiajalta nykypäivään. Italo Calvino on pitänyt maanmiehiään Guidoa ja Dantea kahden vastakkaisen lähestymistavan edustajina. Samojenkin runomuotojen käytössä Guidon kieli etsii keveyttä, Danten puolestaan asioiden tiheyttä ja konkreettisuutta. Guido Cavalcanti on mietiskelijä, jonka lyriikan henkilöt tai "henget" ovat kuin huokauksia, optisia kuvia tai aineettomia

---

[1] Vrt. 2,4,1; 2,4,6; 2,8,8 ja 2,13,1.

[2] Ks. Fenzi *ad loc.* 2,3,2: Italian *sonetto* on peräisin oksitaanin sanasta *sonet* ja sanan alkuperäinen merkitys viittaa siis sävellettyyn tekstiin. Italiassa syntyi kuitenkin sisilialaisen koulukunnan piirissä vastaava säkeistömuoto, johon ilmeisesti ei alun perinkään liittynyt musiikkia. Giacomo da Lentini mainitaan sen keksijänä.

ärsykkeitä. Filosofialtaan tämä runous nojaa averroismiin, jonka mukaan yksilön sielu on osa maailmankaikkeuden älyä.[1]

"Oppineen" Danten esittämä arvojärjestys ja canzonen etusija on outo siihen nähden, miten tärkeä laji sonetti oli hänelle runoilijana ja *stilnovistina*. Lienee syytä Tavonin tapaan ajatella, että *Kansankielestä* ei edusta Danten henkilökohtaista kantaa runomuotoihin. Sen sijaan kyseessä on institutionalisoitu poetiikka, jonka muodostavat ne *eloquentes doctores*, jotka tulivat esiin jo jaksossa 1,9,2.

Danten aikoihin kansankielestä kirjoittivat muutkin. Jo aiemmin mainitun Raimon Vidalin lisäksi runomuotoja ja -mittoja käsitteli Francesco da Barberino, joka laati kansankieliseen teokseensa *Documenti d'Amore* latinankielisen kommentaarin (kirjoitettu n. 1296–1312).[2] Musiikin ja runomuotojen suhteita (*ballade, soni, sonetti* ym.) tarkastelivat anonyymi *Capitulum de vocibus applicatis verbis* (Veneto 1315–1320) sekä Antonio da Tempon *Summa artis ritmici vulgaris dictaminis* (1332).

Luku 2,4

Dante tekee selväksi, mikä on kansankielisten runoilijoiden suhde antiikin runoilijoihin. Latinaksi

---

[1] Samassa yhteydessä Calvino (1996, 29–40) tarkastelee myös Boccaccion mainiota kertomusta Cavalcantista (*Decamerone*, kuudes päivä, yhdeksäs kertomus).

[2] Ks. Tavoni *ad loc.* 2,3,2: Tavoni tuo esille myös sen, miten Danten ja Francesco da Barberinon ajatukset eroavat myöhemmissä teoksissa esitetyistä.

runoilleet noudattivat sääntöjä, kun taas vernakulaarien runoilijoiden yhteydessä tärkeäksi nousi
sattumanvaraisuus (*casus*, 2,4,1). Suhde siis vastaa
kansankielen ja *gramatican* yhteyttä. Kuten loistavan
kansankielen sopii lopulta pyrkiä kohti *gramatican*
säännönmukaisuutta, myös kansankielisen runouden tulee pyrkiä omaan runousoppiinsa (*doctrina*
2,4,3).

Tässä luvussa käy selväksi, että Danten tarkoitus on kirjoittaa *poetria*. Heti mainittuaan tämän
sanan (2,4,3) hän mainitsee Horatiuksen, *Runotaiteen* eli vanhan runousopin (*poetria vetus*) mestarin.
Näin Dante tunnustaa velkansa alan kiistattomalle
auktoriteetille, vaikka käytännössä sitten erkaantuu
tämän opeista. Horatius ei enää vastannut uuden
kansankielisen runouden tarpeisiin.[1] Kuten tulemme näkemään, Dante ei pelkää uudistaa runotaidetta tai muuttaa vanhaa terminologiaa. Jälkimmäisestä hieman häiritseväkin esimerkki ovat sanat *pedes* ja
versus tarkoittamassa jotakin aivan muuta kuin totuttuja runojalkaa ja säettä (ks. 2,11,3).[2]

Dante esittelee nyt tyylin kolmijaon: traaginen,
koominen, eleginen. Kiinnostus kohdistuu vain
ylimpään eli traagiseksi nimettyyn. Tyylien jaottelu
kolmeen tai neljään oli antiikista alkanut perinne ja
jatkui keskiajalla, kuten jo johdannossa tuli esiin.

[1] Danten suhteesta Horatiukseen ks. Barański (2013, 17 ja
erit. 47 alkaen), joka kiinnittää erityistä huomiota siihen, miten
Horatiusta keskiajalla luettiin. Horatius tai kuka tahansa kanonisoitu auktori saattoi olla tuttu niillekin, jotka eivät hänen
tekstejään lukeneet.

[2] Ks. Rosier-Catach 2011, Présentation 59.

Jaottelun painopiste on vastaparissa (ylempi) traaginen – (alempi) koominen. Traagisen canzonen ihannekieli on loistava kansankieli.

Danten tyylijaottelua pidetään yleisesti ongelmallisena. Esimerkiksi eleginen on toisaalta alin tyyleistä, mutta toisaalta se liittyy myös tragediaan (2,12,6). Danten tyylikäsityksessä tuntuu sekoittuvan toisaalta kahtiajako korkeaan ja matalaan, siis tragediaan ja sen vastakohtaan, toisaalta tyylin kolmijako *gravis, mediocris, humilis* (ns. *rota Vergilii*). Dante soveltaa sitä nyt kansankielen tasoihin ja samastaa tyylit kansankielen kolmeen lajiin traaginen, koominen ja eleginen. Elegian asema on siis kahtiajaossa ylimääräinen ja kolmijaossakin epämääräinen. Matalatyylistä elegiaa Dante ei määrittele tyylillisin perustein, pelkästään sisällöllisin.

Keskeneräiseksi jäänyt *Kansankielestä* ei näitä solmuja avaa, koska lukijalle ei tarjota esimerkkejä eri tyylilajeihin soveltuvista romaanisista kansankielistä tai murteista. Danten oli tarkoitus käydä niihin käsiksi vasta teoksen loppuosassa (ks. 2,4,6).

Luku 2,5

Dante katsoo nyt sanoneensa riittävästi aiheiden merkittävyydestä huippurunoudessa. Hän siirtyy teknisiin mutta asiana edellisiä lukuja helpompiin runomittoihin. Käsittelyä havainnollistavat esimerkkisäkeet, joista osa on lukijalle tuttuja jo ensimmäisestä kirjasta. Ylevään canzoneen soveltuvasta yksitoistatavuisesta säkeestä Dante antaa peräti seitsemän esimerkkiä jaksossa 2,5,4. Kaikki

ovat rakkauslauluja: yksi oksitaania, yksi ranskaa ja viisi italiaa.

Jaksossa 2,5,3 Dante tutkii kauneuden "moninkertaistumista".[1] Sen yhteys säkeiden painoarvoon tai tärkeyteen (*pondus*) toteutuu tekstuaalisessa tilassa, jota Dante tässä luonnostelee. Runoilija jäsentää dynaamisesti tilaa sijoittamalla eri tasoille ilmaisullisia "painoja", jotka ovat suurempia kuin aiemmassa runoudessa. Leksikaaliset, syntaktiset ja semanttiset osatekijät moninkertaistuvat yhdessä. Danten jaksossa 1,13,1 tuomitsema Guittone d'Arezzo olisi itse asiassa ollut tässä hyvä esimerkki, sillä hänen tuotannostaan suuri osa on joko monometristä tai sitten yhdistelmää yksitoistatavuisesta ja seitsentavuisesta (septenaari)säkeestä. Guittonella ilmenee selvänä suuntaus kohti Danten suosiman yksitoistatavuisen valta-asemaa.[2]

Luku 2,6

Dante ottaa nyt aiheekseen rakenteen, mikä oli nimenomaan lyriikan yhteydessä uutta luovaa. Danten kiinnostus syntaksia kohtaan on runousopillista ja retorista. Toisin kuin skolastisen kieliopin edustajat ja modistit, Dante ohittaa nopeasti rakenteen kieliopillisuuden vaatimuksen

[1] Kauneus on tässä *specimen*, vrt. Hugutio de Pisa S 283, 5 *specimen*.

[2] Ks. Tavoni *ad loc.* 2,5,3 ja 2,5,5.

(*constructio congrua*).[1] Vaikka Danten käsittely poikkeaa myös ajan italialaisista proosaoppaista (*artes dictaminis*), on mielenkiintoista, että Dantenkin esimerkit aiheen varsinaisessa käsittelyssä jaksossa 2,6,1–5 ovat silti proosaa ja latinaa. Auktorin oli kenties tarpeen tuoda esiin pätevyyttään myös proosantaitajana (*dictator*).

Dantea edeltäneissä latinankielisissä runousopeissa käsiteltiin erikseen proosan ja runouden sääntöjä.[2] Osa Danten esimerkkilauseista on peräisin koulumaailmasta, mutta osassa on poliittinen ja henkilökohtainen tuntu. Poliittissisältöisten lauseiden käyttö oli tavallista myös proosaoppaissa. Rakenteen oikeellisuutta havainnollistava lause *Aristotiles phylosophatus est tempore Alexandri* on tyypillinen kieliopillinen esimerkki oikeasta rakenteesta. Henkilöt ovat tunnettuja, toisin kuin seuraavan esimerkin tuikitavalliset Petrus ja Berta. Tosin nämä olivat koulupojille tuttuja juuri keskiaikaisten esimerkkilauseiden vakiovieraina. Lause *Petrus amat multum dominam Bertam* on esimerkkinä mauttomasta lauseesta, joka on vain rakenteeltaan oikein, ei muuta.

[1] Ensimmäisen latinankielisen syntaksin kirjoitti Priscianus (toimi n. 500), jolta modistit omaksuivat syntaksin jo noin puoli vuosisataa ennen Dantea. Danten *constructio*-määrittely voidaan johtaa Priscianukselta (*Grammatici Latini* II 53, 28–29): "Lause on sanojen yhteensopiva järjestäminen, joka ilmaisee täydellisen ajatuksen." Dante todennäköisesti tunsi sen keskiajan runousoppien välityksellä.

[2] Esim. Johannes de Garlandia, *Parisiana poetria*, Prologus (rivit) 26–74.

Näitä seuraavat esimerkkilauseet vievät retorista rakennetta aina vain pidemmälle. Jokainen on liitettävissä Danten maanpakoon. Ensimmäisessä mainitaan suoraan maanpako, toisessa ironisesti Esten markiisi eli Danten vihaama musta guelfi Azzo VIII, jonka Dante jo aiemmin mainitsi vastakohtana ylistäen kuvatulle Fredrik II:lle (1,12,5). Kolmas lause on sekä rakenteltaan hienoin että sisällöltään merkittävin. Siinä esiintyy "toisena Attilana" Kaarle Valois, jota Dante ilmeisesti piti suurelta osin syypäänä maanpakoonsa. Paavi Bonifatius VIII oli lähettänyt Kaarlen Firenzeen, muka hieromaan rauhaa mustien ja valkoisten guelfien välille, samaan aikaan kun Dante kumppaneineen oli poissa kaupungista. Juuri Kaarlen avustuksella mustat saivat Firenzessä valta-aseman ja Dante karkotettiin.[1] Kaarle Valois oli myös juonimassa Bolognan luovutusta mustan guelfin Azzon käsiin. Danten kielikuvastossa näkyykin solidaarisuus Bolognaa kohtaan, jossa Dante vietti aikaa maanpaossa.

Luvun runosäkeistä kiintoisa on Folquet de Marseillan (Marseille, n. 1155–1231) *Tan m'abellis*. Säe oli erittäin tunnettu jo Danten aikana, sillä moni muu runoilija oli siteerannut sitä ihaillen omassa

---

[1] Vertaus asettaa rinnakkain Attilan, joka juonitteli itsensä Firenzeen sisälle tuhotakseen kaupungin, sekä Kaarlen, joka sai rauhanhieronnan verukkeella Firenzen valtaansa. Sieltä Kaarle suuntasi valloittamaan Sisiliaa, mutta epäonnistui ja joutui vuonna 1302 solmimaan Caltabellottan rauhansopimuksen. Siinä Sisilia jäi Aragonian Fredrik III:lle. Tästä Dantelle vastenmielisestä asiantilasta ks. luvun 1,12 selitykset edellä.

lyriikassaan (mm. Sordello). Dante sijoittaa sanat Arnaut Danielin suuhun *Jumalaisen näytelmänsä Kiirastuli*-osassa (26,140).

Luku 2,7

Runokielen tarkastelussa siirrytään nyt tyylien, sanojen ja tavujen tasolle. Keskiajan skolastisen järkiperäisen menetelmän mukaisesti tehdään erotteluja lajeihin ja alalajeihin. Dante sulkee pois ei-toivottuja piirteitä ja päätyy ylistämiinsä soveliaisiin sanoihin.

Kuten käy ilmi jaksossa 2,7,5–6, ihannekielen poetiikassa kyse ei ole vain sanojen rakenteesta (tavumäärät), äänteistä ja tyyleistä. Myös merkitysten tulee soveltua loistavimpaan kansankieleen.

Luku 2,8

Tässä luvussa Dante antaa paljon siteeratun määritelmänsä canzonelle (2,8,8): canzone yhdistää useamman stanzan samaan mitalliseen muotoon ilman kertosäettä. Näin Dante tekee eron (monostroofiseen) sonettiin ja kertosäkeitä käyttävään ballataan. Tärkeä on myös vaatimus runon sisällön yhtenäisyydestä.

Samassa yhteydessä Danten kerronnassa voimistuu ensimmäisen persoonan käyttö (monikossa: *dicimus ... dicimus*; 2,8,8). Tekijyys ja auktoriteetti

korostuvat tarkoituksellisesti juuri jaloimpana pidetyn canzone-muodon kohdalla.[1]

Luvun mielenkiintoisinta antia on Danten pohdinta canzonen melodiasta tai sen puuttumisesta. Kysymys ei ollut vain tekninen ja runomuotoon liittyvä, vaan myös välien selvittelyä trubaduuriperinnön kanssa.

Oksitaanitrubaduurien lahjakkuuteen kuului olennaisesti lauletuksi laaditun lyriikan ja melopoeian perinne, joka murentui Italiassa 1200-luvun puolivälistä alkaen ja vuosisadan lopun *dolce stil nuovossa*. Ei ole tarkkaa tietoa, tunsiko (tai jos tunsi, arvostiko) Dante niitä melodioita, jotka olivat olleet erottamaton osa edeltäjien runoutta. Vain yhdestä Danten siteeraamasta säkeestä on säilynyt nykyaikaan myös musiikki.[2] Viitatessaan musiikkiin sovitettuihin säkeisiin Dante saattoi esimerkiksi tarkoittaa lyriikan ja jo olemassaolevan melodian yhdistämistä.

Dante mahdollisesti tekee myös eroa populaarin kansanlaulun (josta perinteestä nousi esimerkiksi ballata) ja hovilyriikan välillä. Hän antaa ymmärtää, että musiikki soveltui paremmin keskityyliin, kun taas korkea canzone tuottaa oman musiikillisuutensa säkeiden rakenteen, riimien ja tavuluvun kautta. Verrattuna trubaduuriperinteeseen, myöhemmässä italialaisessa lyriikassa riimittely yksinkertaistui mutta stanzan rakenne monimutkaistui.

---

[1] Hyvä esitys Danten *auctoritas*-projektista ja oman kirjailijuuden manifestoinnista on Ascoli 2008 (*DVE*:sta erityisesti 136–149).

[2] Folquet de Marseilla, jaksossa 2,6,6; ks. Gallo 1995, 44.

On sanottu, että oksitaanicanzonen voi ymmärtää kun sen kuulee laulettuna, mutta sen toscanalaisen manttelinperijän merkitykset avautuvat vain luettuna.[1]

Tässä luvussa Dante argumentoi mutkikkaasti kuvatakseen canzonea myös kirjoitettuna tekstinä, johon ei kuulu melodia. Dante erottaa laulun "tekona ja tekemisen kohteena" (2,8,3). Erottelu pohjustaa Danten vaikeasti seurattavaa päättelyä, jonka tuloksena hän pääsee argumentoimaan seuraavasti:

(1) vain *cantion* tekijä eli runoilija toimii aktiivisesti;
(2) myös tämän toiminnan kohde (eli oikeastaan *passio*) eli *cantio* on aktiivista toimintaa *esittämisen hetkellä*, koska se vaikuttaa kuulijaan;
(3) *cantion* esittäjä ei tuota aktiivista toimintaa.

Tausta-ajatuksena on keskiajan kielioppi, jonka mukaan -*io*-päätteisten verbaalisubstantiivien merkitys on sekä aktiivinen että passiivinen. Dante haluaa todistaa, että *cantio* eli suomennoksemme canzone viittaa vain kirjoitettuun tekstiin ja siis runoilijan luomistyöhön. Tätä korostaakseen hän marssittaa areenalle tulevan suurtyönsä oppaan Vergiliuksen, joka oman *Aeneis*-eepoksensa alkusanoissa käyttää osuvasti verbiä *cano*. Dante-tutkijat ovat panneet merkille kieliopillisen tausta-ajatuksen Danten Vergilius-esimerkissä. Sana *cantio* esiintyy ensin subjektiivisen, sitten objektiivisen genetiivin kanssa: *cantio Virgilii = Virgilius cantat* (Vergilius laulaa), kun taas *cantio Eneidorum = Eneida cantatur* (*Aeneista* lauletaan). Ensimmäisessä ta-

---

[1] Pound [s.a.], 113.

pauksessa Vergilius runoilee (latinan aktiivinen verbimuoto), toisessa tapauksessa *Aeneis*-eeposta esitetään (latinan passiivinen verbimuoto). Dante joutuu tekemään temppujaan saadakseen aikaan haluamansa lopputuloksen: *cantio* on runoilijan työnä aktiivista toimintaa, kun taas laulajan esittämänä itse *cantio* kiertyykin aktiiviseksi vaikuttajaksi. Omalla esimerkillään *hec est cantio Petri* Dante haluaa vielä selventää asiaa. Kuten Fenzi huomauttaa, Danten olisi kuitenkin pitänyt valita selvitykseensä edes verbimuoto *cantat* eikä aivan eri verbin muoto *proferat*.

Luku 2,9

Canzonen käsittely jatkuu. Nyt määritellään sen tärkeä rakenneosa stanza eli säkeistö. Aloittava stanza määrää sen "runotaidon", johon sitä seuraava stanzat mukautuvat. On tunnettava osien suhde kokonaisuuteen ja yksittäisten säkeiden ja säkeistöjen paikka niissä runotaidon "tiloissa", joita canzone asuttaa.

Lyhyt luku etenee vaihteeksi varsin skolastisena, ilman yhtäkään esimerkkisäettä.

Luku 2,10

Tukeutuen jälleen aristoteelisen lähtökohtaan ihmisestä järkeään ja aistejaan käyttävänä eläimenä (vrt. 1,3,2) Dante etenee canzonea määrittäviin tekijöihin. Stanzan tekniikoissa päästään yhä pienempiin yksityiskohtiin, jotka eivät kuitenkaan Danten mukaan rajoita canzonen laatijaa. Päinvastoin, muo-

don hallinta avaa vapauden tilan, jossa runoilijoista parhaat kulkevat järkensä ohjaamina. Käy taas ilmi, että näihin canzonen johtaviin auktoriteetteihin lukeutuu myös Dante itse.

Canzone mitallisena kokonaisuutena määrittyy tarkan terminologian ja muodollisen rajauksen kautta. Omintakeisinta ellei oudointa on se, että Dante tuntuu olettavan metrisen ja musikaalisen rakenteen olevan täysin toisiaan vastaavia (2,10,2 *sub una oda continua*). Tosiasiassa trubaduureilta periytyneessä laululyriikassa runon ja melodian analyysiä ei voi sekoittaa keskenään, sillä ne ovat erillisiä vaikkakin yhteydessä toisiinsa. Siinä missä runoissa kukoisti luovuus ja muodontaju, melodiat olivat usein konventionaalisia. Rakenteellista vastaavuutta runosäkeistöjen ja melodiasekvenssien välillä ei usein ollut. Vaikka italialaiseen runouteen viittaava ilmaisu "canzone-muoto" usein tarkoittaa juuri runon tiettyä säerakennetta ja rakenteeltaan sitä vastaavaa melodiaa, käytännössä tilanne oli toinen.[1] Dante tavoittelee tiukkaa systeemiä, joka ei ihanteellisuudessaan vastaa musiikillista todellisuutta.

Danten teknisen sanaston hahmottamiseksi on syytä formuloida vanhemman trubaduurilyriikan vahva mieltymys kaksiosaiseen rakenteeseen. Dante poikkesi perinteestä monessa kohdin, mutta samalla perinne edusti Suurta Kaanonia, johon nähden sitä vielä suuremmaksi väitetyn italialaisrunouden tekniikat määrittyivät. Perinteinen oksitaanilyriikan stanza oli jaettu kahteen osaan:

[1] Werf 1972, 60–70; Werf 1995; Tavoni ja Fenzi *ad loc.* 2,10,2.

1. *frons* eli otsa: koostuu kahdesta identtisestä, yleensä kaksisäkeisestä osasta (*pedes* eli jalat). Säkeet voivat olla saman- tai eripituisia. Niissä harvoin toistuu sama riimi, joten otsan säerakenne voi siis olla esimerkiksi: ab ab tai ab ba.

2. *cauda* (myös *sirma*) eli häntä, siis loppu- tai lisäosa: koostuu yleensä 3–6 säkeestä.

Tämä oli siis nimenomaan oksitaanilyriikan perua oleva rakenne, jota Dante nyt määrittelee uusiksi sekä jo olemassa olevan italialaisen runouden että utooppisesti kuvittelemansa loistavan kansankielen tekniikkana.[1]

Kuten luvussa käy ilmi, Dantella esimerkiksi otsa (*frons*) on jakamaton ja jalat ovat sille vaihtoehtoinen rakenne. Osien välinen kohta on *diesis* eli siirtymä, mikä esitettäessä tarkoitti usein käytännössä taukoa.[2] Siirtymän jälkeisiä osia ovat *versus* eli

---

[1] Marigo (1957 Introduzione, cxxxvii): siinä missä *Leys d'Amors* (Guilhem Molinier 1328) tutki yksityiskohtaisesti trubaduurirunouden stroofeja, riippumatta runoudenlajista, Dante valitsee kansankielisestä runoudesta vain sellaista, missä korkeimman runoudenlajin eli canzonen stanzat on rakennettu harmonisesti.

[2] Danten *diesis* on peräisin Isidorukselta (*Etymologiae* 3,20,6) tai tätä seuraavalta Hugutio de Pisalta (D 45, 26 *diesis*). Hännän vaihtoehtoinen nimitys *sirma* tarkoittaa muun muassa naisen vaatteen "häntäosaa" (Hugutio de Pisa S 172, 4 *sirma*). Dante palaa moniselitteiseen terminologiaan vielä jaksossa 2,11,12. Tässä annetun merkityksen lisäksi esimerkiksi *pes* (mon. *pedes*) tarkoitti antiikista periytyvässä metriikassa runojalkaa, joista säe koostuu. Sinänsä hämäävä terminologia ei siis ole Danten syytä.

käännökset (kansankielen *voltè*).[1] Vanhassa perinteessä stanzaa usein muunneltiin: esimerkiksi otsassa saattoi olla kolme tai neljä jalkaa, tai jalassa enemmän kuin tyypilliset kaksi säettä. Tämä ei kuitenkaan päde Danten esitykseen.

Danten mukaan yhdistelmä otsa ja häntä, siis siirtymän (*diesis*) molemmilla puolilla jakamaton osa, ei ole mahdollinen. Jäljelle jäävät kolme mahdollista yhdistelmää ovat seuraavat:

STANZA			
~~OTSA~~	OTSA	JALAT	JALAT
~~diesis~~	diesis	diesis	diesis
~~HÄNTÄ~~	KÄÄNNÖKSET	KÄÄNNÖKSET	HÄNTÄ

1300-luvulla näistä tyypillisin oli rakenne jalat-*diesis*-häntä.

Luku 2,11

Tässä ja seuraavissa luvuissa tihenee poetiikka, jossa kirjoittaminen sekä käsityön kudelmat ja kuosit rinnastuvat. Jo antiikista periytyvä kirjoittamisen

[1] Toisen kirjan alussa jaksoissa 2,1,2 ja 2,1,9 *versus* tarkoitti vielä "säettä", mutta 2,10,4 alkaen säkeisiin viitataan sanalla *carmen*. Terminologian horjuvuus johtunee Danten teoksen keskeneräisyydestä ja sen perusteella voi erottaa eri aikoina kirjoitettuja jaksoja. Kuitenkin teoksen eri osien sisällä Dante on johdonmukainen itsensä kanssa.

ja runonlaadinnan verbi *contexo* esiintyy usein (vrt. myös suomen "teksti", "tekstiili").[1]

Danten vertauskuvat olivat perinnettä, jonka olivat hioneet huippuunsa oksitaaniksi ja ranskaksi toimineet runoilijat. Käsityön kuvasto sopi sanojen, mittojen, riimien ja melodioiden sidontaan ja kudontaan (*lasatz, entrebescar los motz*), myös raskaampaan taontaan. Dante luonnehtii *Jumalaisen näytelmän* kiirastuleen sijoitettua Arnaut Danielia äidinkielen sepäksi, *miglior fabbro del parlar materno*.[2] Puolestaan *Kansankielestä*-teos laatii kudelmien poetiikkaa uusiksi nimenomaan italialaisten säkeiden näkökulmasta.

Luku 2,12

Dante jatkaa säekudelmien tarkastelua ja havainnollistaa tekniikoita runsain sitaatein niin omasta kuin muiden runoudesta. Joukossa on sekä hyviä että varoittavia esimerkkejä.

Yllättäen kriitikko Danten arvotukset muuttuvat, kun hän syventyy runomittojen ja riimirakenteiden tekniseen analyysiin. Guido Guinizelli, Guido Ghislieri ja Fabruzzo mainittiin jo jaksossa 1,15,6 oivina esimerkkeinä loistavan kansankielen käytöstä. Kuitenkin tässä luvussa samaiset tekijät

---

[1] Sanan *textus* (verbistä *texo*) merkityksestä roomalaisessa retoriikassa, erityisesti Quintilianuksella, ks. Viljamaa 2007. *Textus* on kudelma, joka syntyy soveltuvien sanojen valinnasta, kompositiosta eli rakenteesta ja tyylivalinnoista.

[2] *Kiirastuli* 26, 117: "parempi seppä oli äidinkielen"; suom. Eino Leino. Käsityön ja runonteon kuvastosta oksitaaninkielisessä kirjallisuudessa: Gaunt & Marshall 2005, 476.

havainnollistavat mitallista epätäydellisyyttä säkeineen, joissa on vieläpä häivähdys ei-toivottua elegiaa. Toisaalla Guido on siis runoilijoista ylin "Maximus Guido", tässä sen sijaan ankaran runokriitikon hampaissa. Jakson tulkintaa hankaloittaa se, että Guido Guinizellin nimeä ei löydy käsikirjoituksista, vaan sen lisäys perustuu ensimmäisen runosäkeen (*Di fermo sofferire*) attribuointiin hänelle.

Guido Cavalcantilta Dante siteeraa tässä kappaleessa kahdesti samaa runoa "Donna me prega" (2,12,3 ja 8), joka oli yksi 1200-luvun, ellei koko keskiajan kuuluisimpia runoja. Cavalcanti esitellään hieman tarkemmin runoilijaliitteessä.

Luku 2,13

Luvun aiheena on riimien suhde toisiinsa eli riimirakenteet, eivät siis itse riimit äänteinä. Jälkimmäiseen aiheeseen Dante lupaa palata tuonnempana, mikä aie ei koskaan toteutunut. Dante korostaa vapautta (*licentia*) ja riimin tärkeyttä runoteoksen viehätyksen kannalta.

Luku käy tunnollisesti läpi erilaisia mahdollisuuksia alkaen ääritapauksista, joissa stanzassa ei ole laisinkaan riimiä, tai sitten kukin säe toistaa samaa riimiä. Näiden väliin sijoittuu lukuisia säkeidensolmimisen muunnelmia. Jälleen kuvataan niin hyvät kuin vältettävät käytännöt. Viesti lukijalle on luonnollisesti se, että Danten oma käytäntö on suositeltavin.

Jaksossa 2,13,8 esiintyy kaunis kuva (runo)kielestä, joka muodon ja äänteellisen hahmon saatuaan vaikenee taas hiljaisuuteen.

Luku 2,14

Lupaamistaan canzonen tekniikoista Dante on nyt
käsitellyt kaksi, nimittäin melodian ja canzonen
osien jäsennyksen (vrt. 2,9,4–5). Tutkielma *Kansan-
kielestä* keskeytyy ennen kuin on päästy alkua pi-
demmälle kolmannessa tekniikassa: säkeiden sekä
tavujen määrässä, eli käytännössä metriikassa ja eri
runomittoihin soveltuvissa aiheissa.

Luettelo Danten mainitsemista antiikin ja keskiajan kirjoittajista

Monista trubaduureista ei juuri ole varmaa tietoa ja ajoitukset ovat arvioita. Tiedot ovat peräisin keskiajan trubaduurielämäkerroista (*vida*) sekä itse runoudesta, erityisesti mesenaateille suunnatuista omistuskirjoituksista.

Aimeric de Belenoi (toimi n. 1216–1243) aloitti runotoimintansa Toulousen seudulla, kuului sittemmin muun muassa Raymond VI:n hovin piiriin ja ilmeisesti asui elämänsä loppuajat Kataloniassa. Aimeric liikkui myös Pohjois-Italiassa ja oli säilyneiden käsikirjoitusten – myös Danten ylistyksen – perusteella erittäin arvostettu. Häneltä on säilynyt noin kaksikymmentä runoa, enimmäkseen cansoja. *DVE* 2,6,6; 2,12,3.

Aimeric de Peguilhan (toimi n. 1190–1230) matkusteli laajasti erityisesti Ranskassa, Espanjassa ja Italiassa. Trubaduurilta on säilynyt noin 50 runoa. Aimeric laajensi taitavasti edeltäjiensä (Bernart de Ventadorn, Guiraut de Bornelh) tyylejä ja aiheistoja yhdistäen rakkausteemaan sanastoa käytännöllisiltä elämänaloilta (kuten liike-elämä). Italiassa Aimericin mesenaatteihin kuuluivat Monferrat-, Este- ja Malaspinasuvut. Aimeric vaikutti muun muassa Petrarcan runokuvastoon ja luonnonfilosofisiin teemoihin. *DVE* 2,6,6.

Aldobrandino Padovano (toimi 1290–1300) oli juristi-runoilija, jonka kanssa Dante oli runovaihdossa. Vain muutama sonetti on säilynyt, ja niistä on päätelty Aldobrandinon kuuluneen Guido Guinizellin koulukuntaan. Dante mainitsee Aldobrandinon venetsialaisena, mutta he mahdollisesti tunsivat toisensa jo 1290-luvun alusta, jolloin Aldobrandino oli Firen-

zessä *capitano del popolo* (eräänlainen "porvariston" edustaja ylhäisöä vastaan). *DVE* 1,14,7.

Arnaut Daniel (toimi n. 1180–1210). Synt. Ribérac (Dordogne). Elämänvaiheista tiedetään tuskin mitään varmaa. Edusti rakenteellisesti ja merkityksiltään "hämärää" tyyliä *trobar clus.* Arnaut oli melopoeian eli kielen äänteiden, rytmien ja soinnullisen lyriikan mestari, jonka mitallinenkaan kieli ei ole väkinäistä, vaan siinä on proosan väljyyttä. Aiheista tärkeimmät olivat luonto, rakkaus ja itsestään tietoinen runoilijuus. Hänen säkeistään kuuluisin *L'aura amara...* päätyi myös Danten tutkielmaan. *DVE* 2,2,8; 2,6,6; 2,10,2; 2,13,2.

Aristoteles (384–322 eaa.) oli antiikin Kreikan merkittävimpiä filosofeja. Sydänkeskiajalla häntä usein kutsuttiin yksinkertaisesti Filosofiksi tai, kuten Dante tekee, "viisaiden opettajaksi". *DVE* edustaa runousoppia, jossa aristoteelisen skolastiikan vaikutus näkyy selkeästi. *DVE*, 2,10,1.

Bertran de Born (n. 1140–1215) oli Hautefortin (Dordogne) hallitsija ja osallinen ajan sotaisissa konflikteissa. Hänen runoutensa, jossa on vahvoja poliittisia teemoja, on jakanut jälkipolvien mielipiteitä. Joidenkin mukaan Dante aikalaisineen liioitteli Bertranin merkitystä trubaduuriperinteessä, mutta toisten mielestä arvostus oli ansaittua. Suomeksi Bertran de Bornin, "sotalaulajan", osin kuvitteellisista keskiaikaisista elämäkerroista on kirjoittanut muun muassa Tyyni Haapanen-Tallgren (s.a., 89–120). *DVE* 2,2,8.

Bonagiunta da Lucca (n. 1220–1296) toimi kotikaupungissaan Luccassa notaarina. Vaikka Dante ei *DVE*:ssa nosta Bonagiuntan säkeitä kovin korkealle, osin tämän ansiota oli se, että vanhemman sisilialaisen rakkauslyriikan perinne juurtui Toscanaan. Bonagiunta oli siis *dolce stil nuovon* edeltäjä. *DVE* 1,13,1.

Brunetto Latini (n. 1220–n. 1294). Firenzeläinen guelfi, notaari sekä arvostettu retoriikan ja filosofian opettaja. Teoksensa *Li livres dou tresor* ("Aarre") Brunetto kirjoitti ranskaksi ollessaan vuosia maanpaossa. Se oli ensimmäisiä kansankielellä laadittuja filosofian, politiikan ja eri tieteenalojen kokoomateoksia ja sellaisena Danten *Convivio*-teoksen edeltäjä. Brunet-

ton *La Rettorica* ("Retoriikka") on italiaksi laadittu käännös ja kommentaari Ciceron *De inventione* -teoksen pohjalta (luvut 1–17). *Tesoretto* ("Pieni aarre") on keskeneräiseksi jäänyt italiankielinen runoelma. Myös lyhyempiä runoja on säilynyt. *DVE* 1,13,1.

Castra. Tuntematon firenzeläinen runoilija, jota Dante siteeraa jaksossa 1,11,4.

Cielo d'Alcamo (toimi 1230–1250) oli sisilialainen runoilija, jolta Dante siteeraa säkeen esimerkkinä alempien väestöryhmien puhumasta sisiliasta. Runo on dialogia rakastajan ja rakastetun välillä koostuen kaikkiaan 32 stanzasta (joissa kussakin viisi säettä ja riimirakenne aaa bb, ccc dd jne.). *DVE* 1,12,6.

Cino da Pistoia (n. 1270–1336) työskenteli lakimiehenä ja oli *dolce stil nuovon* viimeinen merkittävä runoilija. Cino kuului Danten lähimpiin kollegoihin *DVE*:n kirjoittamisen aikoihin. Bolognan yliopistossa opiskellut ja poliittisesti aktiivinen Cino opetti lakitiedettä useissa kaupungeissa (Bologna, Perugia, Siena, Napoli, mahdollisesti Firenze) ja toimi Pistoian pormestarina (*gonfaloniere*). Cinon säilynyt tuotanto on stilnovisteista laajin: yli 130 sonettia, 18 canzonea ja 13 ballataa. Teemoista tärkeimpiä on onneton rakkaus. Näytteeksi synkeistä säkeistä siteerattakoon katkelma sonetista, jonka on suomentanut Otto Manninen.

> Iloa, lohdutusta inhoon kovin,
> mua miellyttää, mik' ikävintä ihan,
> sais päivät päästään hourupäät mua johtaa.
>
> Perustaa mielisin mä Itkun hovin
> ja tappaa ne, jotk' aatoksissa vihan
> siell' iskin jo, miss' oma kuolo kohtaa.
> (Tuulio 1945, 143)

DVE:ssa Dante mainitsee Cinon kuudesti ylistäen häntä ystävänään sekä kansankielen "perheenjäsenenä ja palvelijana". Häntä ylistivät myös Boccaccio ja Petrarca. Yksi Cinon

canzoneista on laadittu Danten kuoleman johdosta. *DVE* 1,10,2; 1,13,4; 1,17,3; 2,2,8; 2,5,4; 2,6,6.

Fabruzzo di Tommasino de' Lambertazzi (toimi 1200-luvun puolivälissä). Bolognalainen runoilija, ammatiltaan rahanvaihtaja (*cambiatore*). Häneltä on säilynyt vain yksi sonetti. *DVE* 1,15,6; 2,12,6.

Folquet de Marseilla (n. 1155–1231). Synt. Marseille. Tämä nuorena trubaduurimainetta niittänyt hahmo koki vuoden 1195 tienoilla uskonnollisen kääntymyksen ja liittyi sisterssiläissäätyyn. Folquet toimi Toulousen anti-kataarisena piispana vuosina 1206–1231. Hänet mainitaan myös ajan oppineissa lähteissä (mm. Vincent de Beauvais, *Speculum morale*), toisin kuin suurin osa muista trubaduureista. Dantelle Folquet oli pyhimys (*Paratiisi* IX), mutta poliittis-uskonnollisille vastustajille jopa "Antikristus". *DVE* 2,6,6.

Frontinus, Sextus Julius (n. 35–103). Roomalainen valtiomies ja kirjoittaja, jolta on säilynyt sotataitoa käsittelevä teos *Stratagemata*, kirja Rooman vesijärjestelmistä *De aquis urbis Romae* sekä katkelmia. Jo antiikin aikana häneen viitattiin hyvänä prosaistina. *DVE* 2,6,7.

Gallo da Pisa (eli "Galletto"; toimi 1200-luvun puolivälissä). Toscanalainen runoilija, joka kuului Guittone d'Arezzon koulukuntaan. Häneltä on säilynyt kaksi Pisan murteella kirjoitettua canzonea. *DVE* 1,13,1.

Giacomo (Iacopo) da Lentini (n. 1210–1260), lempinimeltään "Notaari". Palveli Sisilian Palermossa Fredrik II:n hovissa. Giacomoa pidetään Sisilian koulukunnan – siis varhaisimman italiankielisen runosuuntauksen – perustajana ja sonetin kehittäjänä. Koulukunnan esikuvana oli oksitaaniksi laadittu trubaduurilyriikka. Koska suurin osa sisilialaisrunoilijoista oli tuomareita, notaareja ja Fredrik II:n hallinnon virkamiehiä, heiltä puuttui musiikillinen koulutus. Siten oksitaanirunouden musiikki ei enää ollut yhtä tärkeässä asemassa. Giacomo da Lentiniltä on säilynyt nelisenkymmentä runoa. *DVE* 1,12,8.

Gotto da Mantua (?). Tuntemattomasta runoilijasta ei tiedetä muuta kuin että hän oli Danten aikalainen ja tuttu. *DVE* 2,13,5.

Guido Cavalcanti (n. 1250–1300). Firenzeläinen runoilija, aatelismies ja vannoutunut guelfi, joka oli toscanalaisrunouden merkittävimpiä nimiä ennen Dantea. Myös Guido joutui maanpakoon Firenzestä. Guido Cavalcanti edustaa *dolce stil nuovon* filosofista ja mietiskelevää siipeä, jossa näkyi averroistisen filosofian vaikutus ja joka otti Danten runouden tapaan kantaa myös poliittisesti. Guidon canzone "Donna me prega", jota Dante siteeraa *DVE*:ssa kahdesti, on yksi italialaisen filosofisen runouden vaikeimmista. Cavalcanti oli erityisesti ballatan taitaja. Danten *Jumalaisessa näytelmässä* esiintyvät hahmoina niin Guidon varakas isä Cavalcante de' Cavalcanti kuin puoliso Beatrice degli Uberti. *DVE* 1,13,4; 2,6,6; 2,12,3; 2,12,8.

Guido delle Colonne (n. 1210–1287) oli sisilialainen "Messinan tuomari" ja sikäläisen runokoulun tärkeä edustaja. Lyriikan lisäksi Guido kirjoitti latinaksi Troija-romanssin, joka oli mukaelma 1100-luvun ranskalaisesta esikuvasta ja aikanaan erittäin suosittu. *DVE* 1,12,2; 2,5,4; 2,6,6.

Guido Ghislieri (toimi 1200-luvun puolivälissä). Bolognalainen runoilija, josta ei juuri ole säilynyt tietoja, kuului Guido Guinizellin koulukuntaan. Monen runoilijan kohdalla Danten huomiot ovat säilyttäneet säkeitä muutoin lähes kadonneesta lyriikasta. *DVE* 1,15,6; 2,12,6.

Guido Guinizelli (Guinizzelli) (n. 1230–1276) oli bolognalainen tuomari, ghibelliini ja Italian tunnustetuin runoilija ennen Dantea. Hän saa usein kunnian tyylisuunnan *dolce stil nuovo* perustamisesta. Tämä tyyli ohitti aiemmin suositun Sisilian kirjallisuuden, joka oli levinnyt Pohjois-Italiaan. Uusi pohjoisen tyyli oli oppineiden kirjoittajien usein vaikeaselkoista lyriikkaa, joka hyödynsi aikansa filosofian ja tieteiden sanastoa. Kun aiheena on rakkaus, se käsitetään korkeammaksi henkiseksi voimaksi, jota ylevä runoilija jalostaa. Guido Guinizelli kehitti huippuunsa canzone-muodon sekä rakenteen, johon sittemmin alettiin viitata sonettina.

Dante ylistää usein suloista uutta runotyyliä ja Guinizellia, "Maximus Guidoa", joka hylkäsi Bolognan kielen. Dante siteeraa vain yksittäisiä säkeitä vaikutukseltaan tärkeästä canzonesta *Al cor gentil rempaira sempre amore*. Tässä koko ensimmäinen säkeistö runoilija Saima Harmajan suomennoksena.

> Niin jaloon sydämeen on lempi suotu
> kuin metsän suloon linnunlaulun kulta.
> Sydänt' ei ennen rakkautta luotu,
> ja ennen sydäntä ei lemmen tulta.
> Kun syttyi kehrä päivän
> säteillen kirkkauskin ihanasti
> keralla syttyi päivän.
> Ja jaloon rintaan syttyy lemmen palo
> myös kohta, luontevasti,
> kuin tulessa saa asuntonsa valo. (Tuulio 1945, 39)

DVE 1,9,3: 1,15,6; 2,5,4; 2,6,6; 2,12,6.

Guiraut de Bornelh (toimi n. 1162–1200). Synt. Essidolhi, ransk. Excideuil (Dordogne). Toimi Limogesin varakreivin hovipiirissä, mutta matkusti laajasti osallistuen todennäköisesti myös Kolmanteen ristiretkeen vuonna 1192. Guiraut nautti monien hallitsijoiden suosiota ja nousi yhdeksi tunnustetuimmista keskiajan trubaduureista. Noin 80 runoa on säilynyt. Guiraut runoili rakenteellisesti ja merkityksiltään "hämärällä" tyylillä *trobar clus* mutta kehitti merkittävästi myös kevyempää tyylilajia *trobar leu*. *DVE* 1,9,3; 2,2,8; 2,5,4; 2,6,6.

Guittone d'Arezzo (n. 1239–1294). Synt. Santa Firmina. Toscanalaisen runouden merkittävimpiä edustajia ennen Guido Cavalcantin, Danten ja heidän tovereidensa *dolce stil nuovoa*. Guittone, jonka väljään koulukuntaan lukeutui runoilijoita Firenzessä, Sienassa, Luccassa ja Pisassa, tunsi erinomaisesti oksitaanirunoutta. Toisin kuin useimmat aiemman Sisilian koulun kirjoittajat, hän myös käytti runoutta poliittisen kannanoton välineenä (samoin kuin erityisesti trubaduurien *sirventes*-laji). Sanaston ja tyylin näkökulmasta *dolce stil nuovo* hylkäsi juuri Guittonen suosituiksi tekemiä retoris-poeettisia normeja, vaikka tämä oli nuorelle Dantelle tärkeä edeltäjä.

Guittonen runojen syntaksi on mutkikas hämäryyteen asti. Riimeissä hän suosii *rimalmezzoa*, säkeen keskelle sijoitettua riimiä, joka monimutkaistaa rakennetta entisestään. Aivan erityisesti nuorta Guido Cavalcantia ja Dante Alighieria ärsyttivät Guittonen avoin opettavaisuus, *auctoritas* ja moraalinen hyveellisyys, joita piirteitä Guido pilkkaa eräässä sonetissaan. Guittone d'Arezzon kirjeet lukeutuvat varhaisimpaan säilyneeseen italialaiseen proosaan. *DVE* 1,13,1; 2,6,8.

Horatius (65–8 eaa.). Roomalainen satiirikko, runoilija ja runousoppinut. *DVE* 2,4,4.

Lapo Gianni (Lapo di Gianni Ricevuti?, toimi n. 1290–1328). Elämästä ei juuri tiedetä. Firenzeläinen notaari sekä Danten ja Guido Cavalcantin läheinen ystävä. Lyyrikkona ja stilnovistina Lapo Gianni oli lähes Guido Cavalcantin vertainen. *DVE* 1,13,4.

Livius, Titus (n. 59 eaa.–15 jaa.). Roomalainen historioitsija, jonka *Ab urbe condita libri* vaikutti suuresti keskiajan käsityksiin Rooman historiasta. *DVE* 2,6,7.

Lucanus (39–65) Roomalainen eeppinen runoilija. *DVE* 1,10,4; 2,6,7.

Mino Mocato da Siena (Bartolomeo Macati?). Toscanalainen runoilija, jota ei ole täysin varmasti kyetty yhdistämään historialliseen henkilöön. *DVE* 1,13,1.

"Navarran kuningas", ks. **Thibaut IV**.

Onesto (n. 1240–1303) oli bolognalainen runoilija, joka kuului Guido Guinizellin koulukuntaan. Häneltä on säilynyt noin viisi canzonea ja 20 sonettia. *DVE* 1,15,6.

Ovidius (43 eaa.–17 jaa.). Roomalainen runoilija. *DVE* 1,2,7; 2,6,7.

Paulus Orosius (385–420). Roomalainen historioitsija, jonka *Historiae adversum paganos* oli ensimmäisiä kristillisiä maailmanhistorioita ja vielä Danten aikalaisille tärkeä maantiedon lähde. *DVE* 2,6,7.

Peire d'Alvernhe (aktiivinen noin vuosina 1149–1180). Synt. Clarmont. Toimi kiertävänä trubaduurina, muun muassa Alfonso VII:n ja tämän pojan Sancho III:n hovissa Kastiliassa. Tuotanto, josta on säilynyt ainakin 19 runoa, edusti rakenteellisesti ja merkityksiltään suljettua tyyliä *trobar clus*. Peire kirjoitti myös uskonnollisista aiheista. Dante mainitsee hänet vain kerran nimeltä, ilman runonäytettä. *DVE* 1,10,2.

Plinius vanhempi (Caius Plinius Secundus Maior, 23–79). Roomalainen luonnonfilosofi ja historioitsija, jonka pääteos oli *Historia naturalis*. *DVE* 2,6,7.

Rinaldo d'Aquino (n. 1220/1227–1280) oli huomattavimpia sisilialaisen koulukunnan edustajia. Hänen elämästään ei juuri tiedetä. Hän ilmeisesti kuului ylhäisaatelistoon ja Fredrik II:n hovin lähipiireihin. Rinaldon veli oli merkittävä aristoteelinen filosofi Tuomas Akvinolainen. Rinaldo d'Aquinolta on säilynyt noin kaksitoista runoa. *DVE* 1,12,8; 2,5,4.

Seneca, Lucius Annaeus (n. 4 eaa.– 65 jaa.). Roomalainen (luonnon)filosofi ja traagikko. *DVE* 1,17,2.

Sordello da Goito (Sordel de Goit, n. 1200–1270) oli kuuluisin italialaisista trubaduureista. Hänen elämästään on säilynyt vain vähän varmaa tietoa. Sordello runoili oksitaanin kielellä jouduttuaan pakenemaan Veronan hovista poliittisen skandaalin vuoksi Provenceen vuonna 1228 tai 1229. Hän palveli vuosia Ramón Berenguer IV:n ja sittemmin Kaarle Anjoulaisen (1227–1285) hovissa sekä palasi Italiaan, kun Kaarlesta tuli Sisilian ja Napolin hallitsija. Sordellon laajaan tuotantoon, josta on säilynyt noin 40 runoa, kuuluu rakkauslyriikkaa, satiiria ja opetusrunoutta. *DVE* 1,15,2.

Statius, Publius Papinius (45–96). Napolissa syntynyt roomalainen runoilija, jonka tärkeimpiin teoksiin lukeutuu eepos *Thebais*. *DVE* 2,6,7.

Thibaut IV, Champagnen kreivi (1201–1253). Seurasi vuonna 1234 Sancho VII:a Navarran kuninkaana nimellä Teobaldo I. Thibaut on ainoa Danten *DVE*:ssa siteeraama ranskalaisen *oïl*-kielen edustaja. *DVE* 1,9,3; 2,5,4; 2,6,5; 2,6,6.

Tommaso da Faenza (Tommaso Bucciòla; toimi 1200-luvun puolivälissä). Romagnalainen tuomari ja runoilija, mahdollisesti Ugolino Bucciòlan veli. Heidät molemmat mainitaan *DVE*:n jaksossa 1,14,3. Tommasolta on säilynyt useita sonetteja ja canzoneja.

Ugolino Bucciòla (toimi 1200-luvun puolivälissä). Manfredi-sukuun kuulunut guelfi ja poliitikko Faenzassa, myös runoilija. (Vrt. Tommaso da Faenza, joka oli mahdollisesti hänen veljensä.) *DVE* 1,14,3.

Vergilius: Publius Vergilius Maro (70–19 eaa.). Roomalainen runoilija, joka on läsnä kaikkialla Danten tuotannossa. *DVE* 2,4,10; 2,6,7; 2,8,4.

Kirjallisuus

Laitoksia ja käännöksiä Danten *De vulgari eloquentia* -teoksesta

Árnason 2009: Dante Alighieri, *Um kveðskap á þjóðtungu* [*De vulgari eloquentia*], käänt. Kristján Árnason. Reykjavík: Háskólaútgáfan 2009.

Botterill 1996: Dante, *De vulgari eloquentia*, toim. ja käänt. Steven Botterill. Cambridge: Cambridge University Press 1996.

Cheneval 2007: Dante Alighieri, *Über die Beredsamkeit in der Volkssprache*, käänt. Francis Cheneval, johdanto Ruedi Imbach & Irène Rosier-Catach, kommentaari Ruedi Imbach & Tiziana Suarez-Nani. Hamburg: Felix Meiner Verlag 2007.[1]

Cullhed & Sjöberg 2012: Dante Alighieri, *Om vältalighet på folkspråket: De vulgari eloquentia*, käänt. Eric Cullhed & Gustav Sjöberg. Stockholm: Italienska Kulturinstitutet "C. M. Lerici" 2012.

Fenzi 2012: Dante Alighieri, *De vulgari eloquentia*, toim. Enrico Fenzi, teoksessa Dante Alighieri, *Le opere* III, toim. Enrico

---

[1] Chenevalin käännös käsittää vain *DVE*:n ensimmäisen kirjan.

Fenzi, Luciano Formisano & Francesco Montuori. Roma: Salerno Editrice 2012.

Grønlie 2006: Dante Alighieri, *Om diktning på folkespråket: De vulgari eloquentia*, käänt. Espen Grønlie. Oslo: H Press 2006.

Marigo 1957: Dante Alighieri, *De vulgari eloquentia*, toim. Aristide Marigo, 3. painos. Firenze: Felice Le Monnier 1957.

Mengaldo 1979: Dante Alighieri, *De vulgari eloquentia*, toim. Pier Vincenzo Mengaldo, teoksessa *Opere minori* II. Milano, Napoli: Riccardo Ricciardi Editore 1979.

Roer & Høgel 2008: Dante Alighieri, *Dante om poesi og sprog: Om veltalenhed på folkesproget og XIII brev till Cangrande della Scala*, käänt. Hanne Roer & Christian Høgel. Odense: Syddansk Universitetsforlag 2008.

Rosier-Catach 2011: Dante Alighieri, *De l'éloquence en vulgaire*, käänt. Anne Grondeux, Ruedi Imbach & Irène Rosier-Catach. Paris: Fayard 2011.

Tavoni 2011: Dante Alighieri, *De vulgari eloquentia*, toim. Mirko Tavoni, teoksessa Dante Alighieri, *Opere* I. Milano: Mondadori 2011.

Muut käytetyt tai mainitut Danten teokset

Convivio, toim. Gianfranco Fioravanti, teoksessa Dante Alighieri, *Opere* II. Milano: Mondadori 2014.

Divina Commedia:

----- *Jumalainen näytelmä*, käänt. Eino Leino. I *Helvetti* 1912; II *Kiirastuli* 1913; III *Paratiisi* 1914. Porvoo: WSOY 1912–1914.

----- *Dantes Gudomliga komedi*, käänt. Aline Pipping. Helsinki: Schildt 1924.

----- *Jumalainen näytelmä*, käänt. Elina Vaara, johdanto ja selitykset Tyyni Tuulio, kuvitus Gustave Doré. Porvoo: WSOY 1963.

Monarchia, toim. Diego Quaglioni, teoksessa Dante Alighieri, *Opere* II. Milano: Mondadori 2014.

Rime, toim. Claudio Giunta, teoksessa Dante Alighieri, *Opere* I. Milano: Mondadori 2011.

Vita nuova (*Uusi elämä*), käänt. Tyyni Haapanen-Tallgren, esipuhe V. A. Koskenniemi. Porvoo: WSOY 1920. (Näköispainos Helsinki: ntamo 2013.)

Muu kirjallisuus ja tutkimus

Antiikin kirjoittajilta ei mainita alkukielisiä tekstieditioita, ainoastaan suomennokset mikäli sellaisia on käytetty. Silloin kun samalta tekijältä on useita teoksia, antiikin kirjoittajien teokset ovat aakkosjärjestyksessä, nykytutkimukset puolestaan aikajärjestyksessä (uusin ensin).

Aristoteles. *De arte poetica. Guillelmo de Moerbeke interprete*, toim. Erse Valgimigli, teoksessa *Aristoteles latinus* XXXIII *(De arte poetica)*, Corpus philosophorum medii aevi. Bruges, Paris: Desclée de Brouwer 1953.

----- *Fysiikka*, käänt. Tuija Jatakari & Kati Näätsaari, teoksessa Aristoteles, *Teokset* III. Helsinki: Gaudeamus 1992.

----- *Kategoriat. Tulkinnasta. Ensimmäinen analytiikka. Toinen analytiikka*, käänt. Lauri Carlson, Simo Knuuttila & Juha Sihvola, teoksessa Aristoteles, *Teokset* I. Helsinki: Gaudeamus 1994.

----- *Metafysiikka*, käänt. Tuija Jatakari, Kati Näätsaari & Petri Pohjanlehto, teoksessa Aristoteles, *Teokset* VI. Helsinki: Gaudeamus 1990.

----- *Nikomakhoksen etiikka*, käänt. Simo Knuuttila, teoksessa Aristoteles, *Teokset* VII. Helsinki: Gaudeamus 1989.

----- *Politiikka*, käänt. A. M. Anttila, teoksessa Aristoteles, *Teokset* VIII. Helsinki: Gaudeamus 1991.

----- *Retoriikka. Runousoppi*, käänt. Paavo Hohti & Päivi Mylly-koski, teoksessa Aristoteles, *Teokset* IX. Helsinki: Gaudeamus 1997.

----- *Sielusta*, käänt. Kati Näätsaari, teoksessa Aristoteles, *Teokset* V. Helsinki: Gaudeamus 2006.

----- *Taivaasta*, käänt. Petri Pohjanlehto, teoksessa Aristoteles, *Teokset* IV. Helsinki: Gaudeamus 2003.

Ascoli, Albert Russell, *Dante and the Making of a Modern Author*. Cambridge: Cambridge University Press 2008.

Auerbach, Erich, *Dante als Dichter der irdischen Welt*, 2. painos, jälkisanat Kurt Flasch. Berlin, New York: de Gruyter 2001 (1929).

----- *Mimesis: Todellisuudenkuvaus länsimaisessa kirjallisuudessa*, käänt. Oili Suominen. Helsinki: SKS 1992.

Augustinus, *Tunnustukset*, käänt. Otto Lakka. Porvoo, Helsinki: WSOY 1947.

Averroës: *Averroes' Middle Commentary on Aristotle's Poetics*, käänt. ja johdanto Charles E. Butterworth. Princeton: Princeton University Press 1986. (Ks. myös Hermannus Aleman-nus.)

Balfour, Mark, "Manfred", teoksessa Lansing 2010 (toim.), 589–591.

Barański, Zygmunt G., "Magister satiricus: Preliminary Notes on Dante, Horace and the Middle Ages", teoksessa *Language and Style in Dante: Seven Essays*, toim. John C. Barnes & Michel-angelo Zaccarello. Dublin: Four Courts Press 2013, 13–61.

----- "Dante Alighieri: Experimentation and (Self-)exegesis", teoksessa Minnis & Johnson 2005 (toim.), 561–582.

----- *Dante e i segni: Saggi per una storia intellettuale di Dante Alighieri*, Napoli: Liguori Editore 2000.

Barolini, Teodolinda, "Dante and the Lyric Past", teoksessa *The Cambridge Companion to Dante*, toim. Rachel Jacoff, 2.

painos. Cambridge: Cambridge University Press 2007 (1993), 14–34.

----- *Dante's Poets: Textuality and Truth in the Comedy*. Princeton, N. J.: Princeton University Press 1984.

Black, Deborah L., *Logic and Aristotle's Rhetoric and Poetics in Medieval Arabic Philosophy*. Leiden: Brill 1990.

Boccaccio, Giovanni, *Life of Dante*, käänt. J. G. Nichols. London: Hesperus Press Limited 2002.

Brunetto Latini, *Li livres dou tresor*, toim. Francis J. Carmody. Berkeley, Los Angeles: University of California Press 1948.

Bruni, Francesco, "Nota su la geografia di Dante nel 'De vulgari eloquentia'", teoksessa Fenzi 2012 (toim.), 241–251.

Calcidius, *Timaeus* a Calcidio translatus commentarioque instructus, teoksessa *Plato Latinus* IV, toim. J. H. Waszink, 2. painos. Londinii et Leidae: In aedibus instituti Warburgiani et E. J. Brill 1975.

Calvino, Italo, *Kuusi muistiota seuraavalle vuosituhannelle*, käänt. Elina Suolahti. Helsinki: Loki-Kirjat 1996. (Nimiösivulla painovuodeksi annetaan 1995.)

Caselli, Daniela, *Beckett's Dantes: Intertextuality in the Fiction and Criticism*. Manchester: Manchester University Press 2005.

Chydenius, Johan, *The Typological Problem in Dante: A Study in the History of Medieval Ideas*. Helsinki: Societas Scientiarum Fennica 1958.

Cicero: Marcus Tullius Cicero, *Puhujasta*, käänt. Aulikki Vuola. Helsinki: Gaudeamus 2006.

Cornish, Alison, *Vernacular Translation in Dante's Italy: Illiterate Literature*. Cambridge: Cambridge University Press 2011.

Corti, Maria, "Les notions de 'langue universelle' et de 'langue poétique' chez Dante Alighieri", teoksessa *Logos semantikos: Studia linguistica in honorem Eugenio Coseriu 1921–1981*, toim. H. Geckeler, B. Schlieben, L. J. Trabant & H. Weydt. Berlin, New York: Walter de Gruyter 1981, 31–39.

Curtius, Ernst Robert, *Europäische Literatur und lateinisches Mittelalter*, 10. painos. Bern, München: Francke Verlag 1984 (1948).

Davis, Charles T., "Rome", teoksessa Lansing 2010 (toim.), 750–756.

Deanesly, Margaret, *A History of the Medieval Church 590–1500*. London: Routledge 1969.

D'Urso, Daniele, "Il profumo della pantera: La metafora venatoria nel *De vulgari eloquentia*", *Rivista di cultura classica e medioevale* 48:1 (2006), 137–155.

Eco, Umberto, *Serendipities: Language and Lunacy*, käänt. William Weaver. San Diego: Harvest Books 1999.

----- *La ricerca della lingua perfetta nella cultura Europea*. Bari: Laterza 1993.

Falkeid, Unn (toim.), *Dante: A Critical Reappraisal*. Oslo: Unipub 2008.

Fenzi 2012: ks. Laitoksia ja käännöksiä Danten *De vulgari eloquentia* -teoksesta.

Formisano, Luciano, "Le rime provenzali e francesi" (Appendice I: Le rime del 'De vulgari eloquentia'; 1: Le rime provenzali e francesi), toim. Luciano Formisano, teoksessa Fenzi 2012 (toim.), 265–338.

Fyler, John, M., "Language Barriers", *Studies in Philology* 112:3 (2015), 415–452.

Fögen, Thorsten, *Patrii sermonis egestas: Einstellungen lateinischer Autoren zu ihrer Muttersprache. Ein Beitrag zum Sprachbewußtsein in der römischen Antike*. München, Leipzig: K. G. Saur 2000.

Galfridus de Vinosalvo: Geoffrey of Vinsauf, *Poetria nova*, käänt. Margaret F. Nims (1967), uudistettu ja esipuheella varustettu laitos Martin Camargo. Toronto: Pontifical Institute of Mediaeval Studies 2010.

Gallo, F. Alberto, *Music in the Castle: Troubadours, Books, and Orators in Italian Courts of the Thirteenth, Fourteenth, and Fifteenth*

Centuries, käänt. Anna Herklotz. Chicago, London: The University of Chicago Press 1995.

Garavelli, Enrico, "Dante in Finlandia tra Otto e Novecento: Filologi, traduttori, commentatori", teoksessa Garavelli 2016, 81–124.

----- (toim.), *"Quando Soffia Borea": Dante E La Scandinavia Nel 750esimo Anniversario Della Nascita Del Poeta (1265–2015)*. Atti Dell' VIII Seminario Di Letteratura Italiana, Helsinki, 26 Ottobre 2015. Helsingin yliopisto 2016.

Gargan, Luciano, "Per la biblioteca di Dante", *Giornale storico della letteratura italiana* 186 (2009), 161–193.

Gaunt, Simon & John Marshall, "Occitan Grammars and the Art of Troubadour Poetry", teoksessa Minnis & Johnson 2005 (toim.), 472–495.

Giola, Marco, "Dante e la lessicografia mediolatina: le 'Derivationes' di Uguccione da Pisa tra la 'Commedia' e i suoi antichi commentatori: un esperimento di spoglio", *Versants: revue suisse des littératures romanes* 58:2 (2011), 189–194.

Grønlie, Espen, "The Domestication of Vernacular Poetry: Measuring Authority in the De vulgari eloquentia", teoksessa Falkeid 2008 (toim.), 145–175.

Guido Cavalcanti, *Rime*, toim. Marcello Ciccuto, 5. painos. Milano: Biblioteca Universale Rizzoli 1998 (1978).

Haapanen-Tallgren, Tyyni, *Trubaduureja*. Werner Söderström O.y: [s.a.].

Hermannus Alemannus, *Expositio media Averrois sive 'poetria' Hermanno Alemanno interprete*, toim. L. Minio-Paluello, teoksessa *Aristoteles latinus* XXXIII (*De arte poetica*), 2. painos, Corpus philosophorum medii aevi. Bruxelles, Paris: Desclée de Brouwer 1968.

Holmes, Olivia, "Virgil and Sordello's Embrace in Dante's Commedia: Latin *Poeta* Meets Vernacular *Dicitore*". *Mediaevalia* 36/37:1 (2015/2016), 79–117.

Horatius: Quintus Horatius Flaccus, *Ars poetica: Runotaide*, käänt. Teivas Oksala & Erkki Palmén. Helsinki: Gaudeamus 1978.

Hugutio de Pisa: Uguccione da Pisa, *Derivationes*, toim. Enzo Cecchini *et al.* Firenze: Edizioni del Galluzzo 2004.

Ioca Monachorum: *Missale Bobbiense*, toim. A. Hamman, teoksessa Patrologiae latinae supplementum IV. Paris: Garnier 1967, col. 926–927, Ioca monachorum.

Johannes de Garlandia: *The Parisiana Poetria of John of Garland*, käänt., toim. ja selityksin varustanut Traugott Lawler. New Haven, London: Yale University Press 1974.

Kelly, Douglas, *The Arts of Poetry and Prose*. Turnhout: Brepols 1991.

Kemal, Salim, *The Philosophical Poetics of Alfarabi, Avicenna and Averroës: The Aristotelian Reception*. London, New York: RoutledgeCurzon 2003.

Kleinhenz, Christopher, "Sestina", teoksessa Lansing 2010 (toim.), 772–773.

Kuusisto, Pekka, "Closing in Sublunary Darkness? On the 'Material Vision' in Dante's and Paul de Man's Cosmos", teoksessa *Illuminating Darkness: Approaches to Obscurity and Nothingness in Literature*, toim. Päivi Mehtonen. Helsinki: Suomalainen tiedeakatemia 2007, 27–46.

Lansing, Richard (toim.), *The Dante Encyclopedia*. London, New York: Routledge 2010.

Lausberg, Heinrich, *Handbuch der literarischen Rhetorik: Eine Grundlegung der Literaturwissenschaft*, 3. painos. Stuttgart: Franz Steiner Verlag 1990 (1960).

Law, Vivien, *The History of Linguistics in Europe from Plato to 1600*. Cambridge: Cambridge University Press 2003.

Lehtonen, Tuomas, *Hopeamarkkojen evankeliumi: Kirjoituksia sydänkeskiajan kulttuurihistoriasta*. Helsinki: WSOY 2000.

Major, Tristan, *Undoing Babel: The Tower of Babel in Anglo-Saxon Literature*. Toronto, Buffalo, London: University of Toronto Press 2018.

Marigo 1957: ks. Laitoksia ja käännöksiä Danten *De vulgari eloquentia* -teoksesta.

Martinez, Ronald R., "Bonagiunta da Lucca", teoksessa Lansing 2010 (toim.), 119–120.

Mazzocco, Angelo, *Linguistic Theories in Dante and the Humanists* (Studies of Language and Intellectual History in Late Medieval and Early Renaissance Italy). Leiden, New York, Köln: Brill 1993.

Mehtonen, P. M. [Päivi Maria], "Dante's Avantgardism Reinvented: Past and Present Vernaculars in the 1920s", teoksessa Falkeid 2008 (toim.), 177–186.

----- "Poetics, Narration, and Imitation: Rhetoric as *ars aplicabilis*", teoksessa *The Rhetoric of Cicero in its Medieval and Early Renaissance Commentary Tradition*, toim. Virginia Cox & John O. Ward. Leiden: Brill 2006a, 289–312.

----- "The Poetics of the Confusion of Tongues: *De vulgari eloquentia* and *De poësi Fennica*", teoksessa *Perspektiv på Dante II*, toim. Anders Cullhed. Kööpenhamina: Multivers Academic 2006b, 325–336.

----- *Poetria nova: Johdatus keskiajan runousoppiin*. Helsinki: SKS 2003.

----- *Old Concepts and New Poetics: Historia, Argumentum, and Fabula in the Twelfth- and Early Thirteenth-Century Latin Poetics of Fiction*. Helsinki: Societas Scientiarum Fennica 1996.

Mehtonen, Päivi & Jaana Vaahtera, "Noble Negation: The Value of Linguistic Spaces in Dante's *De vulgari eloquentia*", *Rhetorica* 33:4 (2015), 393–408.

Merisalo, Outi, "Keskiajan latina", teoksessa *Keskiajan avain*, toim. Marko Lamberg, Anu Lahtinen & Susanna Niiranen, 2. täydennetty painos, Helsinki: SKS 2020 (2009), 416–425.

Minnis, Alastair & Ian Johnson (toim.), *The Cambridge History of Literary Criticism 2: The Middle Ages*. Cambridge: Cambridge University Press 2005.

Minnis, A. J. & A. B. Scott (with David Wallace), *Medieval Literary Theory and Criticism c. 1100–c. 1375: The Commentary Tradition*, Revised edition. Oxford: Clarendon Press 1991 (1988).

Montuori, Francesco (Rime), "Le rime italiane" (Appendice I: Le rime del 'De vulgari eloquentia'; 2: Le rime italiane), toim. Francesco Montuori, teoksessa Fenzi 2012, 339–439.

----- (Trissino), "De la volgare eloquenzia di Dante: Volgarizzamento di Giovan Giorgio Trissino" (Appendice II), toim. Francesco Montuori, teoksessa Fenzi 2012, 441–596.

Mälkki, Johanna, *Mitä etevin runoteos: Dante Alighierin Jumalaisen näytelmän vastaanotto suomalaisessa kirjallisuusinstituutiossa 1851–2000*. Helsinki: SKS 2009.

Ordiway, Frank B., "Isidore, St.", teoksessa Lansing 2010 (toim.), 519–520.

Panetta, Maria, "Il maestro di Dante. Rappresentazioni e allusioni letterarie a Brunetto Latini", teoksessa *Auctor/Actor: Lo scrittore personaggio nella letteratura italiana* (Studi e testi italiani 17), toim. G. Corabi & B. Gizzi. Roma: Bulzoni editore 2006, 19–39.

Platon, *Gorgias. Menon. Meneksenos. Euthydemos. Kratylos*, käänt. Marja Itkonen-Kaila, Pentti Saarikoski & Marianna Tyni, teoksessa Platon, *Teokset* 2. Helsinki: Otava 1978.

----- *Sofisti. Valtiomies. Timaios. Kritias. Filebos*, käänt. Marja Itkonen-Kaila, A. M. Anttila & Marianna Tyni, teoksessa Platon, *Teokset* 5. Helsinki: Otava 1982.

Ploom, Ülar, *Quest and Fulfilment in the 13th Century Italian Love Lyric: An Idea of Medieval Cognitive Poetics*. (Väitöskirja, Helsingin yliopisto, Yleinen kirjallisuustiede).Tallinn: Eesti humanitaarinstituut 2000.

Porthan, Henrik Gabriel, *Suomalaisesta runoudesta*, käänt. ja johdanto Iiro Kajanto. Helsinki: SKS 1983.

Pound, Ezra, *The Spirit of Romance*. New York: A New Directions Book [s.a.].

Quintilianus: Marcus Fabius Quintilianus, *Puhujan kasvatus* (I–IV kirja), käänt. Aulikki Vuola. Turku: Faros 2014.

Riikonen, H. K., Kovala, Urpo, Kujamäki, Pekka & Outi Paloposki (toim.), *Suomennoskirjallisuuden historia*, osat I ja II. Helsinki: SKS 2007.

Rosier-Catach, Irène, "Man as a Speaking and Political Animal: A Political Reading of Dante's *De vulgari eloquentia*", teoksessa *Dante's Plurilingualism: Authority, Knowledge, Subjectivity*, toim. Sara Fortuna, Manuele Gragnolati & Jürgen Trabant. London, New York: Routledge 2010, 34–51.

Rosier-Catach 2011: ks. Laitoksia ja käännöksiä Danten *De vulgari eloquentia* -teoksesta.

Scaglione, Aldo, "Grammar", teoksessa Lansing 2010 (toim.), 451–452.

----- "Dante and the *Ars Grammatica*", teoksessa *De ortu grammaticae: Studies in Medieval Grammar and Linguistic Theory in Memory of Jan Pinborg*, toim. G. L. Bursill-Hall, Sten Ebbesen & Konrad Koerner. Amsterdam, Philadelphia: John Benjamins Publishing Company 1990, 305–319.

----- "Dante and the Rhetorical Theory of Sentence Structure", teoksessa *Medieval Eloquence: Studies in the Theory and Practice of Medieval Rhetoric*, toim. James J. Murphy. Berkeley, Los Angeles, London: University of California Press 1978, 252–269.

Schnapp, Jeffrey T., "Lucan", teoksessa Lansing 2010 (toim.), 572–573.

Scott, John A., *Understanding Dante*. Notre Dame, Ind.: University of Notre Dame Press 2004.

Shapiro, Marianne, "Sordello", teoksessa Lansing 2010 (toim.), 794–795.

Shepard, Laurie, "Frederick II of Swabia", teoksessa Lansing 2010 (toim.), 424–425.

Suomela-Härmä, Elina, "Dante in Finlandia: Appunti su traduzioni e vicende editoriali", teoksessa Garavelli 2016, 55–79.

Szpiech, Ryan, "Latin as a Language of Authoritative Tradition", teoksessa *The Oxford Handbook of Medieval Latin Literature*, toim. Ralph Hexter & David Townsend. New York, Oxford: Oxford University Press 2012, 63—85.

Söderhjelm, Werner, *Dante: muutamia ääriviivoja*. Porvoo: WSOY 1916.

Tavoni 2011: ks. Laitoksia ja käännöksiä Danten *De vulgari eloquentia* -teoksesta.

Tavoni, Mirko, *Qualche idea su Dante*. Bologna: Il Mulino 2015.

----- *"Convivio* e *De vulgari eloquentia*: Dante esule, filosofo laico e teorico del volgare", *Nuova Rivista di Letteratura Italiana* 17:1 (2014), 11–54.

Thesleff, Holger & Juha Sihvola, *Antiikin filosofia ja aatemaailma*. Porvoo, Helsinki, Juva: WSOY 1994.

Toynbee, Paget, "Dante's Latin Dictionary (The *Magnae derivationes* of Uguccione da Pisa)", teoksessa P. Toynbee, *Dante Studies and Researches*. London: Methuen 1902, 97–114. [Reprinted, with additions, from "Dante's Obligations to the *Magnæ Derivationes* of Uguccione da Pisa", *Romania* 26 (1897), 537–554.]

Trabant, Jürgen, *"Millena variatio*: Overcoming the Horror of Variation", teoksessa *Dante's Plurilingualism: Authority, Knowledge, Subjectivity*, toim. Sara Fortuna, Manuele Gragnolati & Jürgen Trabant. London, New York: Routledge 2010, 24–33.

Tuomas Akvinolainen, *Summa theologiae*, valikoiden suomenta
nut J.-P. Rentto. Helsinki: Gaudeamus 2010 (2002).[1]

Tuulio, Tyyni (toim.), *Italian kirjallisuuden kultainen kirja*. Por-
voo, Helsinki: WSOY 1945.

Vaahtera, Jaana, "On Sensory Images in Dante Alighieri's *De
vulgari eloquentia*", teoksessa *«Vedi lo sol che 'n fronte ti riluce»: La
vista e gli altri sensi in Dante e nella ricezione artistico-letteraria delle
sue opere* (Dante nel mondo 16), toim. Maria Maślanka-Soro.
Canterano: Aracne 2019, 245–257.

----- "Il *De vulgari eloquentia* e un vernacolo settentrionale: la
traduzione in finlandese", *Settentrione* 26 (2014), 101–105.

----- "Retoriikasta puheen ollen", teoksessa *Philologia classica:
Lähteitä, lähestymistapoja ja metodeja*, toim. Tiina Hiekkalinna ja
Minna Seppänen. Turku: Uniprint Suomen Yliopistopaino Oy
2010.

----- *Derivation: Greek and Roman Views on Word Formation*,
Annales universitatis Turkuensis, ser. B, tom. 229. Turku
1998.

Vergilius: Publius Vergilius Maro, *Aeneis. Aeneaan taru*, käänt.
Päivö Oksala & Teivas Oksala. Helsinki: WSOY 1999.

Viljamaa, Toivo, "Text as *Hyphos* in Quintilian: *Institutio orato-
ria* 9.4.3–23", teoksessa *Ad itum liberum: Essays in honour of
Anne Helttula*, toim. Outi Merisalo & Raija Vainio. Jyväskylä
2007, 131–138.

----- "Latina versus kansankielet kielen ja tyylin ongelmana",
teoksessa *Renessanssin estetiikka*, toim. Jyrki Aroalho, Maija
Lehtonen & Hannu Riikonen, Otaniemi: Gaudeamus 1984,
38–50.

Werf, van der, Hendrik, "Music", teoksessa *A Handbook of the
Troubadours*, toim. Frank R. P. Akehurst & Judith M. Davis.

----

[1] Vuoden 2010 laitoksesta puuttuu kokonaan suomentajan
nimi sekä tieto "valikoiden suomentanut". Ne on otettu pai-
noksen 2002 tiedoista.

Berkeley, Los Angeles, London: University of California Press 1995, 121–164.

----- *The Chansons of the Troubadours and Trouvères: A Study of the Melodies and Their Relation to the Poems.* Utrecht: A. Oosthoek 1972.

Wetherbee, Winthrop & Aleksander Jason, "Dante Alighieri", teoksessa *The Stanford Encyclopedia of Philosophy* (Fall 2018 Edition), toim. N. Zalta, https://plato.stanford.edu/archives /fall2018/entries/dante/

Woods, Marjorie Curry, *Classroom Commentaries: Teaching the Poetria nova across Medieval and Renaissance Europe.* Columbus: Ohio State University Press 2010.

Kiitokset

Kiitämme lämpimästi Meri Heinosta, joka tutustutti tekijät toisiinsa kuultuaan näiden kummankin tahollaan suunnittelevan Danten tutkielman kääntämistä. Ilman Merin silloittavaa toimintaa tämä pieni mutta työläs teksti olisi yhä suomentamatta. Käännöshanketta ja siitä kummunneita kysymyksiä tekijät ovat esitelleet pohjoiseurooppalaisen Dante-verkoston tapaamisissa sekä *Rhetorica*-lehden artikkelissa (2015). Näissä yhteisöissä saamastamme arvokkaasta palautteesta kiitämme erityisesti Unn Falkeidia, Zygmunt Barańskia ja Ülar Ploomia. Kiitämme Mirko Tavonia luvasta julkaista tässä yhteydessä uudestaan hänen latinankielinen editionsa.

Suurimmassa kiitollisuudenvelassa olemme käsikirjoitusta eri vaiheissa kommentoineille tutkijatovereille: kiitos (aakkosjärjestyksessä) Sari Kivistö, Susanna Niiranen, Hannu Riikonen, Jyrki Siukonen ja Jyri Vaahtera. Minna Seppänen on toiminut Jaana Vaahteran valistuneena naapuriapuna erilaisten kielellisten valintojen kohdalla. Kustantaja Faroksen puolesta Hannu Salmi oikoluki tarkkaan valmiin käsikirjoituksen, ja kahden anonyymin arvioijan kommentit olivat suureksi avuksi tekstin

viimeistelyssä. Kansankielisen lopputuloksen ry-
teiköistä (Danten sana) ovat luonnollisesti vastuus-
sa suomentajat itse.

Henkilöhakemisto

Danten tekstissä mainitut nimet ovat suomennoksen mukaisissa muodoissa. Henkilönimien luettelo ei kata lähdeviittauksia moderniin tutkimuskirjallisuuteen. Sen sijaan siteerattujen teosten suomentajat on mainittu – pieni hatunnosto klassikkojen kanssa uurastaneille kollegoille.

A

Aadam 53, 60, 61, 62, 63, 256, 257–259, 261, 262, 265
Aimeric de Belenoi 188, 189, 224, 225, 317
Aimeric de Peguilhan 188, 189, 317
Alberti, Leon Battista 33n
Albertus Magnus 24n, 26, 254
Aldobrandino Padovano 116, 117, 282, 317
Aleksanteri 182, 183
Alfonso VII 323
Alighiero (Danten isä) 7
Ambrosius 287n
Ammonios 23n
Antonio da Tempo 301
Anttila, A. M. 250, 253, 291
Arnaut Daniel 29, 154, 155, 186, 187, 213n, 214, 215, 234, 235, 298, 307, 314, 317–318
Aristoteles 22–23, 24n, 25, 31, 35, 51n, 81n, 141n, 161n, 169n, 182, 183, 213 ('viisaiden opettaja'), 248, 249n, 250, 253, 254, 286, 287n, 291, 298, 299, 305, 318
Arthur 86, 87, 271
Attila 306
Augustinus 248n, 252, 254, 258, 259n, 261, 264, 265
Augustus 60n
Averroës 23, 24n, 25
Avicenna 23, 253, 254
Azzo (VIII d'Este, Ferraran markiisi, "Esten markiisi") 100, 101, 184, 185, 278, 306

B

Beatrice degli Uberti 321
Beatrice Portinari 32, 189n
Beckett, Samuel 34
Bella (Danten äiti) 7
Bembo, Pietro 33
Bene da Firenze 22
Bernart de Ventadorn 317

Guido Cavalcanti 20, 25, 29, 32, 109, 110 ("Guido"), 188, 189, 224, 225 ("Firenzen Guido"), 230, 231 ("Firenzen Guido"), 279, 300, 301n, 315, 320–321, 322, 323
Guido delle Colonne 98n, 99n, 176, 177, 188, 189, 276, 321
Guido Fava 22
Guido Ghislieri 121, 122, 123, 226, 227, 284, 285, 314, 321
Guido Guinizelli 25, 29, 78, 79, 120, 121, 123n, 175n, 176, 177, 188, 189, 226, 227, 268, 280, 284, 314, 315, 317, 321–322, 323
Guilhem Molinier 312n
Guillelmus de Moerbeke 24n
Guiraut de Bornelh 29, 76, 77, 154, 155, 157n, 174, 175, 186, 187, 268, 276, 298, 317, 322
Guittone d'Arezzo 19–20, 106, 107, 170n, 179n, 190, 191, 280, 304, 320, 322

H

Haapanen-Tallgren, Tyyni 10, 32, 207n, 223n, 318
Harmaja, Saima 79n, 177n, 321
Heber 62, 63
Hermannus Alemannus 24n
Hermogenes 254n
Hieronymus 289n
Homeros 28, 79n
Horatius 21n, 22, 25, 166, 167, 170n, 229n, 269, 270n, 295, 302, 322
Hugutio de Pisa 27, 39, 52n, 72n, 82n, 100n, 128n, 164n, 259n, 261n, 291n, 292n, 295, 304n, 312n

I

Ippolito de' Medici 36n
Isidorus Sevillalainen 27n, 148n, 265, 266, 272, 273n, 312n
Itkonen-Kaila, Marja 254n

J

Jatakari, Tuija 213n, 286
Johannes (Giovanni I, Monferraton hallitsija) 100, 101, 278
Johannes Balbus 27
Johannes de Garlandia 30n, 255, 287
Joyce, James 34

K

Kajanto, Iiro 13n
Kaarle Anjoulainen (Kaarle I) 324
Kaarle II, Anjoun herttua (Napolin kuningas) 100, 101, 277
Kaarle Valois 306
Knuuttila, Simo 249n
Kratylos 254n

L

Lancfranc Cigala 283n
Lapo Gianni (Lapo di Gianni Ricevuti?) 108, 109, 279, 323
Leino, Eino 10, 251n, 283n, 314n
Livius, Titus 129n, 190, 191, 323
Lucanus 88, 89, 190, 191, 271, 273, 323

M

Malaspina-suku 317

Manfred 98, 99, 277, 279
Manfredi-suku 324
Manninen, Otto 319
Messinan tuomari, ks. Guido
delle Colonne
Mino Mocato da Siena (Bar-
tolomeo Macati?) 106, 107,
280, 323
Monferrat-suku 317

N

Navarran kuningas, ks. Thibaut
IV
Nimrod 66, 67, 264
Nooa 68, 69, 265
Numa Pompilius 128, 129
Näätsaari, Tuija 213n, 286,
299n

O

Oksala, Päivö 168n
Oksala, Teivas 167n, 168n,
170n, 229n, 270n, 296n
Onesto 120, 121, 122, 123,
284, 323
Ordelaffi-suku 281n
Ovidius 48, 49, 60n, 188, 191,
262, 323

P

Paavali 258
Palmén, Erkki 167n, 170n,
229n, 270n, 296n
Papias 27
Paulus Orosius 190, 191, 263,
266, 272, 323
Peire d' Alvernhe 29, 86, 87,
271, 323
Petrarca 25, 33, 317, 319
Pietari 274n
Pipping, Aline 10

Platon 250n, 254, 287n
Plinius vanhempi 190, 191, 323
Plotinos 290n
Pohjanlehto, Petri 286
Porthan, Henrik Gabriel 13n
Priscianus 182n, 289n, 305n

Q

Quin
tilianus 30n, 248n, 269, 270,
290, 291, 314n

R

Raimbaut de Vaqueiras 280
Raimon Vidal 13, 301
Ramón Berenguer IV 324
Raymond VI 317
Rentto, J.-P. 38
Rinaldo d'Aquino 39, 102n,
176, 177, 276, 324
Rosier-Catach, Irène 38, 267,
269

S

Sallustius 271
Sancho III 323
Sancho VII 324
Seem 68, 69
Seneca 128, 129, 324
Shakespeare, William 201n
Sihvola, Juha 81n
Sjöberg, Gustav 38, 149n, 158n
Snorri Sturluson 13
Sordello da Goito 118, 119,
283, 307, 324
Statius 190, 191, 324
Suetonius 271
Söderhjelm, Werner 8–9

T

Tarlati di Petramala (suku) 61n
Tavoni, Mirko 37, 38, 278, 281, 297, 301
Terramagnino de Pisa 283n
Tertullianus 258, 296
Thibaut IV ("Navarran kuningas") 78, 79, 174, 175, 188, 189, 268, 323, 324 (Teobaldo I)
Tommaso da Faenza (Tommaso Bucciòla) 112, 113, 281, 324
Trissino, Gian Giorgio 15, 33, 36
Tuomas Akvinolainen 23n, 26, 38, 39, 152n, 161n, 163n, 181n, 246, 248, 251, 252n, 253n, 254, 259n, 260n, 276, 324
Tuulio, Tyyni 271

U

Ugolino Bucciòla 112, 113, 281, 324

V

Vaara, Elina 10
Varro 295n
Vergilius 15, 28, 30, 79n, 168n, 170, 171, 188, 189, 202, 203, 263, 264, 309–310, 325
Vincent de Beauvais 320
Vuola, Aulikki 248n

Faroksen kirjat

Kronologia ensimmäisten painosten mukaan

19 Stephen Crane: *Morsian saapuu kaupunkiin* (2007)

20 Miguel de Cervantes Saavedra: *Opettavaisia kertomuksia* (2007)

21 Maija-Liisa Näsänen: *Abraham Ojanperä – laulajan elämä* (2008), Artes liberales -sarja

22 Sergei Tšavain: *Elnet* (2008)

23 Ritva Hapuli: *Matkalla kotona. Kyllikki Villan matkapäiväkirjoista* (2008)

24 Cyrano de Bergerac: *Matka kuuhun* (2008)

25 Cicero: *Keskusteluja Tusculumissa* (2009)

26 Esa Lehikoinen, Risto Lemmetyinen, Timo Vuorisalo ja Sari Kivistö: *Suomen lintutieteen synty. Turun Akatemian aika* (2009)

27 Ismail Kadare: *Kolme surulaulua Kosovolle* (2009)

28 Hannu Salmi: *Nukahteleva kulttuuri* (2009)

29 Kate Chopin: *Herääminen* (2009)

30 Axel Gabriel Ingelius: *Harmaa linna* (2009)

31 Vilhelm Rubruk: *Matka Mongoliaan vuosina 1253–1255* (2010)

32 Ina Lange: *”Huonompaa väkeä”* (2010)

33 Heinrich von Kleist: *Locarnon kerjäläiseukko ja muita kertomuksia* (2011)

34 John Buchan: *39 askelta* (2011)

35 Miguel de Cervantes Saavedra: *Välinäytöksiä* (2011)

36 Antoine de Saint-Exupéry: *Lento Arrasiin* (2011)

37 Alonso de Contreras: *Elämäni vaiheet* (2011)

38 *Hallusinatsioneja. Vanhoja kotimaisia kauhutarinoita.* Toim. Juri Nummelin (2012)

39 *Lazarillo de Tormes* (2012)

40 Gustave Flaubert: *Bibliomania* (2012)

41 Alessandro Portelli: *Käsky on täytetty. Historia, muisti ja verilöyly Roomassa 1944* (2012)

42 François-René de Chateaubriand: *Viimeinen Abenserragi* (2012)

43 Ludwig Tieck: *Elämän yltäkylläisyys* (2013)

44 Ina Lange: *Kertomuksia Suomesta* (2013)

45 Zacharias Topelius: *Morsian ja muita kauhunovelleja* (2013)

46 Juan Manuel: *Kreivi Lucanor ja Patronio* (2014)

47 Théophile Gautier: *Vereviä kertomuksia* (2014)

48 E. T. A. Hoffmann: *Serkkuni kulmaikkuna* (2014)

49 Horace Walpole: *Otranton linna* (2014)

50 Quintilianus: *Puhujan kasvatus I* (2015)

51 Zacharias Topelius: *Tilinteon päivä ja muita kertomuksia* (2015)

52 *Tullius noster. Kirjoituksia Cicerosta.* Toim. Kalle Knaapi, Veli-Matti Rissanen ja Minna Seppänen (2015)

53 Carl Dahlhaus: *Richard Wagnerin musiikkidraamat* (2016)

54 Arthur Schnitzler: *Myöhästynyt maine* (2016)

55 *Noin seitsemännen taiteen poika. Juhlakirja Henry Baconille.* Toim. Kimmo Laine, Pasi Nyyssönen, Hannu Salmi & Jaakko Seppälä (2017)

56 Fernando de Rojas: *Celestina* (2018)

57 Aphra Behn: *Oroonoko – kuninkaallisen orjan tarina* (2018)

58 Zacharias Topelius: *Viikingin hauta ja muita kertomuksia* (2018)

59 Giacomo Casanova: *Elämäni tarina 1–2* (2019)

60 Gustav Philip Creutz: *Atis ja Camilla* (2019)

61 Emmanuel Bove: *Hämäys* (2019)

62 Giacomo Casanova: *Elämäni tarina 3–4* (2020)

63 Esa Lehikoinen, Risto Lemmetyinen, Timo Vuorisalo ja Mia Rönkä: *Suomen lintutiede 1828–1974* (2020)

64 Arthur Schnitzler: *Casanovan kotiinpaluu* (2020)

65 John Fletcher: *Naisen voitto eli Kesyttäjän kesytys* (2020)

66 Dante Alighieri: *Kansankielestä – De vulgari eloquentia* (2021)

67 Giacomo Casanova: *Elämäni tarina 5–6* (2021)